DIE DEUTSCHEN GEHEIM-WAFFEN DES ZWEITEN WELTKRIEGS

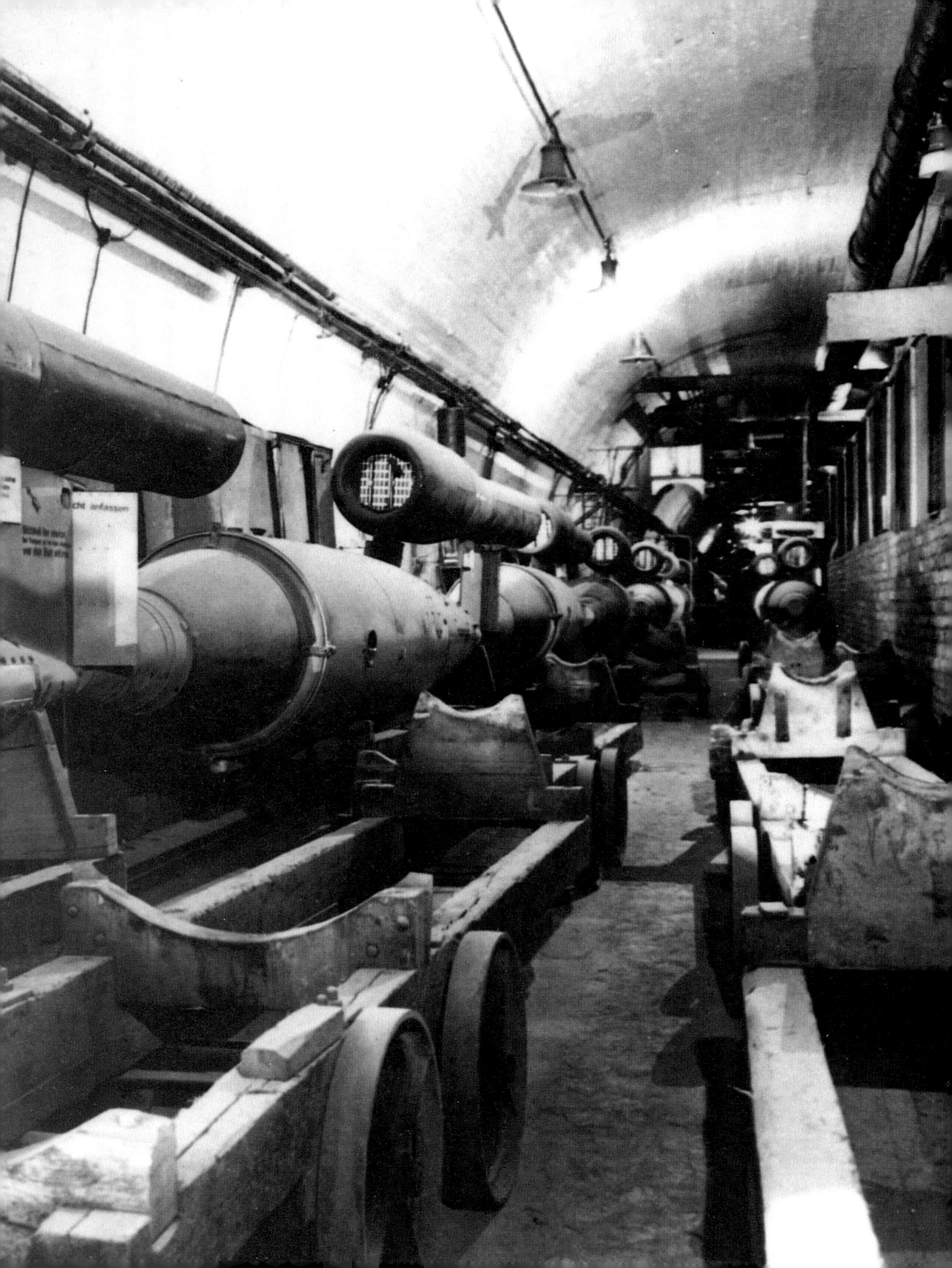

DIE DEUTSCHEN GEHEIM-WAFFEN DES ZWEITEN WELTKRIEGS

ROGER FORD

KARL MÜLLER VERLAG

Leitartikel und Umschlag von Amber Books Ltd
Bradley's Close
74-77 White Lion Street
London N1 9PF

Herausgeber: Chris Marshall
Design: Brian Rust

Fotos
Hugh W. Cowin: 6, 12, 15 (o), 21 (u), 36, 43, 46, 54, 56, 59, 62 (beide), 90, 95 (u), 97, 98 (o), 99, 100, 107.
Robert Hunt Library: 20, 27, 29 (o), 60, 64, 70, 74, 76, 79, 93, 106, 108, 113, 119, 126 (beide).
Salamander Picture Library: 2, 96, 102, 105. TRH Pictures: 7, 8 (US National Archives),14, 18-19 (US National Archives), 21 (o) (IWM), 22, 23(o), 24 (US National Archives), 26 (u) (US National Archives), 28 (IWM), 29 (u), 31 (US National Archives), 32 (US National Archives), 34 (US National Archives), 39 (US National Archives), 42 (US National Archives), 44 (US National Archives), 49, 52, 57 (US National Archives), 63, 65, 66 (IWM), 67, 69 (o), 72, 73 (IWM), 75 (US National Archives), 78 (US National Archives), 82 (US National Archives), 83 (Associated Press), 84 (National Air and Space Museum), 86 (US National Archives), 89 (US National Archives), 112 (US National Archives), 114, 115, 116, 120, 123 (Tank Museum), 125 (US National Archives), 128 (IWM), 130 (US National Archives), 132 (u) (US National Archives), 134 (US National Archives), 135 (o), 135 (u) (IWM), 136 (IWM), ,137 (US National Archives), 138 (US National Archives), 140 (US National Archives), 141 (US National Archives).

Zeichnungen: Aerospace Publishing außer:
John Bachelor: 124. Pilot Press Limited: 16-17. Wieslaw Baczkowski: 38, 40, 50-51.

Titel der Originalausgabe: Germany's Secret Weapons in World War II
Übertragung aus dem Englischen: Jürgen Brust M. A., Sabine Lemmer-Brust M. A.

ISBN 3-86070-822-8

2 3 4 5 4 3 2 1

INHALT

Einführung

Bevor wir damit beginnen, die Vielzahl der verschiedenen Geheimwaffen zu betrachten, die Deutschland vor und während des Zweiten Weltkriegs gebaut hat, sollten wir klären, was mit dem Begriff „geheim“ gemeint ist. Die meisten Waffen werden schließlich unter strengster Geheimhaltung entwickelt, unabhängig davon, ob Krieg oder Frieden herrscht. Für Deutschland gab es aber noch einen weiteren wichtigen Grund für die Geheimhaltung: Der Versailler Vertrag verbot Deutschland nach dem Ende des Ersten Weltkrieges, einige Arten von Waffen, wie z. B. Flugzeuge und Panzer, zu entwickeln und zu besitzen. Die Entwicklung dieser Waffen musste daher unter äußerster Geheimhaltung stattfinden. Die Entlarvung hätte die Besetzung Deutschlands durch die alliierten Siegermächte bedeutet, obwohl das Risiko zu der Zeit, in der die Entwicklungsprogramme durchgeführt wurden, ziemlich gering war. Bis zu dem Zeitpunkt, in dem Hitler seine Absicht kundtat, den Vertrag von seiner Seite für nichtig zu erklären, wurden derartige Projekte außerhalb Deutschlands, nämlich in Holland, der Sowjetunion, Schweden und insbesondere in der Schweiz durchgeführt.

Würden wir uns mit dem Thema „Deutsche Geheimwaffen des Zweiten Weltkrieges“ im eigentlichen Sinne beschäftigen, wäre dies eine sehr umfangreiche Aufgabe. Der Begriff „Geheimwaffen“ hat im allgemeinen Gebrauch jedoch eine viel engere Bedeutung. Er geht über das „Entwickeln einer mehr oder weniger banalen Waffe im Geheimen“ hinaus. Der Begriff umfasst vielmehr ein vollkommen neuartiges Konzept, etwas Außergewöhnliches, das ohne neue physikalische oder chemische Erkenntnisse nicht funktionieren würde, eine neuartige Technologie oder ein Quantensprung in der Kreativität. In der Zeit und am Ort unserer Betrachtung gab es sicherlich keinen Mangel daran.

Wunderwaffen

Vielleicht trifft der damals gebräuchliche Begriff „Wunderwaffen“ eher auf die wahre Natur dieser geheimen Geräte zu. Denn oft waren sie wirklich die reinsten Wunderdinger. Entweder waren sie vollkommen neuartig und wurden nur von wenigen Leuten überhaupt für möglich gehalten oder sie vollbrachten dank wissenschaftlicher und technischer Neuerungen erstaunliche Leistungen. Einige von ihnen waren „Ideen, deren Zeit einfach gekommen war“. D.h. das grundlegende Prinzip war vorhanden, es fehlte nur an der erfolgreichen Ausführung. In diesen Fällen lieferten sich Wissenschaftler und Ingenieure aus Amerika, Großbritannien und Deutschland (manchmal auch von anderswo, z. B. Italien, wo bedeutende Fortschritte erzielt wurden) ein Kopf-an-Kopf-Rennen, wer denn das erste zuverlässige Gerät auf das Schlachtfeld brachte. Zu diesen Entwicklungen zählten das Düsenflugzeug, das Radar und ganz besonders die Kernspaltung. Auf anderen Gebieten, insbesondere Raketentechnik und Erfindung und Verbesserung der wichtigen Lenksysteme, war Deutschland den anderen um Längen voraus. Deutsche Wissenschaftler

LINKS: Die Junkers Ju 287 mit ihren nach vorn gepfeilten Flügeln war nur eine der vielen futuristischen Konstruktionen, die im Zweiten Weltkrieg geschaffen wurden.

OBEN: Auch fast eine „Geheimwaffe“: der Goliath war ein drahtgelenkter, mit Sprengstoff gefüllter Panzer. Ein neuer Ansatz gegen Bunker und Panzer.

leisteten einen herausragenden Beitrag, nicht nur zu den deutschen Kriegsanstrengungen, sondern auch für die moderne Zivilisation. Es gab jedoch auch Gebiete, auf denen die deutsche Wissenschaft und Technologie unzureichend war; vor allem auf dem Gebiet der elektronischen Datenverarbeitungsmaschinen, die selbst keine Waffen waren, aber ohne die die Grenzen der technischen Entwicklung schnell erreicht waren. Allzu oft waren diese Mängel allerdings ein Ergebnis unzureichender Mittel, so dass den Wissenschaftlern des Dritten Reiches einfach die Zeit davonlief, bevor sie ein zufrieden stellendes Ergebnis erzielen konnten.

Zu wenig, zu spät

Immer wieder werden wir hier auf Projekte stoßen, die entweder eingestellt wurden, bevor sie verwirklicht werden konnten oder die am Ende des Zweiten Weltkrieges noch nicht abgeschlossen waren. Viele von ihnen wurden allerdings erst 1944 in die Wege geleitet, als sich die dunklen Wolken der Niederlage schon über Berlin zusammenbrauten und viele benötigte Materialien immer knapper wurden. Wir können hier nur darüber spekulieren, wie es möglicherweise ausgegangen wäre, hätte man früher begonnen. Einige Projekte wurden aus dem einfachen Grund eingestellt, dass die Wahrscheinlichkeit spektakulärer Ergebnisse gering schien. In diesen Fällen kann man ganz klar die Handschrift von Adolf Hitler erkennen. Dies können wir hier nur als verbohrte Verbissenheit seinerseits bezeichnen. Für ihn war nämlich groß und mächtig auch immer schön und unwiderstehlich. Dieser große Fehler brachte ihn dazu, die Entwicklung von Waffen wie dem Furcht einflößenden PzKpfw VI Tiger und dem Panzer Königstiger voranzutreiben, die nur nicht sehr wirkungsvoll, aber teuer waren und von Anfang an besser hätten verschrottet werden sollen. Die Mittel, die für ihre Herstellung und Instandhaltung verschwendet wurden, hätten besser eingesetzt werden können, z. B. für den praktischeren PzKpfw V Panther.

Im wahrsten Sinne des Wortes hat Hitler selbst das deutsche Geheimwaffenprogramm ins Leben gerufen und geleitet. Es scheint eine direkte und sehr fassbare Verbindung zwischen dem Programm und seiner Psyche gegeben zu haben. Wahrscheinlich hätte es die Wunderwaffen auch ohne ihn gegeben, angesichts der vorhandenen Kreativität vieler deutscher Wissenschaftler und der Bereitschaft des Militärs, Neuerungen zu akzeptieren. Sicher ist aber auch, dass viele Waffensysteme, die den Verlauf des Krieges entscheidend beeinflussten, ohne Hitlers Drängen entweder gar nicht entwickelt oder weniger einflussreich gewesen wären. Selbstverständlich wäre das ganze Programm ohne den Erfindungsgeist vieler deutscher Wissenschaftler und das Können der Techniker und Ingenieure zum Scheitern verurteilt gewesen. Viele der in Deutschland zum ersten Mal gebauten und während des Zweiten Weltkrieges eingesetzten Waffen wurden nicht nur wichtige Bestandteile der allgemeinen Bewaffnung, sondern hatten auch großen Einfluss auf das Leben außerhalb des Militärs. Trotz ihrer Mängel hatten auch die spektakulären Fehlschläge noch eine gewisse Größe. Sogar die ausgemachten Legenden – und davon gab es viele; einige sogar bemerkenswert langlebig – waren wissenschaftlich untermauert.

Kapitel 1

Düsenflugzeuge

Schubgetriebene Flugzeuge waren eine frühe Alternative zum Propeller. 1928, nur ein Vierteljahrhundert nach dem ersten Flug der Gebrüder Wright, hob Fritz Stammer mit einem raketengetriebenen Gleiter ab. Zehn Jahre später wurden raketen- und düsengetriebene Flugzeuge nicht nur Wirklichkeit, sondern zugleich die letzte Hoffnung Deutschlands, die Luftherrschaft zu gewinnen.

Die deutsche Luftwaffe genoss ein hohes Ansehen und hatte wohl auch bessere Verbindungen zu Adolf Hitler als das Heer oder die Marine. Grund dafür war nicht nur, dass Hermann Göring, einer von Hitlers engsten Vertrauten, die Luftwaffe anführte. Sie trug auch die gesamte Last der Verteidigung der deutschen Front gegen die Tag- und Nachtangriffe der britischen und amerikanischen Luftstreitkräfte.

Bei der Verteilung von Geldern für Forschung und Entwicklung stand die Luftwaffe immer an erster Stelle. Daher wurde auf dem Gebiet der Luftfahrt auch am meisten entwickelt. Entstehung, Bewilligung und Bewertung der einzelnen Projekte waren ziemlich planlos. Gerade in einem Land, das stolz auf seine logischen und methodischen Ansätze zur Problemlösung ist, wurden weder Logik noch Methode angewandt. Die Beziehungen zwischen den einzelnen Flugzeug- und Motorenherstellern und zur Luftwaffe und dem RLM muten wie Stammeskriege an.

LINKS: Die Heinkel He 162 setzte auf die richtige Technik, nämlich Sperrholz. Flügel und Leitwerk stammten aus Möbelfabriken.

OBEN: Die schlichte Form der Messerschmitt Me 262

Die verwirklichten Projekte zählten aber zu den besten Flugzeugen und das nicht nur in Deutschland. Die meisten Projekte wurden jedoch aufgegeben, einige wegen Zeitmangels, andere wegen anderer Mängel oder aber weil sie zu phantasievoll, zu weit hergeholt schienen. Die interessantesten Entwicklungen hatten entweder Turbostrahl- oder Raketenantrieb, ein Spezialgebiet deutscher Wissenschaftler und Ingenieure. Allerdings dauerte die Entwicklung des Turbostrahlantriebs anfangs sehr lange. Hätten die Pioniere mit ihrem Optimismus Recht behalten, wäre der Krieg vielleicht anders ausgegangen. Er hätte vielleicht bis Herbst oder Winter 1945 gedauert, und die Atombomben, die gegen Japan eingesetzt wurden, wären auch auf deutsche Städte gefallen. Es ist schon erstaunlich, dass die Entwicklung des Düsenflugzeugs sich so lange hingezogen hat, wo es doch offensichtlich lebensnotwendig war. So verwirkte Deutschland wegen der schlechten Führung des Forschungs- und Entwicklungsprogramms seinen klaren Vorsprung.

Heinkel He 178

Der Name Heinkel steht zu Recht ganz oben auf der Liste der bedeutendsten Errungenschaften der Luftfahrt. Denn aus Ernst Heinkels Büro, insbesondere von den Reißbrettern der Zwillinge Siegfried und Walter Günter, stammten die ersten schubgetriebenen Flugzeuge, die He 176 mit Raketenantrieb und die He 178 mit Turbostrahlantrieb. Heinkel selbst hatte mit Hellmuth Hirth während des Ersten Weltkrieges großen Erfolg mit der Albatros, insbesondere der B.1. Er kämpfte sich durch die schweren zwanziger Jahre und brachte sich durch das von Günter entworfene Verkehrsflugzeug He 70 wieder in Erinnerung. Daraus entwickelte er den wohl besten Bomber seiner Zeit, die He 111, die Anfang 1935 zum ersten Mal flog. Dann baute er erfolgreiche Flugzeuge mit Kolbentriebwerken. Sein Interesse galt jedoch auch der neu aufkommenden Raketentechnik. Es hatte früher schon Flüge mit schubgetriebenen Flugzeugen gegeben. So flog Fritz Stammer am 11. Juni 1928 zum ersten Mal einen Gleiter mit Feststoffraketenantrieb. Allerdings dauerte es noch etwa zehn Jahre, bis nach der Entwicklung des Flüssigbrennstoffs ein brauchbarer Entwurf vorlag.

Die Raketenmotoren, die 1938 weit davon entfernt waren, getestet und erprobt zu sein, waren sehr einfach aufgebaut. Viel komplizierter, aber mit großen Vorteilen in Bezug auf den Kraftstoffverbrauch und die Steuerbarkeit, war der revolutionäre Turbostrahlantrieb, an dem Heinkels Ingenieur Joachim Pabst von Ohain und sein Assistent Max Hahn im Geheimen arbeiteten. Heinkel hatte sie von der Göttinger Universität abgeworben, wo sie bereits Pionierarbeit geleistet hatten. Der erste Prototyp der beiden vom September 1937, das nur mit Wasserstoff betriebene Triebwerk HeS 1, war kaum steuerbar. Es erzeugte einen statischen Schub von etwa 250 kp. Sechs Monate später erzielten sie einen erheblichen Fortschritt. Das mit Benzin betriebene He3 hatte eine Schubkraft von 500 kp. Dies Triebwerk hielten sie für einigermaßen brauchbar. Nun musste ein Rumpf dafür gebaut werden.

Das Ergebnis war die He 178, das erste Flugzeug der Welt mit Turbostrahlantrieb. Die Kanzel des Schulterdeckers saß weit vor der Vorderkante des Flügels und oberhalb der Luftschächte, die zusammen mit dem hinteren Auspuffrohr den größten Teil des Rumpfes ausmachten. Der Jungfernflug fand am 27. August 1939 statt, nachdem sie drei Tage vorher über die Startbahn „gehoppelt“ war. Drei Tage später flog die Gloster E.28/39 mit Frank Whittles Triebwerk, das wiederum Ohains erstem Versuch um mehr als 20 Monate voraus war. Die He 178 wurde dem RLM am 1. November vorgestellt. Unglaublicherweise weckte sie kein offizielles Interesse. So wurde sie zusammen mit der He 176 im Luftfahrtmuseum in Berlin ausgestellt, wo beide 1943 bei einem Bombenangriff zerstört wurden.

Heinkel He 280

Wegen der technischen Probleme, das Triebwerk im Rumpf unterzubringen, gab Heinkel zwar die He 178, nicht aber seine Hoffnung auf, einen Bomber mit Turbostrahlantrieb zu entwickeln. Neue Ideen brachte Max Müller von Jumo. Er arbeitete am HeS 30, später 109-006. Die Kennziffer 109- wurde verwirrenderweise so-

UNTEN: Die Heinkel He 178 war trotz ihrer Mängel das erste fliegende Düsenflugzeug. Der Jungfernflug fand am 27. August 1939 statt, 20 Monate vor der britischen Gloster E.28/39.

HEINKEL He 178

Typ: Einsitziges Versuchsflugzeug
Länge: 7,51 m
Flügelfläche: 7,9 m²
Startgewicht: 1990 kg
Höchstgeschwindigkeit: geschätzt 580 km/h
Reichweite: unbekannt
Bewaffnung: Keine

HEINKEL He 280

Typ: Einsitziger Abfangjäger-Prototyp
Länge: 10,40 m
Spannweite: 12,20 m
Startgewicht: 4310 kg
Höchstgeschwindigkeit: 900 km/h bei 6000 m
Reichweite: 650 km
Bewaffnung: Drei 20-mm-Kanonen MG 151

OBEN: Die He 280 als zweiter Düsenjäger von Heinkel war erfolgreich, konnte aber gegen die Messerschmitt Me 262 nicht bestehen. Es entstanden nur neun Exemplare.

wohl für Pulsostrahl- als auch für Turbostrahltriebwerke und Raketentriebwerke benutzt. Die nachfolgende dreistellige Ordnungszahl bezeichnete die chronologische Reihenfolge. Es gibt keine erkennbare Unterscheidung zwischen den einzelnen Herstellern. Glücklicherweise gab es nur wenige Triebwerkstypen, so dass man mit diesem ziemlich ungewöhnlichen System bald vertraut war. Zeitgleich zu Müllers Arbeit entwickelte Pabst von Ohain das HeS 3 und das HeS 8 (109-001). Beide sollten in der neuen He 280 getestet werden. Es war ein zweimotoriges Flugzeug, dessen Triebwerke in Gondeln aufgehängt unter den tief liegenden Flügeln saßen. Außerdem hatte das Flugzeug hohe Höhenflossen mit Leitwerk und Ruder an jeder Spitze. Der erste Flug fand am 2. April 1941 mit von Ohains Triebwerken statt. Drei Tage später wurde sie der Luftwaffe und dem RLM vorgeführt.

Diesmal war die Reaktion eine andere. Als unmittelbare Folge wurde die Abteilung für Motoren vergrößert, indem die Firma von Heinkels ehemaligem Partner Hirth dazukam. Hirths Firma stellte u.a. Kolbentriebwerke und Turbolader her. Müller und sein Team gingen nach Stuttgart in die Fabrik von Hirth, während von Ohain in Rostock-Marienehe blieb und weiter an der Entwicklung seines Triebwerkes 109-011 arbeitete, das eine Schubkraft von 1300 kp haben sollte. Verständlicherweise herrschte zwischen den beiden Teams Rivalität und beide machten gute Fortschritte. Aus unerfindlichen Gründen entschied das RLM jedoch, die Arbeit am 109-006 zu unterbrechen, obwohl es bereits eine Schubkraft von 900 kp brachte. Währenddessen ging die Entwicklung des 011 in Stuttgart weiter voran. Bis zum Ende des Krieges lief es aber nur zu Testzwecken, und es wurden nur 20 Stück fertig gestellt. Die He 280 wurde mit Jumo 004- und BMW 003-Triebwerken getestet. Den Vergleich mit der Me 262 bestand sie nicht. Die Entscheidung für die Me 262 soll aber wenigstens zum Teil politischer Natur gewesen sein. Denn, wie bereits erwähnt, glichen die Beziehungen der einzelnen deutschen Flugzeughersteller untereinander und zum Reichsluftfahrtministerium und zur Luftwaffe einem politischen Schlachtfeld. Die neun gebauten Prototypen wurden später für das Testen neuer Flügel- und Heckkonstruktionen benutzt. Heinkel arbeitete später an anderen Düsenflugzeugtypen; die meisten davon mit dem stillgelegten 011-Triebwerk. Allerdings wurde keiner verwirklicht, bis der Entwurf zum Volksjäger He 162 akzeptiert wurde.

Me 262 Schwalbe/Sturmvogel

Das bekannteste verwirklichte Luftfahrtprojekt ist die Messerschmitt Me 262, der der Vorzug gegenüber der He 280 gegeben wurde. Aus heutiger Sicht ist es eher ein konventionelles Jagdflugzeug aus Metall. Sie hatte leicht gepfeilte, tief angebrachte Flügel mit variablen Flügelsehnen. Angetrieben wurde sie von zwei Turbostrahlmotoren Junkers Jumo 004B-01. Sie war das erste Düsenflugzeug, das am 3. Oktober 1944 in den Dienst gestellt wurde und somit ein Meilenstein in der Luftfahrtgeschichte. Wir werden die Entwicklung der Me 262 genauer als die der anderen Flugzeuge betrachten, weil sie einerseits bedeutend war, uns andererseits aber Einblick in die Vorgehensweise bei der Flugzeugentwicklung des Dritten Reiches gewährt. Dieser Prozess lief bei weitem nicht reibungslos ab.

Die Me 262 begann ihr Dasein als wenig konkretes Projekt des RLM, das 1938 in die Wege geleitet wurde. Hans Mauch und Helmut Schlep arbeiteten am Antrieb

und Hans Antz an der Flugzeugzelle. Schlep, der kurz zuvor von einem Studienaufenthalt aus den USA zurückgekehrt war, hatte bereits die Junkers Motorenwerke (Jumo, die Abteilung für Motoren des verstaatlichten Flugzeugherstellers) davon überzeugt, mit dem Entwurf eines Axialströmungsturbos zu beginnen. BMW, anfangs ein Zulieferer von Junkers, hatte auch mit dem Entwurf eines anspruchsvollen Triebwerkes begonnen. In der Zwischenzeit konnte Antz den Leiter der Entwicklungsabteilung bei Messerschmitt, Robert Lusser, dafür interessieren, eine Flugzeugzelle für einen derartigen Antrieb zu entwickeln. Zum Jahresende wurde das Projekt beschleunigt. Ausgerechnet Messerschmitt erhielt den Auftrag, ein Jagdflugzeug zu entwickeln, das eine Stunde lang bei 850 km/h fliegen konnte. Die Leitung erhielt Waldemar Voigt, der sowohl ein- als auch zweimotorige Versionen untersuchte, bevor er zu dem Schluss kam, dass ein einzelner mittig angebrachter Motor mehr Probleme aufwerfen als lösen würde. Seine Meinung wurde von der Leistung der He 178 untermauert. Stattdessen schlug Voigt eine Konstruktion mit Triebwerken in jeder Flügelwurzel vor. Daraus entstand das Projekt 1065 in Messerschmitts Büro in Augsburg. Detaillierte Konstruktionszeichnungen wurden bereits am 7. Juni 1939 vorgelegt und ein Modell in Originalgröße aus Holz gefertigt. Am 3. März 1940 erhielt Messerschmitt den Auftrag, drei Flugzeugzellen zu Testzwecken zu bauen.

Es war vorgesehen, das Flugzeug mit zwei BMW P.3302-Motoren anzutreiben, deren Auslieferung für das Jahresende 1939 versprochen worden war. Die Nichteinhaltung dieses Termins war nur der erste in einer langen Reihe von Rückschlägen. Tatsächlich lief der Prototyp des BMW-Motors, jetzt unter der Bezeichnung 109-003 bekannt, erst im August 1940 und

OBEN: Eine Vorserienversion der Me 262 geht mit Feststoff-Startraketen in die Luft. Diese Startraketen wurden bei schwer beladenen Flugzeugen häufig benutzt.

UNTEN: Insgesamt gab es etwa 1430 Me 262 in sieben Versionen. Dieser Bomber, eine 262A-2a „Sturmvogel“, gehörte Ende 1944 zum KG 51 in Prag/Ruzyn.

MESSERSCHMITT Me 262A-2a/U1

Typ: Einsitziger Bomber
Länge: 10,61 m
Spannweite: 12,50 m
Startgewicht: 6775 kg
Höchstgeschwindigkeit: 870 km/h bei 7000 m
Reichweite: 845 km
Bewaffnung: Zwei 30-mm-Kanonen MK 108, 1000 kg Bomben

dann brachte er nur eine Schubkraft von 150 kp statt der versprochenen 600 kp. Ein Jahr später betrug die Schubkraft erst 450 kp, was nicht ausreichte, um die Me 262 in die Luft zu bringen. Erst Mitte des Jahres 1943 brachte der 003-Motor genügend Leistung, um funktionstüchtig zu sein. Es dauerte ein weiteres Jahr, bis die Produktionseinrichtungen zur Verfügung standen. So entschied man sich, den Motor für die Heinkel He 162 aufzusparen. Außerdem hatte sich der BMW-Motor als zu groß für die Halterung der Flügelwurzel erwiesen und die Konstrukteure waren gezwungen, die 262 in aller Eile zu verändern und die Triebwerke in Gondeln unter den Flügeln anzubringen, was aber gleichzeitig die Konstruktion des Hauptholmes vereinfachte. Einige Quellen behaupten sogar, dass dies und nicht der Durchmesser der BMW-Motoren zu der Entscheidung geführt hatte, die Gondeln statt der verkleideten Halterung zu verwenden, auch wenn dies eine Erhöhung des Luftwiderstandes zu Folge hatte.

Me 262 - Der erste Flug mit Strahltriebwerken

Der Jumo 109-004 war von Anfang als eher anspruchslose Konstruktion gedacht, wobei ein schneller Produktionsbeginn wichtiger war als höchste Vollendung. Auch dieses Triebwerk hatte seine Mängel. Der Prototyp lief im November 1940, aber erst im Januar 1942 waren alle Probleme beseitigt. Am 15. März flog er zum ersten Mal unter einer Messerschmitt Bf 100. Die ersten Testtriebwerke, 004A, die eine Schubkraft von 840 kp brachten, wurden im Frühsommer fertig gestellt und an der Me 262 V3 angebaut. Der erste Flug eines Turbostrahltriebwerkes fand am 18. Juli 1942 mit Fritz Wendel als Pilot statt. Das Flugzeug war bereits am 18. April 1941 geflogen, allerdings mit einem einzelnen 1200-PS-Jumo-210G-Kolbentriebwerk in seinem Bug. Zu dem Zeitpunkt war der größte Konkurrent der Me 262, die Heinkel He 280 mit zwei Turbostrahltriebwerken HeS 8, die eine Schubkraft von je 500 kp hatten, bereits geflogen. Es wurden 15 Bestellungen für 262er aufgegeben und Anfang Oktober auf 60 erhöht. Inzwischen war auch der zweite Prototyp geflogen. Die ersten Motoren Jumo 004B, die die gleiche Leistung boten wie der A-Motor, gingen in Produktion.

Wie von einem Engel getragen

Am 22. April 1943 flog Adolf Gallant, oberster Einsatzleiter der Luftwaffe, das Flugzeug selbst. Bei seiner Rückkehr sagte er, er habe sich gefühlt, als ob ihn ein Engel getragen hätte. Gallant überzeugte das RLM, den größten Teil der Produktion von Messerschmitt von der Bf 109 auf die 262 umzustellen. Der offizielle Auftrag für die Herstellung wurde am 5. Juni erteilt. Am 26. Juni stieg der Prototyp -V5 mit einem Bugradfahrgestell in die Luft. Am 17 August 1943, als die

Produktion der 262 richtig in Gang kommen sollte, schlugen Bomben der US Air Force in die Messerschmitt-Fabrik in Regensburg ein. Wichtige Werkzeuge wurden zerstört. Als Folge davon wurden die Entwicklungsprogramme der Firma von Augsburg nach Oberammergau verlegt, was zu weiteren Verzögerungen führte. Im November sah die Zukunft dann nicht mehr so trostlos aus. Prototypen flogen mit Druckkabinen und waren mit der damals noch unvollkommenen 30-mm-Kanone MG-108 bewaffnet. Außerdem hatte Junkers endlich mit der Serienproduktion des 004B-Motors begonnen. Nun tauchte ein völlig anderes Problem auf, und zwar in Gestalt direkter Einmischung des Führers.

Erfahrene Mitglieder der Luftwaffe erkannten, dass die Maßnahmen gegen die erfolgreichen Bombenangriffe der Royal Air Force und der US Air Force vergebens waren. Sie schlugen daher vor, die Herstellung von Bombern einzustellen und stattdessen Jagdflugzeuge zu bauen. Göring stimmte dem zu, aber Hitler wollte nicht darauf eingehen. Er entschied, dass die Me 262 bestens geeignet war, 500 kg in Bomben nach England zu bringen und seine Lieblingskampagne, die Störangriffe, fortzusetzen. Er befahl, das Flugzeug dahingehend zu verändern, obwohl es dafür kaum geeignet war und ein Bombenzielgerät weder vorhanden war noch jemals entwickelt wurde.

Erst im Mai 1944 stimmte Hitler zu, die Produktion des Jagdflugzeuges „Schwalbe" wieder aufzunehmen, jedoch nur bei gleichzeitiger Produktion des Bombers „Sturmvogel" im Verhältnis von einem Jäger zu 20 Bombern. Am 4. November erteilte er die Erlaubnis für die uneingeschränkte Produktion. Bis dahin waren 13 Vorserien-ME 262A-0 zusätzlich zu den 12 Prototypen aus der Entwicklung fertig gestellt. Sechzig weitere sollten im folgenden Monat hinzukommen. Es war noch immer viel Feinarbeit zu leisten. Die verschiedenen Variationen der Bomber und Jäger wurden getestet. Auch mit der Ausbildung der Piloten war begonnen worden, was auch viel wichtiger war. Es sollte immer noch fünf Monate dauern, bis die Me 262 vollkommen einsatzfähig war. Mitte des Jahres 1944 wurde die weitere Entwicklungsarbeit im Wesentlichen der Luftwaffe übertragen. Messerschmitt war noch stark an der Entwicklung der zweisitzigen Schulflugzeuge und Nachtjäger beteiligt, aber auch an den zum Scheitern verurteilten Varianten des Hochgeschwindigkeitsflugzeugs.

Abschließend kann man feststellen, dass die Me 262 einfach nicht früh genug fertig war. Dennoch errang die Luftwaffe am 8. August 1944 ihren ersten bestätigten Sieg unter Leutnant Joachim Weber. Sein Opfer war eine PR XVI Mosquito der 540. Schwadron der Royal Air Force. Vier Tage vorher hatte bereits die britische Gloster „Meteor" Mk 1 ihren ersten Angriff geflogen. Ihr erstes Opfer war allerdings nur eine V1-Rakete. Diese bloße Statistik an sich ist schon sehr vielsagend, da die Briten ihren Prototyp eines Düsenflug-

UNTEN: Die zweisitzige Me 262B-1 wurde normalerweise als Nachtjäger eingesetzt. Bei diesem Exemplar fehlt aber die gabelförmige Antenne, die das Flugzeug langsamer machte.

OBEN: Diese Me 262A „Weiß 10" (die Kennzeichen sind kaum zu erkennen) wurde von Leutnant Kurt Bell, III./EJG 2 für einen Film der Luftwaffe geflogen. Deshalb sieht sie aus wie neu.

zeugs, die E.28/39, fast 21 Monate nach der Heinkel He 178 zum ersten Mal geflogen haben.

Siege der Me 262

Etwa 1430 Flugzeuge wurden in sieben Versionen hergestellt, von denen allerdings ungefähr nur ein Drittel innerhalb von sieben Monaten im Kampf eingesetzt wurde. Über 100 gingen zu Bruch, viele von ihnen beim Landen. Im Frühjahr 1945 fanden die Einsätze unter schwierigen Bedingungen statt. Es wurden dennoch zahlreiche amerikanische Bomber abgeschossen, insbesondere dann, wenn die deutschen Flugzeuge mit dem 5,5 cm R4M „Orkan", einem ungelenkten Raketengeschoss, ausgerüstet waren. Es blieb aber die Tatsache, dass die Flugzeuge bei hoher Geschwindigkeit zu schlängeln begannen, was das Zielen erschwerte; ein Fehler, der nie ausgemerzt wurde. Die genaue Anzahl der von der Me 262 errungenen Siege ist unbekannt, wird aber mit mehr als 735 angegeben. Mit über zwanzig Siegen war Oberleutnant Kurt Welter der erfolgreichste Pilot. Weitere 27 Piloten der Luftwaffe waren ebenfalls Asse mit jeweils fünf Siegen. Unter ihnen war auch Generalleutnant Adolf Galland, der den so genannten Jagdverband 7 gründete und später auch befehligte, nachdem er im Januar 1945 in die „Revolte" der Leiter der Luftwaffenjagdeinheiten verwickelt war.

War die Messerschmitt Me 262 die Zeit und die Anstrengungen der Entwicklung wert? Die Antwort ist eindeutig „Ja". Die meisten Experten sind sich darüber einig, dass die Situation eine andere gewesen wäre, wenn die zwei wesentlichen Verzögerungen, die verspätete Lieferung der Triebwerke und die Einmischung des Führers, schneller aus dem Weg geräumt worden wären. Hätte die Luftwaffe bereits etwa Mitte des Jahres 1944 mit einer großen Anzahl Flugzeuge eingreifen können, wäre der Krieg sicherlich anders ausgegangen. Deutschland hätte den Krieg zwar nicht gewonnen, ihn aber um einige Monate verlängern können. Dabei hätte man die strategischen Bombenangriffe der Alliierten, insbesondere der Amerikaner, vereiteln können, so dass die deutsche Produktion erhalten geblieben wäre. Die Frage zu beantworten, ob dies gut oder schlecht gewesen wäre, ist kein Anliegen dieses Buches.

Ar 234 „Blitz"

Das einzige andere deutsche Flugzeug mit Düsenantrieb, das im Zweiten Weltkrieg im Kampf eingesetzt wurde, kam nicht von einem der namhaften Hersteller, sondern von einem eher kleinen Mitstreiter. Vor der Entwicklung der Ar 234 „Blitz", auch „Hecht" ge-

UNTEN: Die Nachtjäger Me 262B-1 der 10./NJG 11 sollten Berlin verteidigen. Feldwebel Karl-Heinz Becker konnte sieben alliierte Flugzeuge abschießen. Auffällig die Radarantenne am Bug.

MESSERSCHMITT Me 262B-1a/U1

Typ: Zweisitziger Nachtjäger
Länge: 11,53 m
Spannweite: 12,48 m
Startgewicht: 6585 kg
Höchstgeschwindigkeit: 813 km/h bei 7000 m
Reichweite: 1050 km
Bewaffnung: Vier 30-mm-Kanonen MK 108

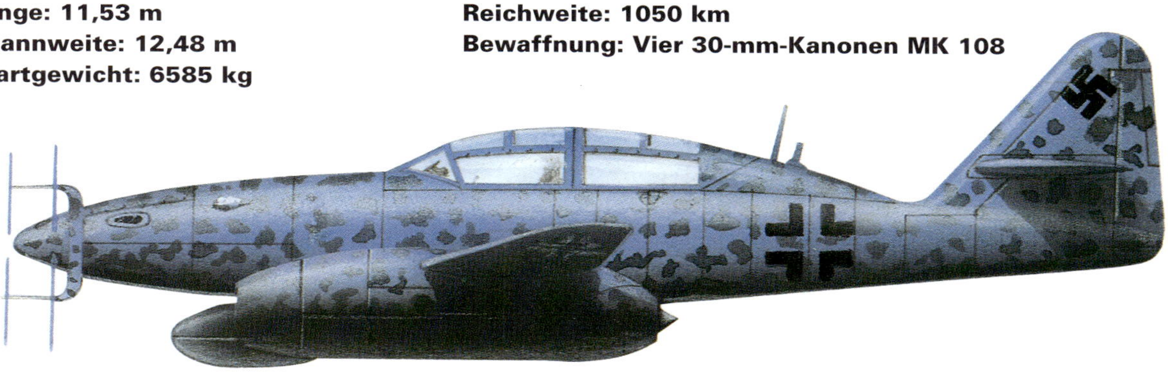

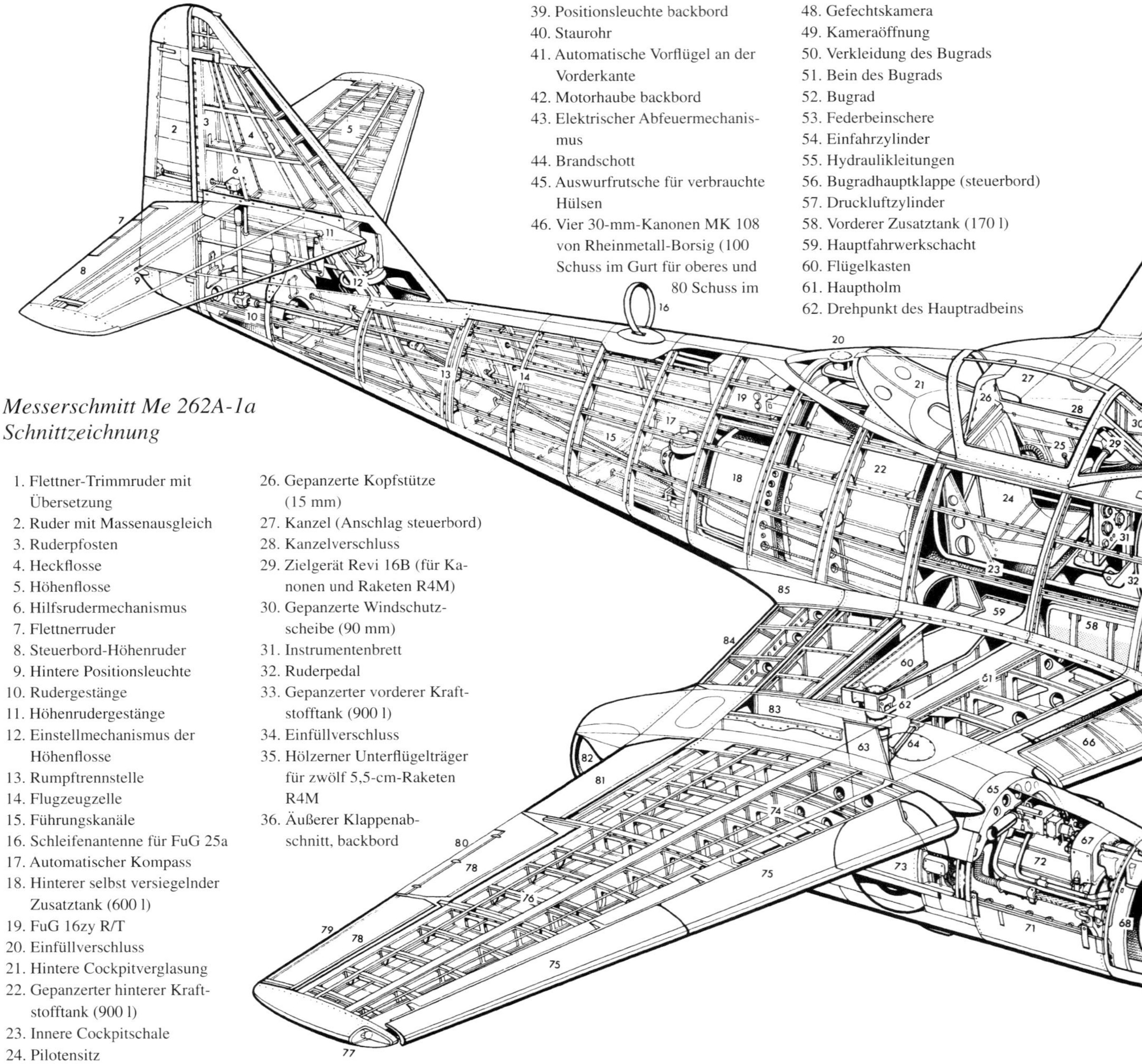

Messerschmitt Me 262A-1a Schnittzeichnung

1. Flettner-Trimmruder mit Übersetzung
2. Ruder mit Massenausgleich
3. Ruderpfosten
4. Heckflosse
5. Höhenflosse
6. Hilfsrudermechanismus
7. Flettnerruder
8. Steuerbord-Höhenruder
9. Hintere Positionsleuchte
10. Rudergestänge
11. Höhenrudergestänge
12. Einstellmechanismus der Höhenflosse
13. Rumpftrennstelle
14. Flugzeugzelle
15. Führungskanäle
16. Schleifenantenne für FuG 25a
17. Automatischer Kompass
18. Hinterer selbst versiegelnder Zusatztank (600 l)
19. FuG 16zy R/T
20. Einfüllverschluss
21. Hintere Cockpitverglasung
22. Gepanzerter hinterer Kraftstofftank (900 l)
23. Innere Cockpitschale
24. Pilotensitz
25. Hebel zum Abwerfen der Kanzel
26. Gepanzerte Kopfstütze (15 mm)
27. Kanzel (Anschlag steuerbord)
28. Kanzelverschluss
29. Zielgerät Revi 16B (für Kanonen und Raketen R4M)
30. Gepanzerte Windschutzscheibe (90 mm)
31. Instrumentenbrett
32. Ruderpedal
33. Gepanzerter vorderer Kraftstofftank (900 l)
34. Einfüllverschluss
35. Hölzerner Unterflügelträger für zwölf 5,5-cm-Raketen R4M
36. Äußerer Klappenabschnitt, backbord
37. Frise-Querruder
38. Steuergestänge für Querruder
39. Positionsleuchte backbord
40. Staurohr
41. Automatische Vorflügel an der Vorderkante
42. Motorhaube backbord
43. Elektrischer Abfeuermechanismus
44. Brandschott
45. Auswurfrutsche für verbrauchte Hülsen
46. Vier 30-mm-Kanonen MK 108 von Rheinmetall-Borsig (100 Schuss im Gurt für oberes und 80 Schuss im Gurt für unteres Paar)
47. Kanonenmündungen
48. Gefechtskamera
49. Kameraöffnung
50. Verkleidung des Bugrads
51. Bein des Bugrads
52. Bugrad
53. Federbeinschere
54. Einfahrzylinder
55. Hydraulikleitungen
56. Bugradhauptklappe (steuerbord)
57. Druckluftzylinder
58. Vorderer Zusatztank (170 l)
59. Hauptfahrwerkschacht
60. Flügelkasten
61. Hauptholm
62. Drehpunkt des Hauptradbeins

nannt, hatte sich die Firma Arado nur mit der Herstellung von Leichtflugzeugen beschäftigt. Einige von ihnen, wie die Ar 196, waren als Schwimmerflugzeuge konzipiert, die von Kriegsschiffen aus eingesetzt werden sollten. Dies soll auf keinen Fall bedeuten, dass diese Flugzeuge nicht gut waren. 1940 gab das RLM eine Vorgabe für ein Hochgeschwindigkeitsaufklärungsflugzeug heraus, das mit zwei Düsentriebwerken, entweder Jumo 004 oder BMW 003, angetrieben werden sollte. Arados Antwort war der Entwurf der E.370, ein Eindecker mit hoch angesetzten Flügeln, dessen Triebwerke in Triebwerksgondeln unter dem Rumpf befestigt waren. Diese Model wurde später als Ar 234 übernommen. Zwei Prototypen wurden über den Win-

63. Klappe für Hauptrad
64. Einziehstange für Hauptrad
65. Triebwerklagerbogen
66. Vorflügel an der Vorderkante
67. Hilfsgetriebe
68. Ringförmiger Öltank
69. Gehäuse für Riedel-Anlasser
70. Lufteinlass des Triebwerks
71. Aufklappbarer Teil der Motorhaube
72. Axialströmungs-Turbojet Junkers Jumo 004-B-2
73. Steuerbord-Hauptrad
74. Flügel
75. Automatische Vorflügel an der Vorderkante
76. Hauptholm
77. Positionsleuchte steuerbord
78. Friesartige Querruder
79. Trimmruder
80. Flettnerruder mit Übersetzung
81. Äußerer Klappenabschnitt, steuerbord
82. Triebwerksauslass
83. Triebwerkträger
84. Innerer Klappenabschnitt, steuerbord
85. Verkleidete Flügelwurzel

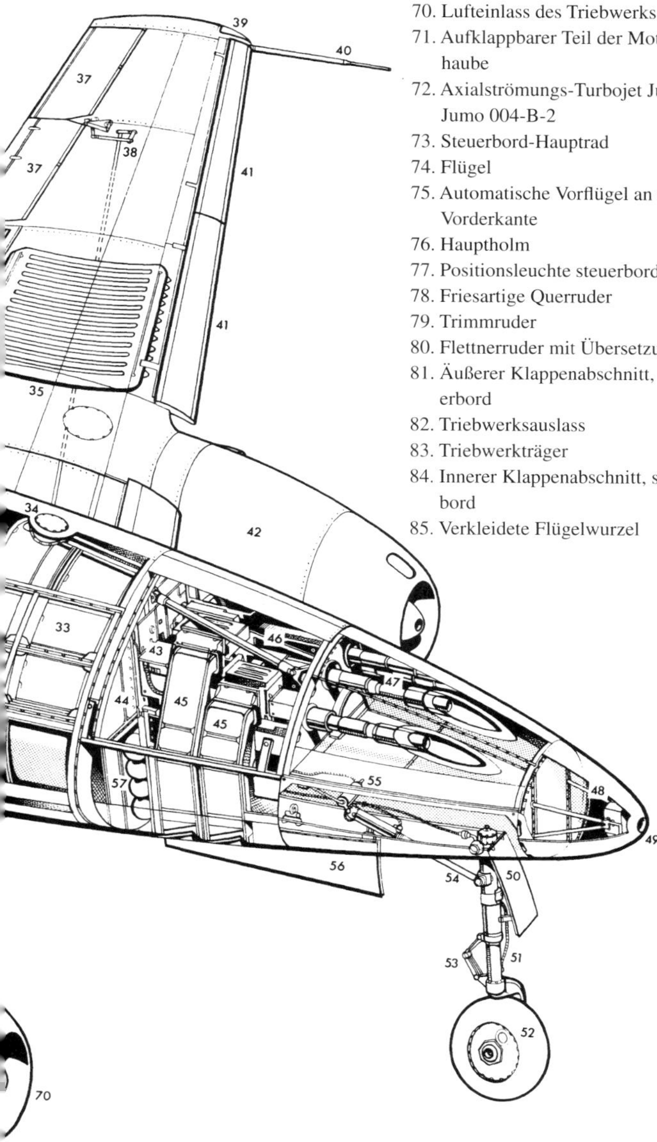

LINKS: Trotz ihrer revolutionären Flügelform war die Me 262 eine völlig konventionelle Konstruktion. Man musste lediglich darauf achten, dass die Bauteile der Flugzeugzelle nicht im heißen Abgasstrom standen.

ter 1941/42 hergestellt. Allerdings wurde erst im Februar 1943 das erste Paar Triebwerke Jumo 004 geliefert. Am 15. Juni 1943 fand schließlich der Jungfernflug statt. Es handelte sich um ein für die Zeit völlig konventionelles Flugzeug, von einer Ausnahme abgesehen: Der Flugzeugrumpf war sehr schmal und statt eines Fahrwerks wurde zum Starten ein Wagen und zum Landen Kufen benutzt. Für ein Flugzeug mit ständig wechselnden Einsatzorten war das jedoch nicht akzeptabel. Daher wurde mitten in der Entwicklung der Prototypen der Flugzeugrumpf unterhalb der Flügel geringfügig verbreitert und ein Dreibeinfahrgestell eingebaut. Arado entwickelte auch einen Abfangjäger mit Raketenantrieb, der unterhalb der Ar 234 befestigt mitgeführt werden sollte. Daraus ist jedoch nichts mehr geworden.

Die meisten der frühen Ar 234-Modelle wurden als Aufklärungsflugzeuge gebaut. Sie flogen viele erfolgreiche Einsätze mit einer Geschwindigkeit von etwa 700 km/h und in Höhen von 9000 bis 12 000 m, wo sie vor Angriffen geschützt waren. Ein Bomber-Modell mit ein oder zwei Sitzen, das Bomben bis 2000 kg Gewicht befördern konnte, wurde ebenfalls hergestellt. Erst im Februar 1945 war das erste dieser Flugzeuge einsatzbereit und wurde dem Kampfgeschwader 76 zugeteilt. Eines wurde von amerikanischen P-47 Thunderbolts in der Nähe von Segelsdorf am 24. Februar abgeschossen und fiel in die Hände der Alliierten. Die wichtigsten Einsätze des Kampfgeschwaders 76 waren die in der Zeit vom 7. bis 17. März, als die Ludendorff-Rheinbrücke bei Remagen zerstört werden sollte. Die Ar 234 flogen wiederholt oft selbstmörderische Einsätze. Unterstützt wurden sie dabei von Me 262-Bombern des Kampfgeschwaders 51. Ein Nachtjäger-Modell wurde in geringer Anzahl hergestellt und ab März 1945 mit einigem Erfolg eingesetzt. Spätere Varianten der Ar 234 hatten unterschiedliche Triebwerke. Ein vierstrahliges Modell mit Zwillingstriebwerksgondeln wurde auch als Prototyp gebaut. Seine Höchstgeschwindigkeit betrug 850 km/h bei mittlerer Flughöhe, was weit über die Fähigkeit zum Horizontalflug eines alliierten Jägers hinausging, jedoch für absolute Sicherheit immer noch zu langsam war. Das lag jedoch nicht an der Leistung der Triebwerke, sondern an der Konstruktion des Flügels. Ungepfeilte Flügel sind nur bis zu einer bestimmten Geschwindigkeit geeignet. Darüber hinaus sorgt der Druck dafür, dass der Luftstrom Überschallgeschwindigkeit erreicht, was eine starke Instabilität zu Folge hat. Arado musste dies auch erfahren. Der Ingenieur Rüdiger Kosin entwickelte jedoch bald eine andere Form: den halbmondförmigen Flügel, dessen Vorderkante von der Flügelwurzel aus so nach hinten gepfeilt war, dass sich die Flügelspitzen im rechten Winkel zur Flugzeugachse befanden. Diese Form wurde später auch bei dem britischen Bomber „Victor" von

Handley-Page benutzt. Tests im Windkanal bestätigten die höhere Leistungsfähigkeit der Flügelform. Der Krieg endete allerdings, bevor ein Prototyp gebaut werden konnte. Und sogar während der Entwicklung der Ar 234 suchten die Ingenieure bereits nach besseren Entwürfen.

Junkers Ju 287

Wir haben hier nicht genug Platz, um auf die komplexe Aerodynamik von Flügeln näher einzugehen. Es soll daher nur erwähnt werden, dass bereits Mitte der 30er Jahre aus Arbeiten der Deutschen Versuchsanstalt für Luftfahrt bekannt war, dass ungepfeilte Flügel nur bis zu einer bestimmten Geschwindigkeit eingesetzt werden konnten. Grund dafür ist der durch das Zusammendrücken der Luft an der Vorderkante des Flügels steigende Luftwiderstand. Wie bereits erwähnt, war dies der Grund für die Einschränkung der Höchstgeschwindigkeit bei der Ar234. Eine Zwischenlösung bestand daraus, die Vorderkante nach hinten zu pfeilen, die Hinterkante jedoch gerade zu lassen. Dazu mussten Flügel mit veränderlicher Sehne hergestellt werden, die dann sowohl bei Flugzeugen mit Kolbentriebwerken als auch bei Düsenflugzeugen eingebaut wurden. Die Me 262 hatte auch Flügel, die im Wesentlichen dieser Form entsprachen, obwohl sie ein wenig zum Ende der Hinterkante hin gepfeilt waren. Auch die eher gemächliche Douglas C-47/DC-3 Transportmaschine hatte diese Flügel. Zu jener Zeit war noch kein Flugzeug mit einem Flügel geflogen, der steil gepfeilte Vorder- und Hinterkanten hatte, obwohl bei Versuchen im Windkanal herausgefunden wurde, dass ein solcher Flügel nicht nur den Vorteil der verringerten Verdichtbarkeit hätte, sondern auch das Verhältnis zwischen Dicke und Flügelsehne reduzieren würde, d.h. die Entfernung zwischen Vorder- und Hinterkante.

Im Juni 1943, als die Arado Ar 234 zum ersten Mal flog, entwickelte ein Team bei Junkers unter der Leitung von Dr. Hans Wocke einen fortschrittlichen Bomber mit doppelt gepfeilten Flügeln und einer weiteren überraschenden Neuerung. Der Flügel wurde nicht nach hinten gepfeilt, sondern nach vorn. Dadurch wurden nicht nur alle oben genannten Vorteile erreicht, sondern auch eine höhere Stabilität, abgesehen von gewissen genau definierten Umständen. Wockes Projekt wurde von Siegfried Kneymeyer unterstützt, der ohnehin für die Einstellung der Produktion aller Flugzeuge mit Kolbentriebwerken im Dritten Reich war, abgesehen von der Ju 88.

Ein Wechsel an der Spitze

Im November 1943 ersetzte Kneymeyer Ernst Udet als Leiter der Abteilung technische Luftrüstung im RLM und erlangte somit beträchtlichen Einfluss. Im darauf folgenden März wurde die Entwicklung eines neuen Prototypen mit der Bezeichnung Ju 287 angeordnet und mit dem Bau eines Versuchsträgers begonnen. Der Flugzeugrumpf der Heinkel He 117 diente dabei als Grundlage. Angetrieben wurde die Ju 287 von vier 004B-Triebwerken mit einem Schub von jeweils 900 kp. Zwei Triebwerke wurden direkt unter den Flügeln angebracht, die beiden anderen am Rumpf hinter der Kanzel. Zwei Raketen Walter 501 halfen ihr beim Start.

LINKS: Die Arado Ar 234 – hier die Serienversion B – war mit schlankem Rumpf und Flügeln die einzige Alternative zur Me 262, aber bei weitem nicht so erfolgreich.

UNTEN: Von der Arado Ar 234B wurden 210 Exemplare gebaut, von denen nur noch eines existiert. Es steht im Luftfahrtmuseum des Smithsonian Institute in Washington D.C.

ARADO Ar 234B-2

Typ: Einsitziger taktischer Tageslichtbomber
Länge: 12,64 m
Spannweite: 14,44 m
Startgewicht: 9800 kg
Höchstgeschwindigkeit: 742 km/h bei 6000 m
Reichweite: 1630 km
Bewaffnung: Zwei 20-mm-MGs (einige Flugzeuge), 2000 kg Bomben

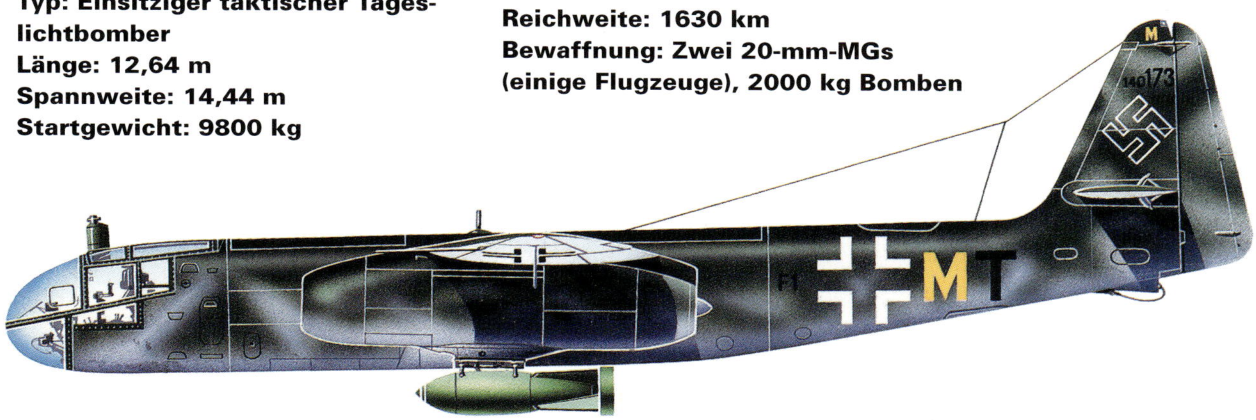

OBEN: Umgeben von Junkers Ju 88G, wurde diese Ar 234B im April 1945 in Manching von den US-Truppen erbeutet. Das Cockpit zeigt, dass die Verglasung keinen Schutz gegen herumfliegende Trümmer bot.

Der Jungfernflug des Prototypen fand am 16. August statt. Er erwies sich als äußerst berechenbar im Flug, obwohl die Wechselbiegung des Flügels ein größeres Problem als erwartet darstellte, weil dadurch der hintere Flügel nach oben driftete und ein Schlingermoment erzeugte. Im Ganzen betrachtet waren die Ergebnisse positiv, so dass die Arbeit mit dem Bau eines zweiten Prototypen fortgesetzt wurde. Diesmal sollte der Flugzeugrumpf speziell für den Antrieb durch sechs BMW 003 Turbostrahltriebwerke gebaut werden, wobei vier an den Flügeln befestigt werden sollten und zwei am Rumpf. Im Juli gab es jedoch eine neue Führerdirektive für das Reichsverteidigungsprogramm, nach der jegliche Entwicklungsarbeit, die nicht mit Jagdflugzeugen und Abfangjägern zu tun hatte, gestoppt werden musste. Es wurde daher kein weiterer Fortschritt bei der Ju 287 V2 erzielt. Im März 1945 wurde das Projekt

OBEN: Die Ar 234B galt als zu schwach. So erschien die Ar 234C mit vier Triebwerken. Neben dem Bomber wurden auch Aufklärer und Nachtjäger gebaut.

Ju 287 plötzlich wiederbelebt und die Produktion wurde angeordnet. Die Entwicklung der V2 ging weiter, es wurden sogar Pläne für eine V3 gemacht. Sie sollte eine Druckkanzel für drei Personen und ferngesteuerte Kanonen haben, 4000 kg Bomben tragen können und vier Triebwerke Heinkel 011 mit einer Schubkraft von jeweils 1300 kp erhalten. Als Alternative zu den Heinkel-Triebwerken wurden auch zwei Triebwerke Jumo 012 mit jeweils 2780 kp Schubkraft bzw. zwei Triebwerke BMW 018 mit jeweils 3400 kp Schubkraft in Betracht gezogen, die jedoch noch nicht fertig waren. Sowohl die Ju 287 V1 als auch die noch unvollkommene V2 fielen im Mai 1945 in die Hände der Sowjets. Erstere wurde geflogen, wie sie vorgefunden wurde; die letztere wurde mit nach hinten gepfeilten Flügeln fertig gestellt. Angeblich soll sie eine Geschwindigkeit von 1000 km/h erreicht haben. Hans Wocke stellte später ein Zivilflugzeug mit nach vorn gepfeilten Flügeln her, die HFB 320 „Hansa“.

UNTEN: Eine frühe Ar 234 schlittert auf den Kufen über die Landebahn. Für den Einsatz kam so etwas nicht in Frage. Daher wurde der Rumpf verbreitert und mit Hauptfahrwerk und Bugrad versehen.

OBEN: Die Junkers Ju 287 mit den nach vorn gepfeilten Flügeln und den Bugtriebwerken war einer der radikaleren Konstruktionen. Es entstand nur dieser Prototyp –V1, der später von den Sowjets erbeutet wurde.

He 162 „Spatz/Salamander"

1944, als die Lage in Deutschland immer schlechter aussah, kam die Idee auf, als letzte Rettung eine Art Wegwerfwaffe zu entwickeln, die von kaum ausgebildeten Soldaten bedient werden sollte. Als Antwort auf eine Vorgabe des RLM legte Heinkel einen entsprechenden Entwurf für den Volksjäger vor: ein billiges, Einmal-Jagdflugzeug mit einem Gewicht von weniger als 2000 kg, das mit einem BMW 003-Strahltriebwerk angetrieben wurde, eine Reichweite von 30 Minuten hatte und mit zwei 30 mm-Kanonen bewaffnet war. Dieses Flugzeug sollte von Freiwilligen der Hitlerjugend geflogen werden. Am 8. September 1944 wurden Vorschläge von Arado, Blohm & Voss, Focke-Wulf, Junkers, Heinkel und Messerschmitt erbeten, die eine Woche später bereits begutachtet werden sollten. Ein Prototyp sollte noch vor Ende des Jahres fliegen. Messerschmitt lehnte ab. Der Entwurf von Blohm & Voss (P.211) war der beste. Aus irgendeinem Grund wurde jedoch dem Entwurf von Heinkel (P.1073) der Vorzug gegeben. Heinkel platzierte das einzige Triebwerk in einer Gondel auf dem Rumpf, so dass die Abgase zwischen den dünnen Rudern hindurch geleitet wurden. Dadurch wurden alle Probleme mit den Zuluft- und Abgaskanälen vermieden. Am 23. September war das Modell in Originalgröße fertig gestellt. Die Arbeit am Prototypen begann am folgenden Tag, sechs Tage bevor ein offizieller Auftrag erteilt wurde. Am 29. Oktober waren die letzten Zeichnungen fertig. Erstaunlicherweise flog der Prototyp bereits am 6. Dezember, drei Wochen vor Fristablauf. Während des zweiten Fluges am 10. Dezember stürzte das Flugzeug jedoch ab und tötete seinen Piloten, Flugkapitän Peters, als sich bei einem Tiefflugmanöver der Steuerbordflügel in seine Bestandteile auflöste. Später stellte sich heraus, dass die Ursache des Absturzes ein Fehler in der Zusammensetzung des Phenolresins war, das zum Zusammenfügen des Sperrholzes für den Flügel benutzt wurde.

Bis zum Ende des Jahres stellten sich beim zweiten Prototypen einige Mängel in der Stabilität heraus, die Mitte Januar zumindest soweit behoben waren, dass ein erfahrener Pilot das Flugzeug fliegen konnte. Für einen Anfänger war es jedoch ein harter Brocken, obwohl das auch für die Me 262 galt. Ende des Monats war nach Tests mit der Bewaffnung klar, dass die 30 mm MK 108 durch eine 20 mm MK 151 ersetzt werden musste. Danach ging die Heinkel 162 „Spatz", wie sie von der Firma genannt wurde oder „Salamander", die halboffizielle Bezeichnung, in Produktion. Gebaut wurde in den noch existierenden Fabriken von Junkers und Heinkel, wo der Flugzeugrumpf aus Duralamin in Halbschalenbauweise hergestellt wurde, sowie in kleinen Möbelfabriken, wo die Flügel zusammengebaut wurden. Die Endfertigung fand bei Heinkel in Rostock-Marienehe, bei Junkers in Bernburg und in einer unterirdischen Fabrik der Mittelwerke GmbH bei Nordhausen statt. Wieder einmal war es zu spät, auch wenn etwa 275 Flugzeuge fertig gestellt wurden und 800 bereits auf die Endmontage warteten. Im Kampf wurde der Volksjäger kaum eingesetzt. Es wird behauptet, dass am 4. Mai 1945 ein Volksjäger, geflogen von Leutnant Rudolf Schmitt vom 1. Jagdgeschwader aus Leck in der Nähe der dänischen Grenze, eine tief fliegende Typhoon der Royal Air Force abgeschossen hat. Diese Behauptung wurde jedoch abgewiesen. Stattdessen erntete eine nahe Flak-Einheit den Ruhm. Ein weiterer Volksjäger wurde abgeschossen, wobei der Pilot ums Leben kam. Bei Flugunfällen während der Umschulung von der Fw 190 starben neun Mitglieder des 1. Jagdgeschwaders, fünf weitere wurden verletzt; die He 162 war wirklich sehr nachtragend. Begutachtungen durch die Alliierten nach dem Krieg ergaben, dass die He 162 nach weiterer Entwicklungsarbeit durchaus funktionstüchtig gewesen wäre und einen beträchtlichen Einfluss auf den Krieg gehabt hätte, wäre sie nur mindestens sechs Monate eher fertig gewesen.

OBEN: Der „Volksjäger" Heinkel He 262 sollte von schnell ausgebildeten Freiwilligen aus der Hitlerjugend geflogen werden, war aber nur schwer zu bändigen.

Das Notprogramm für Jagdflugzeuge

Notbehelfe wie der Volksjäger waren nicht die einzige Alternative, die Mitte 1944 in Betracht gezogen wurde. Das Oberkommando der Luftwaffe hatte den Anschluss verpasst und die Jagdflugzeuge mit Strahl- oder Raketenantrieb hatten der neuen Generation der alliierten Flugzeuge, wie der B-29 Superfortress mit ihrer maxi-

UNTEN: Die Heinkel He 162A hatte gerade Flügel. Es gab aber auch Pläne für nach vorn bzw. hinten gepfeilte Flügel, die aber nie verwirklicht wurden.

HEINKEL He 162

Typ: Einsitziger Abfangjäger
Länge: 9,05 m
Spannweite: 7,20 m
Startgewicht: 2700 kg
Höchstgeschwindigkeit: 835 km/h bei 6000 m
Reichweite: 1000 km
Bewaffnung: Zwei 30-mm-Kanonen MK 108 oder zwei 20-mm-Kanonen MG 151

malen Flughöhe von mehr als 11 000 m, bald nichts mehr entgegenzusetzen. Kurz vor Ende des Jahres gab Kneymeyer eine Vorgabe für ein Jagdflugzeug der neuen Generation an alle Flugzeughersteller heraus. Die Auflage war, dass das Flugzeug mit einem HeS 022-Triebwerk angetrieben werden sollte. Seine Höchstgeschwindigkeit im Horizontalflug sollte bei 1000 km/h in 7000 m Höhe liegen, die maximale Flughöhe 14 000 m betragen. Für die Bewaffnung waren vier 30mm-Kanonen MK 108 vorgesehen. Im Februar 1945 gingen drei Vorschläge von Messerschmitt, zwei von Focke-Wulf und jeweils einer von Blohm & Voss, Heinkel und Junkers ein. Am Letzten des Monats setzte sich eine Auswahlkommission zusammen. Ausgewählt wurde der erste Vorschlag von Focke-Wulf, der als Ta 183 in die Entwicklung gehen sollte.

Focke-Wulf Ta 183

Die zwei Projekte aus Kurt Tanks Entwicklungsabteilung stammten von einem Mann, der damals als der wichtigste Strömungstechniker Deutschlands galt,

UNTEN: Die Teile der He 162 wurden in ganz Deutschland gebaut und an drei zentralen Orten montiert. Insgesamt wurden 275 Flugzeuge fertig gestellt. Daneben gab es zum Kriegsende Bauteile für weitere 800 Flugzeuge.

Hans Multhopp. Beide Flugzeuge waren sich ziemlich ähnlich: Der Rumpf war mehr als nur eine Hülle für ein Triebwerk und dessen Zuluft- und Abgasleitungen. Sie hatten Druckkabinen, worüber die Bewaffnung angebracht war, die von stummeligen, nach hinten gepfeilten Schulterflügeln gestützt wurde. Bei Projekt I war die Flügelsehne fest, bei Projekt II veränderlich. Das Leitwerk war der einzige wirkliche Unterschied zwischen den beiden Entwürfen. Für das Projekt I hatte Multhopp etwas völlig Neues entworfen: ein T-förmiges Leitwerk mit horizontalen Kontrollflächen an dessen oberen Ende. Das Leitwerk des Projektes II war ganz konventionell, mit einer tief angesetzten Höhenflosse. Abgesehen davon widmete man viel Aufmerksamkeit auch der einfachen Herstellung und den noch vorhandenen Ressourcen. Das Ergebnis war eine geschätzte Fertigungszeit von 2500 Arbeitsstunden pro Flugzeug. Die Me 262 kam wahrscheinlich kaum unter 10 000 Stunden. Da die Fabriken von Focke-Wulf Ende April besetzt wurden, konnte keine einzige Ta 183 gebaut werden. Es wird jedoch angenommen, dass die sowjetische Armee einen kompletten Satz Entwürfe mitgenommen hat. Die Konstrukteure Mikojan und Gurewitsch haben sie dann angeblich als Grundlage für die MiG-15 benutzt, die mit der russischen Kopie des britischen Rolls-Royce „Nene"- Turbostrahltriebwerks angetrieben wurde. Später stellte SAAB in Schweden mit der SAAB-29 ein ähnliches Flugzeug her, das mit einer Kopie des „Ghost"-Triebwerks von de Havilland angetrieben wurde.

Messerschmitt P.1101

Ein weiterer Entwurf aus der Ausschreibung für das Notprogramm sollte ebenfalls als Grundlage für ein anderes Flugzeug dienen, aber diesmal nicht klammheimlich. Messerschmitt hatte die Notwendigkeit schon vorausgesehen, einen Nachfolger für die Me 262 zu schaffen. Wer sollte auch sonst die Grenzen dieses Flugzeugs besser kennen? Der Bau eines Prototypen mit der Bezeichnung P. 1101 nach dem Entwurf von Waldemar Voigt begann im Juli 1944. Es war ein bemerkenswertes Flugzeug, denn es war ausschließlich dafür gebaut worden, um den besten Winkel für die Pfeilung der Flügel herauszufinden. Die Flügel mit veränderlicher Flügelsehne konnten am Boden, nicht im Flug, in jeden Winkel zwischen 35 und 45° gebracht werden. Abgesehen davon war es aber ein konventionelles Flugzeug in einer neuen Form. Das Triebwerk war tief im Abgasaustritt unterhalb des Leitwerkträgers untergebracht.

Der Prototyp war ungefähr zu 80 % fertig gestellt, als er von den Amerikanern bei ihrer Ankunft in Oberammergau entdeckt wurde. Zusammen mit anderen interessanten Entwicklungen aus dem Hause Messerschmitt wurde der Prototyp ausgestellt. Er war immer noch da, und in einem ziemlich schlechten Zustand, als er von Robert Wood, dem Chefentwickler von Bell Aircraft, entdeckt wurde. Er sorgte dafür, dass das Flugzeug in die USA geschickt wurde, wo es repariert und mit Hilfe von Voigt als nicht fliegendes Modell in Originalgröße fertig gestellt wurde. Es diente als Grundlage für das erste Flugzeug mit Tragflächen veränderlicher Geometrie, die Bell X-5. Die Flügelpfeilung konnte während des Fluges in eine von drei möglichen Stellungen, 20, 40 oder 60°, gebracht werden. Der Jungfernflug fand am 20. Juni 1951 statt. Am 15. Juli wurde zum ersten Mal die Geometrie des Flügels im Flug verändert.

Messerschmitt P.1110 und P. 1111

Die anderen zwei Vorschläge, die von Messerschmitt eingereicht wurden, waren weniger weit entwickelt, aber radikaler in der Konstruktion. Bei der P. 1110 befand sich der Lufteintritt nicht mehr im Bug, so konnte das Triebwerk weiter hinten in der Flugzeugzelle eingebaut werden. Die Öffnungen der Luftzuführung befanden sich an der Schulter des Rumpfes genau vor den Hinterkanten der gepfeilten Flügel mit konstanter Sehne. Die P. 1111 war sogar noch abenteuerlicher. Ein Nurflügelflugzeug, fast in Deltaform, mit stark gepfeilter Heckflosse und Ruder, dessen Lufteintritt im vorderen Teil der Flügelwurzel saß. Ein Vorschlag, eine Variation der P. 1111, kam zu spät, um an der Auswahl teilzunehmen: ein Flugzeug mit schmalerer Flügeltiefe und schmetterlingförmigen Heckflossen. Unter idealen Umständen wären wahrscheinlich von allen Vorschlägen Prototypen hergestellt und gegeneinander geflogen worden. Aber es reichte nur noch für halb fertige Modelle in Originalgröße.

Die anderen Mitbewerber

Die anderen Vorschläge waren auch Nurflügelflugzeuge, was verdeutlicht, wie weit dieses Konzept in Deutschland Ende 1944 schon akzeptiert war. Die P. 212 von Blohm & Voss war die vielleicht radikalste Konstruktion mit Stummelflossen und Rudern, die sich an den Flügelspitzen befanden. Sie unterstützten ein Flügelohr – eher eine halbe Höhenflosse – dessen hintere Oberfläche das Höhenruder bildete und gleichzeitig als zusätzliches Querruder fungierte. Wie alle Entwürfe gegen Ende des Krieges stammte er von Dr. Richard Vogt, Leiter der Entwicklungsabteilung von Bohm & Voss. Er hat etwa 200 verschiedene Ideen für Flugzeuge gehabt, wovon jedoch keine zu einem Prototypen führte. Der Entwurf P. 1078C von Heinkel war für ein eher konventionelles Nurflügelflugzeug. Der

DORNIER Do 335

Typ: Einsitziger Jagdbomber
Länge: 13,85 m
Spannweite: 13,80 m
Startgewicht: 9600 kg
Höchstgeschwindigkeit: 765 km/h bei 6500 m
Reichweite: 2060 km
Bewaffnung: Eine 30-mm-Kanone MK 103, zwei 15-mm-MG 151

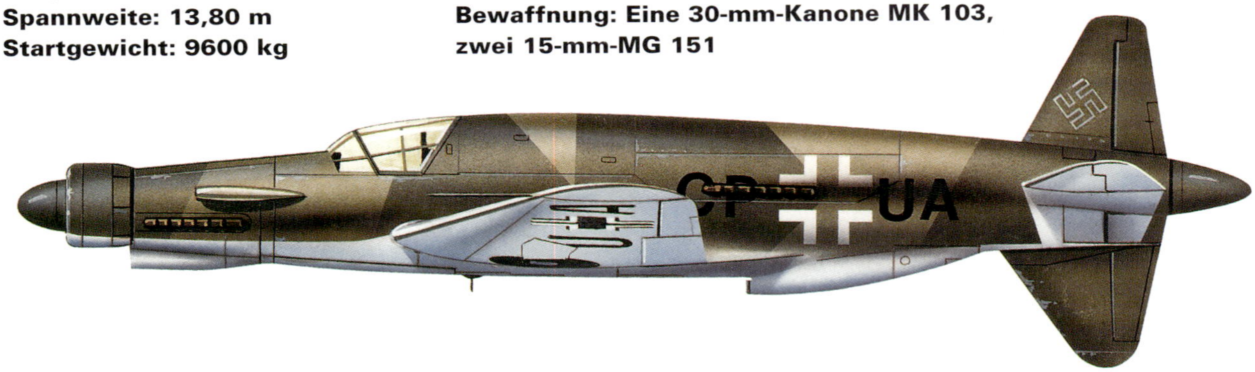

Flügel selbst sollte eine beträchtliche positive V-Stellung haben, wobei die Spitzen auf den letzten 50 cm etwa 40° nach unten gebogen waren. Die Junkers P. 128 hatte eine etwas herkömmlichere Flügelform, breiter zwar, aber mit einer geringeren Flügelstreckung und auf Schulterhöhe angebracht, obwohl sich die Luftsaugstutzen der Triebwerke unter der Hälfte des Flügels befanden. Außerdem hatte es kleine Flossen mit Rudern, die in der Mitte zwischen Flügelwurzel und -spitze befestigt waren, die sowohl oberhalb, als auch unterhalb der Flügeloberfläche hervorstanden. Dies war die Entwicklung von Heinrich Hertel, einem ziemlichen Neuling bei Junkers, der bis 1939 mit Ernst Heinkel an der He 176 und der He 178 gearbeitet hatte. Angeblich hat er Heinkel verlassen, weil er wenig Vertrauen in den Raketenantrieb hatte. So ist es schon fast Ironie, dass ausgerechnet er aus der Me 163 „Komet" die Ju 248 entwickeln sollte.

So oberflächlich diese Analyse auch ist, wir haben alle großen Flugzeughersteller betrachtet, abgesehen von Dornier und Henschel. Claudius Dornier war eher noch konservativer als Tank oder Hugo Junkers und wollte mit Düsenantrieb nichts zu tun haben. Sein Beitrag zur Weiterentwicklung der Luftfahrt war die Entwicklung eines Jagdbombers mit Zwillingstriebwerken, die auf einer Achse untergebracht waren, eines im Bug für den Zugpropeller, das andere im Heck für den Druckpropeller. Die Do 335 „Pfeil" oder „Ameisenbär", wie sie inoffiziell hieß, war das potentiell schnellste Flugzeug mit Kolbentriebwerk, das jemals gebaut wurde, das außerdem die Manövrierfähigkeit eines einmotorigen Jagdflugzeugs besaß. Sie besaß gute Flugeigenschaften, auch wenn sie nur mit einem Triebwerk flog. Sie konnte sogar starten, wenn ein Triebwerk nicht funktionierte. Der einzige Nachteil daran war, dass besondere Maßnahmen notwendig waren, um das Flugzeug im Notfall zu verlassen. Der hintere Propeller und die obere Heckflosse wurden abgeworfen, dann wurde das Dach abgesprengt, bevor der Pilot versuchen konnte abzuspringen. Ein Exemplar wurde mit einem Schleudersitz ausgestattet, dem ersten im offiziellen Einsatz. Anfangs wollte das RLM die Entwicklung diese Flugzeuges nicht befürworten. Der nicht ganz nachvollziehbare Grund hierfür war, dass Dornier keine Jäger, sondern Bomber baute. Es musste erst ein Störflugzeug gebaut werden, bevor die Genehmigung erteilt wurde, mit dem Projekt „Pfeil" fortzu-

OBEN: Neben der nach vorn feuernden 30-mm-Kanone und den 15-mm-MGs konnte die Do 335 1000 kg Bomben mitführen, die Hälfte im Waffenschacht und den Rest an Befestigungspunkten unter den Flügeln.

UNTEN: Die Dornier Do 335 „Pfeil" war das schnellste Flugzeug mit Kolbentriebwerken. Ein Daimler-Benz DB 603 mit 1800 PS saß im Bug, ein weiterer im Heck.

OBEN: Die Gesamtproduktion der „Pfeil" blieb klein, was das RLM aber nicht davon abhielt, mehrere Prototypen für die unterschiedlichsten Einsatzrollen zu bestellen.

fahren. Der Jungfernflug des ersten Prototypen fand im September 1943 mit zwei DB-603-Triebwerken mit 1800 PS statt. Später flog eine Version mit 2100-PS-Triebwerken. Weitere Vorschläge verschiedenster Art wurden am Ende des Krieges noch begutachtet. So wollte man z.B. das hintere Triebwerk gegen das Turbostrahltriebwerk HeS 011 austauschen oder zwei Flugzeuge mittels eines zentralen Flügels verbinden, analog zur Heinkel 111Z „Zwilling".

Henschels wichtigste Arbeit fand auf dem Gebiet der Lenkwaffen statt, obwohl das Unternehmen auch den Sturzkampfbomber Hs 132 mit Turbostrahltriebwerk vorschlug, der dem RLM gut gefiel. Die Hs 132 sah der He 162 etwas ähnlich. Sie hatte auch ein einzelnes Turbostrahltriebwerk, das in einer Gondel oberhalb des Rumpfes angebracht war. Ebenso war die Ähnlichkeit beim Heck nicht unbeabsichtigt. Die zigarrenförmige Flugzelle war gerade groß genug, um einem Piloten in liegender Position Platz zu bieten. Das Unternehmen arbeitete ebenfalls an einem Vorschlag für das Notprogramm: die Hs 135 mit einem Verbund-Deltaflügel, der später in der SAAB „Draken" auftauchte.

Die deutschen schweren Bomber

Selbstverständlich wurden die wenigsten Flugzeuge in Deutschland während des Zweiten Weltkrieges mit Strahltriebwerken oder Raketen angetrieben. Die meisten hatten ganz normale Kolbentriebwerke. Allerdings ging die Weiterentwicklung dieser Flugzeuge auch nicht glatt vonstatten. Während der ersten drei Kriegsjahre schafften es die deutschen Triebwerkhersteller

OBEN: Der Schein trügt – die Heinkel He 177 war ein viermotoriger Bomber. In jeder Gondel saßen zwei 1000-PS-Motoren Daimler-Benz DB 601, die beide auf einen Propeller wirkten.

nicht, mit wirklich leistungsstarken Kolbentriebwerken aufzuwarten. Das führte dazu, dass sich die Konstrukteure der Flugzeugzellen Neuerungen einfallen lassen mussten, um das höheren Leistungen zu erreichen. Das galt sowohl für Jagdflugzeuge als auch für das Entwicklungsprogramm für schwere/strategische Bomber.

Obwohl die Luftwaffe eine taktische Nahunterstützungsluftwaffe war, gab es in den frühen Jahren des Dritten Reichs ein Entwicklungsprogramm für strategische Bomber. Daraus gingen Flugzeuge wie die Junkers Ju 89/Ju 90 und die erfolglose Dornier Do 19 hervor. Dieses Programm starb mit dem Leiter der Luftwaffe, General Wever, bei einem Flugzeugabsturz am 3. Juni 1936 und wurde erst in der Mitte des Zweiten Weltkrieges wieder zum Leben erweckt. Aber sogar zu diesem späten Zeitpunkt gab es noch kein geeignetes Triebwerk, um ein Flugzeug mit einer Bombenladung von 2000 kg zu einem 1600 km entfernten Ziel zu bringen und dabei eine Geschwindigkeit von 500 km/h zu halten. Die Lösung des Problems bestand darin, zwei Triebwerke aneinander zu koppeln, um einen Propeller anzutreiben. Die Wahl fiel auf das DB 601 mit 1000 PS, woraus das DB 606 wurde. Spätere Versionen brachten mehr Leistung, insbesondere das DB 613 mit 3600 PS für den Start, mit Wassereinspritzung und Notschub. Diese Lösung war jedoch wenig zufriedenstellend. Die „siamesischen“ Triebwerke neigten zur Überhitzung, wodurch der Treibstoff in den angrenzenden Tanks erst verdampfte und sich dann mit verheerenden Folgen entzündete.

Sowohl die Heinkel He 177 „Greif“ als auch die Junkers Ju 288C, die wichtigsten schweren Bomber, hatten siamesische Triebwerke. Beide waren so konstruiert, dass sie in internen Laderäumen und außen angebrachten Gestellen nicht nur konventionelle Bomben, sondern auch gelenkte Gleitbomben transportieren konnten, wie z.B. die „Fritz X“ oder die Henschel HS 293. Es gab sogar abstruse Vorschläge, die Ju 288C mit so eigentümlichen Waffen wie der Düsenkanone 280 oder dem Gerät 104 „Münchhausen“ auszustatten. Die sogar noch leistungsfähigere Ju 388 war als schwerer Bomber und als Bomberzerstörer geplant. Sie war mit den gelenkten Luft-Luft-Flugkörpern Hs 298 und Ruhrstahl X-4 ausgestattet. Außerdem sollte sie die Me 328, einen Gleitjäger mit Pulsostrahltriebwerk, auf ihre Einsatzflughöhe schleppen. Mit 1000 Stück war die He 177 der einzige in großer Anzahl gebaute schwere Bomber. Einer wurde so umgebaut, dass er die deutsche Atombombe transportieren konnte. Weitere wurde mit nach vorn feuernden 5- und 7,5-cm-Panzerabwehrkanonen ausgerüstet. Sie sollten an der Ostfront eingesetzt werden. Allerdings stellte sich auch nach fünf Jahren Entwicklung kein rechter Erfolg ein. Die Ju 288 kam über das Prototypenstadium nicht hinaus. Von der Ju 388 wurden 65 Stück in allen Variationen gebaut.

Eine Variante der He177 war das Aufklärungsflugzeug für große Höhen. Es hatte vier einzelne Triebwerke DB 610 mit 1750 PS, einen neuen Flügel mit großer Flügelstreckung und ein neues Doppelleitwerk. Mit dem Bau des Prototypen unter der Bezeichnung He 274 wurde in Paris in der alten Farman-Fabrik begonnen, die aber im Juli 1944 vor der Fertigstellung des Prototypen eingenommen wurde. Die Franzosen vollendeten ihn und flogen ihn von Dezember 1945 an. Eine verbesserte Version des Bombers, ebenfalls mit vier einzelnen Triebwerken und einem Doppelleitwerk, wurde als He 277 gebaut. Allerdings wurden nur acht Stück fertig gestellt, bevor das Notprogramm am 3. Juli 1944 ins Leben gerufen wurde.

OBEN: Wie so viele andere deutsche Projekte kam die He 177 zu spät und in zu geringer Zahl. Als sie endlich serienreif war, konnte die Luftwaffe keine strategischen Bomber mehr erfolgreich einsetzen.

Der „Amerikabomber"

Obwohl in aller Stille entwickelt, erfüllen diese Flugzeuge nicht ganz unsere Kriterien für Geheimwaffen, anders als andere Bomber mit konventionellen Kolbentriebwerken. Wie bereits erwähnt, war die Luftwaffe eher für taktische als für strategische Einsätze geplant; ganz im Gegensatz zur Royal Air Force und der US Air Force. Die Luftwaffe hatte auch nie große Bomber mit hoher Reichweite in größerer Zahl eingesetzt, wie z.B. die amerikanische B-17 „Flying Fortress" oder B-24 „Liberator bzw. die britische" Lancaster. Sie hatte Flugzeuge wie die Focke-Wulf FW 200 „Condor" und die Junkers Ju 290, wobei die eine eigentlich ein Zivilflugzeug und die andere ein hastiger Umbau war. Beide konnten zwar über sehr große Distanzen fliegen, waren aber hauptsächlich für Seeaufklärungsflüge gedacht. Obwohl sie Bomben mitführten, manche Versionen sogar Gleitbomben, waren sie für Kampfhandlungen völlig ungeeignet. Daher besaß die Luftwaffe keine geeignete Angriffswaffe gegen ihren neuen Gegner, als die USA im Dezember 1941 in den Krieg eingriffen. Das RLM gab sofort entsprechende Vorgaben für ein geeignetes Flugzeug heraus.

UNTEN: Die einzige gebaute Me 264, der „Amerikabomber" machte ihren Jungfernflug im Dezember 1942. Auf die Aerodynamik wurde so sehr geachtet, dass sogar die Fugen in Rumpf und Flügeln mit Kitt gefüllt wurden.

Drei Unternehmen antworteten: Focke-Wulf mit der Ta-400, Messerschmitt mit der Me 264 und Junkers mit der Ju 390. Die Ta-400 wurde nie gebaut. Die Ju 390, eine vergrößerte Ju 290 mit zwei Triebwerken mehr, war ziemlich unkompliziert. Der erste Prototyp flog bereits im August 1943. Der zweite Prototyp, bei dem die Flugzelle nochmals verlängert worden war, hatte ein Suchradar FuG Hohentweil und fünf 20-mm-Kanonen an Bord. Bei einem Testflug von Mont de Marsan an der französischen Atlantikküste bei Bordeaux aus näherte sich das Flugzeug New York bis auf 20 km, bevor es sicher zurückkehrte, womit das Einsatzkonzept an sich bestätigt war. Die Arbeiten an einem dritten Prototypen, der 1800 kg Bomben transportieren konnte, wurden nicht mehr abgeschlossen.

Tatsächlich hatten einige Köpfe im RLM bereits vor dem Kriegseintritt der USA über die Möglichkeit nachgedacht, New York zu bombardieren. Willy Messerschmitt war einer von ihnen. Er hatte bereits begonnen über einen Entwurf eines solchen Flugzeuges nachzudenken. Sein Unternehmen war daher in der Lage, den Anforderungen des RLM zu entsprechen, als sie im Dezember 1941 herausgegeben wurden. Nur zwölf Monate später machte der Prototyp der Me 264 seinen Jungfernflug. Mit genug Treibstoff, um nach New York und wieder zurück zu fliegen, was immerhin 30 Stunden dauerte, konnte sie 3000 kg Bomben mitführen und ihre 1000 kg schwere Panzerung tragen. Sie wurde von zwei dreiköpfigen Besatzungen geflogen, hatte eine Schlafgelegenheit, eine Küche und eine ausgefeilte Bewaffnung zur Verteidigung in Form von vier 13-mm-Maschinengewehren und zwei 20-mm-Kanonen. Sechs Startraketen halfen ihr bei hoher Traglast beim Start. Ein erstaunliche Anzahl an Variationen wurde vorgeschlagen. Eine davon sah vor, einen Jagdgleiter Me 328 zum Schutz mitzuschleppen, eine andere war Versuchsträger für einen Dampfturbinenantrieb. Mit zwei Prototypen wurden begonnen. Der erste wurde bei einem Bombenangriff zerstört, als er gerade für die Bodenerprobungen bereit war. Der zweite wurde fertig gestellt und flog. Er wurde der 5. Transportstaffel zugeteilt. Eine Version mit größerer Spannweite wurde in Erwägung gezogen, aber nie gebaut. Somit hatte die erste Runde im Wettbewerb um die „Amerikabomber" nur geringe Wirkung gezeigt, aber es sollte noch eine zweite folgen.

Die „3x1000"-Bomber

Focke-Wulf hatte mit der Fw 190 den besten deutschen einsitzigen Jagdbomber mit Kolbentriebwerk während des Krieges gebaut. In ihrem technischen Direktor Kurt Tank hatten sie ja auch ein Genie gefunden, wenngleich ein ziemlich konservatives. Eine Folge davon war, dass das Unternehmen im Bezug auf den Düsenantrieb ein Spätzünder war; sogar so spät, dass außer einigen Prototypen kein Flugzeug von Focke-Wulf mit Düsenantrieb im Programm war. Einer dieser Prototypen, die Fw 183, hatte jedoch großen Einfluss auf die weitere Entwicklung nach dem Krieg. 1943 entwickelte das Unternehmen nach einer eigenen Vorgabe eine Reihe von Entwürfen, die als „3x1000" bezeichnet wurde. „3x1000" deshalb, weil dieses Flugzeug eine Bombenladung von 1000 kg zu einem 1000 km entfernten Ziel mit einer Geschwindigkeit von 1000 km/h bringen sollten. Die ersten beiden Entwürfe hatten gepfeilte Flügel – einer mit veränderlicher, der andere mit starrer Flügelsehne – und ein konventionelles Heck. Der dritte Entwurf war da schon etwas ausgefallener. Es handelte sich um ein Nurflügelflugzeug, an dem der Einfluss von Alexander Lippisch deutlich wird, der Tank von Zeit zu Zeit als Berater zur Seite stand. Keiner dieser Entwürfe wurde jedoch in die Tat umgesetzt. Messerschmitt legte auch einen Entwurf zu dieser Vorgabe vor: die P. 1107 hatte leicht nach hinten gepfeilte Flügel und ein schmetterlingsförmiges Heck. Zwei ähnliche Entwürfe wurden geplant, von denen der zweite eine größere Reichweite hatte. Auch von diesen Entwürfen wurde keiner realisiert.

Die Gebrüder Horten

Das zweite der oben erwähnten Flugzeuge, die P.1107B, hätte es nie über den Atlantik geschafft. Während der Planungsphase wurde die Wahrscheinlichkeit, die USA zu bombardieren, wieder größer. Denn die USA waren inzwischen stark am Krieg gegen Deutschland beteiligt. Sie kämpften am Boden in Italien und in der Luft von Stützpunkten in Großbritannien aus. Somit wurden wieder einmal Entwürfe für ein entsprechendes Flugzeug angefordert. Dieses Mal war das Anforderungsprofil ein ganz anderes und es zeigte, wie sehr sich die Luftfahrt in Deutschland weiterentwickelt hatte. Die drei Hauptkandidaten hatten alle Deltaflügel, die sich deutlich als Flügelform der Zukunft abzuzeichnen schienen, entweder mit oder ohne vertikale Heckflächen. Alexander Lippisch war nicht der einzige Verfechter dieser Flügelform. Die Brüder Walter und Reimar Horten stellten bereits seit den frühen 30er Jahren Modelle von Deltaflugzeugen her und zwar sowohl Gleiter als auch Flugzeuge mit Triebwerken.

Der erste Gleiter von Horten war ein Delta mit großer Spannweite, wobei die Vorderkanten in einem Winkel von 24° nach hinten gepfeilt wurden und die Hinterkante gerade war. Bei der Ho II wurde ebenfalls die Hinterkante nach hinten gepfeilt. Vier Stück des letzteren Modells wurden als Gleiter gebaut. Eines davon wurde mit einem 60-PS-Hirth-Triebwerk ausge-

Oben: Der erste Prototyp der Horten Ho IX wurde zunächst als Gleiter gebaut, der zweite erhielt bereits zwei Jumo 004 B und war über 800 km/h schnell. Aus der Ho IX wurde die Gotha Go 229.

stattet, das einen Druckpropeller antrieb. Dank Walter Hortens Freundschaft mit dem Leiter der Beschaffung bei der Luftwaffe, Ernst Udet, wurde das Flugzeug zu einem halboffiziellen Test dem besten Testpiloten dieser Zeit anvertraut, Hanna Reitsch. Sie berichtete von guten Flugeigenschaften. Trudeln und Überziehen konnte dem Flugzeug nichts anhaben, aber es war nicht besonders manövrierfähig. Eine Reihe von Entwürfen für Nurflügelflugzeuge folgten, von denen jeder besser und ausgefallener war als sein Vorgänger. Ab der Ho V waren alle in der Regel mit Triebwerken versehen. Ab 1940 leiteten die Horten-Brüder ein Entwicklungsbüro für die Luftwaffe, das „Sonderkommando 9" in Göttingen. Sie legten bald darauf Entwürfe für die Ho VIII vor, ein 60-sitziges Transportflugzeug, das von sechs Druckpropellern angetrieben wurde, und für die Ho IX, ein Jagdflugzeug mit Zwillings-Turbostrahltriebwerken Jumo 004B. Der erste Prototyp der Ho IX wurde noch als Gleiter gebaut. Erst der zweite erhielt Triebwerke. Bei einer Notlandung mit nur einem Triebwerk wurde er zerstört. Vorher hatte er jedoch eine Geschwindig-

OBEN: Die Ingenieure bei Gotha hatten Zweifel an der Stabilität der Go 229 und wollten das Programm stoppen. Sie wurden aber von den Ereignissen überrollt und schafften nur diesen einen Prototyp. Vier weitere waren im Bau gewesen.

keit von über 800 km/h erreicht. Mit der Bezeichnung Gotha Go 229 ging er in Produktion. Die Bewaffnung bestand aus vier 30mm-Kanonen MK 103 und einer Bombenladung von 1000 kg. Vor Kriegsende wurde noch ein Prototyp mit dem stärken Jumo 004C-Triebwerk fertig gestellt, vier weitere wurden angefangen. Berechnungen zufolge sollte die Go 229 eine Höchstgeschwindigkeit von 1000 km/h erreichen können. Tatsächlich wurde sie Hermann Göring als Mitbewerber für das „3x1000"-Projekt vorgestellt. Die Ingenieure der Gothaer Waggonfabrik waren jedoch nicht glücklich mit der Vorwärtsflugstabilität, da die Maschine dazu neigte, um die vertikale Z-Achse zu schwanken, während sie sich um die X-Achse drehte. Die Ingenieure wollten den Bau nach dem sechsten Prototypen einstellen. Die Horten-Brüder stimmten zu und arbeiteten einen neuen Entwurf aus, diesmal ein Flugzeug mit einem sehr ausgeprägten, fast schon übertriebenen, V-förmigen Leitwerk, dessen Vorderkante fast bis zum Bug reichte und das Cockpit einschloss. Lippisch entwickelte eine Reiche ähnlicher Konstruktionen. Die Horten-Brüder gaben das Konzept des Nurflügelflugzeugs jedoch auch nicht auf. Sie entwarfen einen Abfangjäger mit einem einzelnen Triebwerk. Nach der dritten Überarbeitung des Entwurfes war daraus auch ein Deltaflugzeug mit einem konventionellem Heck geworden.

Noch einmal der „Amerikabomber"

Als das Projekt Ho IX/Go229 in vollem Gange war, wurde das „Amerikabomber"-Programm des RLM

HORTEN Ho IX (GOTHA Go 229)

Typ: Einsitziger Jagdbomber
Länge: 7,47 m
Spannweite: 16,78 m
Startgewicht: 8500 kg
Höchstgeschwindigkeit (geplant): 1000 km/h bei 6100 m
Reichweite: unbekannt
Bewaffnung (geplant): Vier 30-mm-Kanonen Mk 103, 2000 kg Bomben

OBEN: Die HO IX/Go 229 hätte im Horizontalflug wahrscheinlich mehr als 1000 km/h erreicht. Damit wäre sie bei weitem das schnellste Serienflugzeug ihrer Zeit gewesen.

wieder belebt. Die ausgesuchten Flugzeughersteller, Arado, Focke-Wulf, Heinkel, Junkers und Messerschmitt, hatten allerdings wenig Fortschritt erzielt. Siegfried Kneymeyer nahm daraufhin Verbindung mit den Horten-Brüdern auf und bat sie darum, sich um einen Transatlantik-Bomber zu kümmern. Wie zu erwarten, legten sie einen Entwurf für ein Nurflügelflugzeug vor, die P. 18, im Wesentlichen eine größere Version der Ho IX war. Alle zukünftigen Mitbewerber wurden im Februar 1945 zu einer Konferenz ins RLM gebeten, auf der der Entwurf der Horten-Brüder ausgewählt wurde. Die Brüder mussten dann mit Ingenieuren von Junkers und Messerschmitt zusammenarbeiten. Das Konsortium brach jedoch bald auseinander, als konservative Mitglieder dem Entwurf ein großes Leitwerk und ein bewegliches Ruder hinzufügen wollten. Reimar Horten ging daraufhin mit einem veränderten Entwurf für die P. 18B direkt zu Göring. Die P.18B sollte mit vier HeS 011- statt mit sechs Jumo 004- oder BMW 003-Triebwerken ausgestattet werden, wodurch 1000 kg Gewicht eingespart werden konnten, ohne viel Schubkraft zu verlieren. Das Flugzeug, so meinte Horten, würde eine Reichweite von 11 000 km bei einer Geschwindigkeit von 850 km/h haben, in einer Höhe von 16 000 m fliegen und 4000 kg an Bomben mitführen können. Horten bekam den Auftrag, das Flugzeug zu bauen. Zu diesem Zeitpunkt sollte der Krieg nur noch zehn Wochen dauern. Daher ist es zweifelhaft, ob detaillierte Konstruktionszeichnungen ausgearbeitet worden waren. Es könnte jedoch sein, dass dies später geschehen ist, da beide Brüder nach dem Krieg in der Luftfahrt weiter gearbeitet haben. Walter Horten erhielt eine führende Position in der neuen Luftwaffe, während Reimar in die Flugzeugindustrie nach Argentinien wechselte.

Junkers P. 130/P. 140

Junkers hatte neben Hans Wocke zwei weitere sehr talentierte Entwickler, Ernst Zindel und Heinrich Hertel. Die Antwort der drei auf das erneute Interesse an Nurflügelflugzeugen war die P. 130. Es wird behauptet, dass Hertel die Ju 287 nur entworfen hat, um Erkenntnisse in Aerodynamik zu erlangen, die für die P. 130 von Nutzen waren. Hierbei sollte aber nicht vergessen werden, dass er bereits entsprechende Erfahrungen mit der Ju 322 gesammelt hatte. Von der Art her ähnlich wie die P. 18B von Horten, hatte die P. 130 jedoch mit etwa 5600 km eine kürzere Reichweite. Sie war dafür gedacht gewesen, von Stützpunkten in Ostpreußen aus Ziele im asiatischen Teil der Sowjetunion und in England anzugreifen. Der vom Konsortium veränderte Entwurf der P. 18A mit der zusätzlichen langen dreieckigen Heckflosse wurde zur Ju P.140. Sie sollte eine Bombenladung von 4 Tonnen nach New York bringen. Wie bei der P. 18B wurde der Auftrag zur Produktion erteilt. Allerdings hatten die Arbeiten gerade begonnen, als die unterirdische Fabrik im Harz, in der sie gebaut werden sollte, eingenommen wurde.

Kapitel 2

Flugzeuge mit Raketenantrieb

Raketengetriebene Abfangjäger waren für das RLM sehr attraktiv. Sie schienen eine realistische Möglichkeit zu sein, die hoch fliegenden Bomber der Alliierten anzugreifen, die ab 1944 der deutschen Industrie arg zusetzten. Sie benötigten auch keine fossilen Brennstoffe, die damals bereits extrem knapp waren. Sie bestanden aus billigen Materialien, oft Sperrholz, und waren oft hoch entwickelt. Letztendlich blieben sie aber erfolglos.

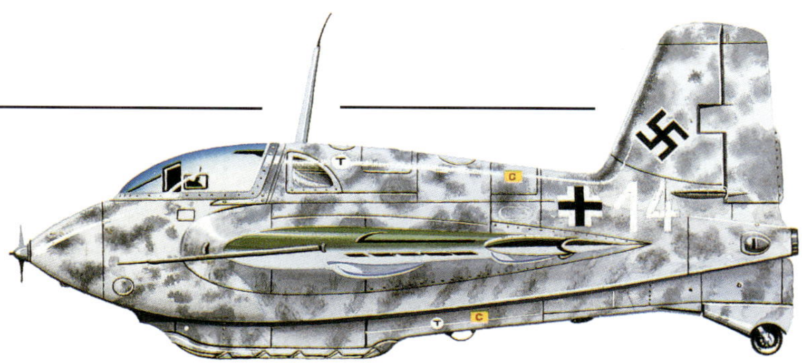

Hätten wir die Geschichte des Strahlfluges chronologisch erzählt und nicht danach, welchen Einfluss die neue Technologie auf die Luftfahrt im Zweiten Weltkrieg hatte, dann hätten wir uns die Rakete vor dem Düsentriebwerk vorgenommen. Allerdings lässt sich das kaum auseinanderhalten, denn beide Typen wurden fast gleichzeitig vorgestellt, und zwar in den letzten Monaten vor dem Ausbruch des Krieges in Ernst Heinkels Fabrik in Rostock-Marienehe. Keines der beiden Flugzeuge war als Waffenplattform gedacht und keines erfüllte zunächst den ihm zugedachten Zweck, aber beide müssen dennoch erwähnt werden, und sei es nur wegen des Einflusses, den sie sowohl in positiver als auch in negativer Hinsicht hatten. Der Düsenjäger He 178 war eine Fehlkonstruktion, weil sein Konstrukteur das Problem mit den Lufteinlässen für das Triebwerk nicht lösen konnte. Deshalb setzten die Konstrukteure der Me 262 von vornherein auf zwei Triebwerke. Das hätte man aber nicht so einfach voraussehen können. Der entscheidende Fehler der raketengetriebenen He 176 stach deutlich ins Auge, zumindest für Experten. Leider gab es 1939 nicht allzu viele davon.

LINKS: Die Ba 349 hatte vier Feststoff-Startraketen und einen Flüssigstoffmotor. Sie wurde senkrecht gestartet und sollte 14 000 m in einer Minute steigen.

OBEN: Die Messerschmitt Me 163B-1 „Komet“

Heinkel He 176

Das raketengetriebene Flugzeug, das vom RLM (Reichsluftfahrtministerium) die Bezeichnung He 176 erhielt, hatte einen Walter-R1-Motor, der mit Wasserstoffperoxyd lief. Frühere Versionen (d.h. vorhandene He 112 mit Hilfsmotoren) hatten noch ein Triebwerk, das von Wernher von Braun entwickelt wurde. Es lief mit Flüssigsauerstoff und Alkohol, eine recht flüchtige Mischung. Der explosionsartige Zerfall von Wasserstoffperoxyd, wenn es mit einem Katalysator wie Kalzium-, Kalium- oder Natriumpermanganat in Berührung kam, bildete in zahlreichen Programmen die Grundlage für den Antrieb. Die He 176 absolvierte ihren Jungfernflug am 30. Juni 1939. Sie erreichte wohl nie die angestrebte Leistung von 700 km/h, was längst nicht einmal dem Weltrekord jener Zeit entsprach. Sie war ganz offensichtlich zu schwer für ihren Motor und die kurzen Stummelflügel. Das RLM zeigte nur geringes Interesse. Es setzte eher auf Lippisch und das Projekt, aus dem später die Messerschmitt Me 163 werden sollte. Heinkel gab sein Projekt schließlich auf.

Alexander Lippisch

Es war offensichtlich, dass Heinkel mit der He 176 keine großen Ziele hatte. Sie diente allenfalls zur Forschung und Erprobung. Alexander Lippisch war ein Autodidakt, der nach dem Ersten Weltkrieg bei Zeppelin/Dornier auf dem Gebiet der Aerodynamik und danach bei der Rhön-Rossitten-Gesellschaft (RRG, die unter anderem Segelflugzeuge für meteorologische Forschung baute) arbeitete. Später wechselte er zum Deutschen Forschungsinstitut für Segelflug (DFS), das die RRG übernommen hatte.

Lippisch behauptete stets, dass Ernst Heinkel, wenn er auch nur ein bisschen Ahnung vom Segelflug gehabt hätte, einfach hätte erkennen müssen, dass ein Flugzeug wie die He 176 eine große Flügelfläche (und wenig Flächenbelastung) brauchte, um vernünftig zu fliegen. Schließlich hatte es kaum Leistungsreserven. Heinkel hatte dagegen seinem Proto-Raketenflugzeug kurze Stummelflügel verpasst, ja kaum mehr als Steuerflächen, und war folgerichtig gescheitert. Lippisch hörte hier natürlich nicht auf. Wie die Horten-Brüder war er felsenfest von dem Delta-Nurflügelflugzeug überzeugt und war auch 1931 der erste, der eine solche Konstruktion in die Luft brachte. Schon drei Jahre davor hatte er für den Automobilhersteller Fritz von Opel einen raketengetriebenen Segler gebaut. Opel sah die neue Technologie in erster Linie als Attraktion für die Zuschauer, war aber interessiert (und reich) genug, den Pionieren eine Anschubfinanzierung zu gewähren. Anfang der 30er Jahre verlor Opel aber das Interesse, nachdem zahlreiche Piloten mit den raketengetriebenen Flugzeugen verunglückt waren. An negativer Publicity war er nun wirklich nicht interessiert. Lippischs „Ente" war das erste fliegende Raketenflugzeug. Pilot am 11. Juni 1928 war Fritz Stammer. Bis 1933 hatte Lippisch eine Reihe von Delta-Segelflugzeugen gebaut und fing nun an,

UNTEN: Der Abfangjäger Messerschmitt Me 163 „Komet" ging im August 1944 in den Einsatz. In sechs oder sieben Monaten schoss er nur etwa ein Dutzend alliierter Bomber ab.

MESSERSCHMITT Me 163-B1

Typ: Einsitziger Abfangjäger
Länge: 5,69 m
Spannweite: 9,33 m
Startgewicht: 4110 kg
Höchstgeschwindigkeit: 960 km/h bei 3000 m
Reichweite: 80 km
Bewaffnung: Zwei 30-mm-Kanonen Mk 108

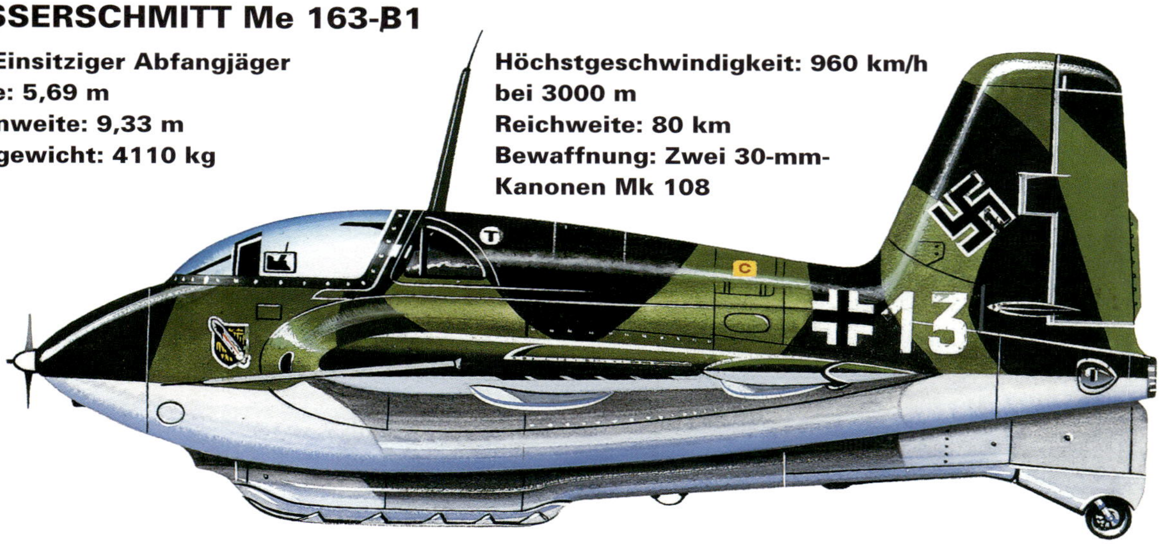

OBEN: Die „weiße 13", eine Me 163 B-1a der 1./JG 400, die zwischen Juli 1944 und April 1945 von Leipzig aus die Anlagen bei Leuna-Merseburg verteidigte.

sie mit Motoren auszurüsten. Er arbeitete mit Focke-Wulf und Fieseler zusammen. Mit dem letzteren baute er ein die zweisitzige und zweimotorige (Zug- und Schubantrieb) Delta III Wespe und die Delta IV. Beide stürzten innerhalb von 14 Tagen ab, wobei ein Pilot ums Leben kam. Das RLM verbot daraufhin sofort die Delta-Nurflügelflugzeuge. Es sollte einige Zeit dauern, bis das Verbot auf das unablässige Drängen von Professor Walter Georgii, dem Leiter des DFS, wieder aufgehoben wurde. Es folgte eine modifizierte Delta IVb, die beim RLM als DFS 39 geführt wurde. Im Jahr 1939 wurde eine Version in Auftrag gegeben, die einen Walter-Raketenmotor erhalten sollte. DFS baute die Tragflächen, die fast eine Deltaform hatten, während Heinkel den Rest der Flugzeugzelle baute. Sie entstand neben der He 176 und erhielt den gleichen Motor. Als Konzession an das RLM wurden kleine Ruder an den Flügelspitzen eingebaut. Nach den Erprobungen im Windkanal war Lippisch aber der Meinung, dass sie nur zum Flattern führten und schließlich den Hauptholm zerstören würden.

So erhielt die DFS 194 als Nachfolgemodell eine einzelne mittige Flosse mit Ruder. Als Treibstoff kam eine Mischung aus T-Stoff (eine 80-prozentige wässerige Lösung von Wasserstoffperoxyd und Oxyquinolin als Stabilisator) und Z-Stoff (eine wässerige Lösung aus Natrium- und Kaliumpermanganat zur Auslösung der Zerlegung) zum Einsatz. Die Walter-Rakete RI-203 sollte den Prototypen auf bis zu 500 km/h bringen. Es war von Anfang an klar, dass dies eine außerordentliche Leistung war, und Lippisch wurde mit seiner Forschungs- und Entwicklungsgruppe im Januar 1939 an das Forschungszentrum von Messerschmitt in Augsburg beordert. Dort wurde aus der DFS 194 schließlich die Messerschmitt Me 163 „Komet".

Me 163 „Komet"

Die „Komet", die etwa zwei Monate eher als der Düsenjäger Me 262 in den Dienst gestellt wurde, war ein radikaler, ja abenteuerlicher Ansatz zu dem Problem, einen schwer bewaffneten und gut geschützten Bomberverband in Kastenformation anzugreifen. Die Bezeichnung, die vom RLM vorgegeben wurden, ist etwas irreführend, denn die Messerschmitt AG hatte nur wenig mit der Entwicklung zu tun. Sie blieb stets in der Hand ihres Schöpfers. Im Frühjahr 1941 wurden die ersten Gleitflugversuche mit dem Prototypen aufgenommen. Er wurde in Höhen bis zu 8000 m hochgezogen und erreichte dort Geschwindigkeiten bis zu 850 km/h, wobei er sich noch hervorragend steuern ließ. Während des Sommers wurde er an die Heeresversuchsanstalt in Peenemünde geschickt, wo er einen Raketenmotor erhalten sollte, und zwar ein verbessertes Modell des Walter R1. Es hatte eine gewisse Schubsteuerung, arbeitete aber immer noch mit T-Stoff und Z-Stoff. Das Entwicklungsprogramm in Peenemünde war von teilweise tödlichen Unfällen überschattet, denn die flüchtigen Treibstoffe explodierten immer wieder. Bei einem wurde sogar ein ganzes Gebäude zerstört. Allerdings konnte die Me 163 V1 auch mehrfach den Geschwindigkeitsrekord

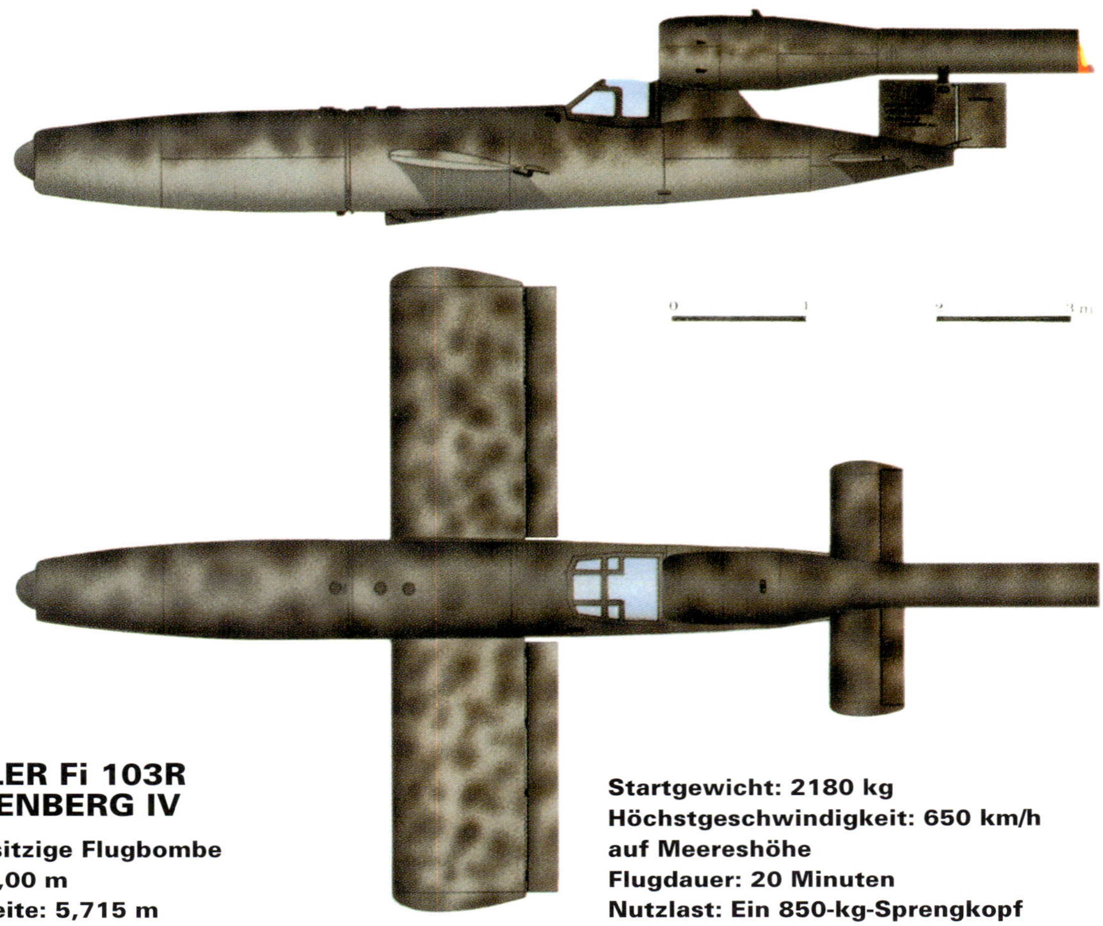

FIESELER Fi 103R REICHENBERG IV

Typ: Einsitzige Flugbombe
Länge: 8,00 m
Spannweite: 5,715 m

Startgewicht: 2180 kg
Höchstgeschwindigkeit: 650 km/h auf Meereshöhe
Flugdauer: 20 Minuten
Nutzlast: Ein 850-kg-Sprengkopf

OBEN: Die Reichenberg IV, die bemannte Version der V1, war kaum mehr als ein Hirngespinst, obwohl es fliegende Prototypen gab.

brechen. Schließlich flog Testpilot Heini Dittmar sogar über 1000 km/h und brachte sich dabei fast um, denn das Flugzeug war plötzlich nicht mehr steuerbar. Der Verdichtungsstoß (Stöße, die durch Luftströmungen über der Tragfläche erzeugt werden, wenn sie an einigen Stellen die Schallmauer durchbrechen) hatte für negativen Auftrieb und starke Vibrationen gesorgt. Schließlich gelang es Dittmar, die Kontrolle zurückzugewinnen und erfolgreich zu landen. Das RLM war beeindruckt und bestellte Prototypen eines Kampfflugzeugs, der Me 163 B. Sie sollte zwei 20-mm-Kanonen MG 151 erhalten. Der stärkere Raketenmotor 509-A2 verbrauchte eine etwas unberechenbare Mischung aus T-Stoff und C-Stoff (30 % Hydrazinhydrat, 57 % Methanol und 13% Wasser) und erzeugte einen Schub von 1500 kp. Etwa 2 t Treibstoff (knapp die Hälfte des Gesamtgewichts des Flugzeugs) genügten, um die Me 163 B innerhalb von 3:35 Minuten auf ihre Einsatzhöhe von 12 100 m zu bringen. Dann hatte der Pilot noch genügend Treibstoff für viereinhalb Minuten Motorflug. Allerdings war geplant, dass er den größten Teil des Einsatzes im Gleitflug durchführen sollte.

Zwei Me 163Ba-1 wurden Anfang 1943 an eine Spezialeinheit der Luftwaffe übergeben, damit die Piloten sich damit vertraut machen konnten. Die Ausbildung begann aber erst im Juli. Die hohe Landegeschwindigkeit der „Komet“, verbunden mit der Tatsache, dass der Pilot nur eine Chance hatte – denn er hatte ja keinen Treibstoff mehr für einen zweiten Landeanflug – führte zu zahlreichen Unfällen. Erstaunlicherweise liefen sie meist glimpflich ab. Die erste Einsatzeinheit mit der Me 163B-1a wurde im Mai 1944 in Wittmundhafen aufgestellt. Das Flugzeug verfügte über zwei 30-mm-Kanonen und einen beträchtlichen Panzerschutz für den Piloten. Am 16. August ging die Einheit als I./JG 400 in den Einsatz. Der erste Sieg kam wenige Tage später, als Leutnant Hartmut Ryll bei Leipzig eine B-17 abschoss. Insgesamt wurden etwa 300 Me 163 in unterschiedlichen Versionen gebaut (und die Rechte wurden auch an Japan verkauft, wo bis zum Kriegsende fünf motorisierte und 50 unmotorisierte Flugzeuge gebaut wurden). Sie waren aber nur mäßig erfolgreich und sollen kaum mehr als zwölf amerikanische B-17 abgeschossen haben. Eine verbesserte Version, zunächst als Ju 248 bezeichnet, wurde bei Junkers gebaut und dann von Messerschmitt als Me 263 übernommen. Sie war etwas größer, hatte ein Radfahrwerk statt der Kufen und wurde von einem Walter-Motor 509C angetrieben. Davon existierten aber nur Prototypen.

Hirngespinste: Die Selbstopfermänner

Für die „Komet" galt das Gleiche wie für die Me 262: es gab zu wenige und sie kamen zu spät. Die Situation im Sommer 1944 war so verzweifelt, dass einzelne Jägerpiloten dazu übergingen, die alliierten Bomber zu rammen. Es wurden sogar Einheiten als Sturmgruppen aufgestellt wie die IV./JG3 und die II./JG300, die das Rammen als letzten Ausweg übten. Ihre Fw 190A-8/R2 waren zu diesem Zweck am Bug gepanzert. Sie hatten sogar etwas Erfolg: zwischen dem 7. Juli 1944 und Ende März 1945, als sie ihre Operationen einstellten, hatten sie 500 Bomber der Alliierten zerstört, aber nur zehn durch Rammen. Das Sonderkommando Elbe wurde aus Freiwilligen aufgestellt. Sie übten die Rammtaktik zehn Tage lang und gingen dann in den Einsatz. Sie rammten und zerstörten acht Flugzeuge, zahlten aber einen hohen Preis, nämlich insgesamt 77 Bf 109 und Fw 190. Wenn man schon die Selbstopfermännertaktik anwenden wollte, dann konnte man auch ein ganz schlichtes Flugzeug nehmen, das kaum strategisch wichtige Materialien benötigte. Die besten Jäger mit Kolbenmotoren waren dafür einfach zu schade.

Die Selbstopfermännertaktik ist eine eigene Betrachtung wert. Es war nämlich nie die offizielle Absicht, von den Piloten zu verlangen oder sie auch nur zu bitten, Selbstmord zu begehen, wie das in Japan der Fall war. Man gab sich sogar alle Mühe, das Gegenteil zu behaupten. Die Selbstopfermänner sollten lediglich ihr Flugzeug als letztes Mittel einzusetzen (die Rekruten der Sturmtruppen mussten jedoch einen Eid ablegen, dass sie das im Notfall auch tun würden). Sie sollten sich beim Angriff stets eine Fluchtmöglichkeit offen lassen. Die Chancen waren aber bescheiden. Es wird also ein geheimes Programm gegeben haben und die betroffenen Männer (und Frauen: Hanna Reitsch war eine glühende Verfechterin dieser Taktik) wussten genau, worauf sie sich einließen. Die gegenteiligen Behauptungen sollten nur die Öffentlichkeit beruhigen.

Ba 349 „Natter"

Die „Komet" war wirklich kein hoch entwickeltes Flugzeug. Dr. Erich Bachem jedoch – zunächst Technischer Direktor der Fieseler AG, wo er den berühmten leichten Aufklärer und Transporter Fi 156 „Storch" baute, und später Entwickler von Flügeln für Henschel-Flugkörper und von Steuerflächen für die A4, aber auch erfahrener Segelflieger – hielt die „Komet" für zu aufwändig. Er meinte, dass ein hölzernes Segelflugzeug, das jeder Zimmermann an der Ecke bauen konnte und das den gleichen Raketenmotor wie die „Komet" erhalten sollte, unterstützt durch vier Fest-

RECHTS: Der Start der Ba 349 war so abrupt, dass der Pilot das Bewusstsein verlor. Ein automatisches Lenksystem brachte sie auf ihre Einsatzhöhe.

BACHEM Ba 349

Typ: Einsitziger zerlegbarer Abfangjäger
Länge: 6,10 m
Spannweite: 3,60 m
Startgewicht: 2200 kg
Höchstgeschwindigkeit: 800 km/h auf Meereshöhe
Reichweite: 40 km
Bewaffnung: 24 7,3-cm-Raketen vom Typ Föhn

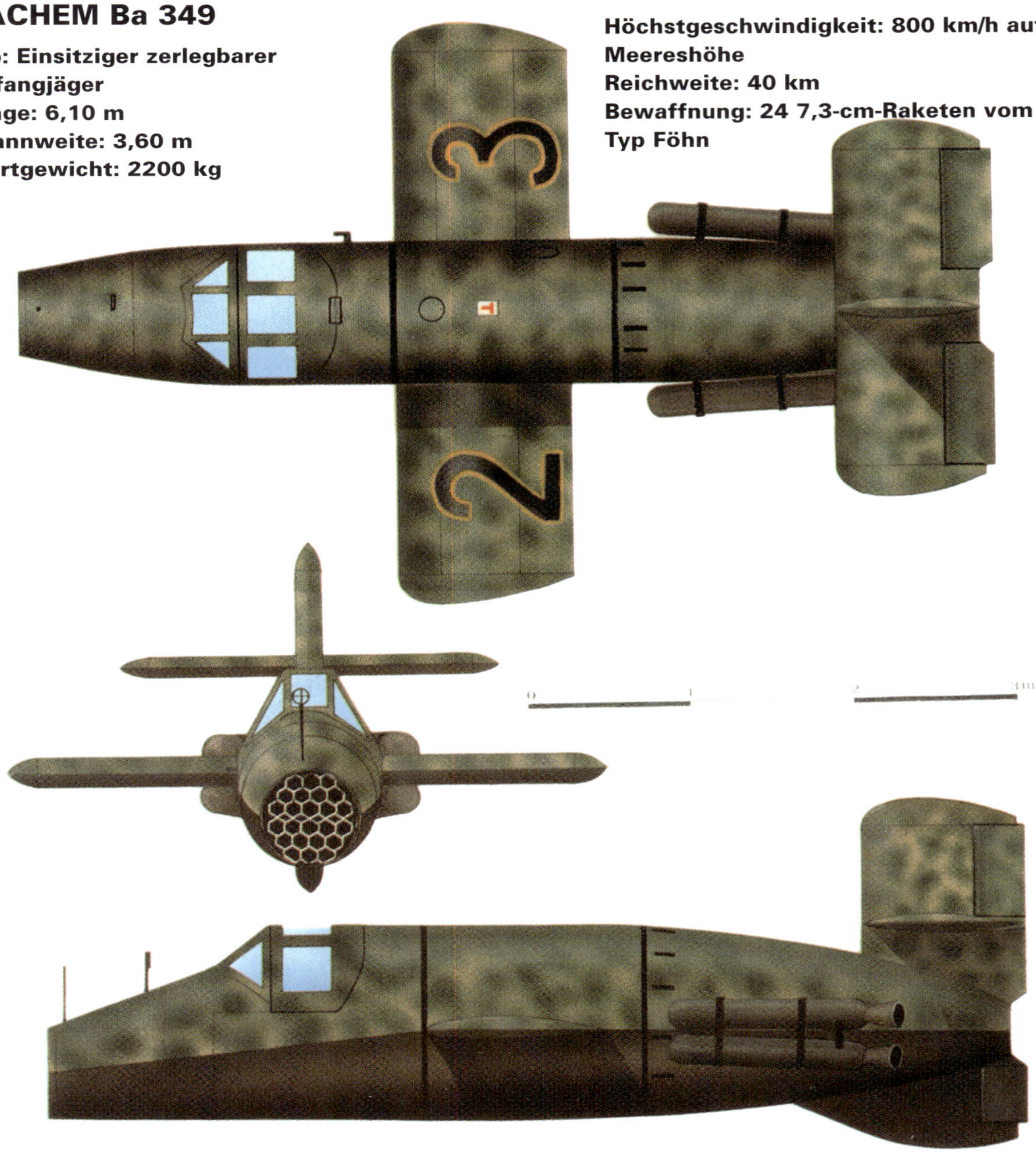

OBEN: Die „Natter" sollte ein einfaches Mittel darstellen, einen Mann in die Reichweite der hoch fliegenden Bomber zu bekommen. Sie hatte nur die Raketen im Bug.

stoffmotoren für den Senkrechtstart, den Job genau so gut erledigen könnte. Es könnte mit Hilfe eines einfachen Lenksystems in weniger mehr als einer Minute 14 000 m steigen. An diesem Punkt sollte der Pilot – der hoffentlich bis dahin sein Bewusstsein wieder erlangt hatte, nachdem er bei dem Gewaltstart in der Regel ohnmächtig wurde – die Steuerung übernehmen und einen Sturzkampfangriff auf den feindlichen Bomberverband führen. Er stieg erst aus und öffnete seinen Fallschirm, nachdem er seine gesamte Bewaffnung (24 7,3-cm-Henschel Hs 217 „Föhn" bzw. ungelenkte 5-cm-Raketen R4M im Bugkegel) abgefeuert und die Geschwindigkeit auf etwa 250 km/h reduziert hatte. Das „Flugzeug" hinter dem Cockpit glitt ebenfalls an einem Fallschirm herab, weil man den Raketenmotor zur Wiederverwendung bergen wollte. Vom 22. Dezember 1944 an wurden elf unbemannte Starts mit den Startmotoren allein durchgeführt, und am 23.

Februar 1945 fand ein einzelner unbemannter Probestart mit dem Walter-Motor statt. Einige Tage später befahl die SS, die zu jenem Zeitpunkt alle Geheimprojekte unter sich hatte, einen bemannten Start. Das unbemannte Programm war allerdings noch nicht abgeschlossen und es gab noch ernsthafte Zweifel an der Tauglichkeit des Flugzeugs. Der Pilot Lothar Siebert kam ums Leben, als die Ba 349 aus einer Höhe von 1500 m steil zu Boden stürzte, nachdem es sich überschlagen hatte. Das Erprobungsprogramm lief trotzdem weiter, und es wurden um die 20 (nach anderen Berichten 36) Flugzeuge für den Einsatz gebaut, die aber nie in das Gefecht gingen. Es gibt vermutlich noch zwei Exemplare in Museen, eines in den USA und das andere in Deutschland.

Ernst Heinkel schlug ein ähnliches Flugzeug wie die Bachem „Natter" vor. Die P.1077 „Julia" (sie erhielt nie eine Kennnummer vom RLM) sollte ebenfalls einen Walter-Motor 509 und vier Feststoffstartmotoren Schmidding 533 erhalten. Sie sollte von einer schrägen Rampe starten und in 72 Sekunden auf 15 000 m steigen. Als Bewaffnung waren zwei Kanonen MK 108 geplant. Der Eindecker mit den hoch angesetzten, fast quadratischen Flügeln und beträchtlicher V-Stellung der Flügelspitzen war mit zwei verschiedenen Heckpartien geplant: eine mit einer einzelnen Rückenflosse und hoch angesetzten, kurzen Höhenflossen; die andere mit einer einzelnen hohen Höhenflosse, die in Rücken- und Kielflossen endete. Das Ganze war eher ein bemannter Flugkörper als ein Flugzeug. Es ist nicht dokumentiert, wie der Pilot das Flugzeug verlassen und sicher auf die Erde zurückkehren sollte.

Die Frage ist wohl, ob die „Natter" wirklich unter die Kriterien für die Selbstopfermänner fällt, denn der Pilot sollte den Angriff abbrechen und zurückkehren, bevor er ausstieg (er hatte sogar ein Notausstiegssystem, das möglicherweise funktioniert hätte). Bei ähnlichen Konzepten von Zeppelin und DFS, im Prinzip motorunterstützte Segelflugzeuge, die von Flugzeugen in die Angriffsstellung gebracht wurden, sah es anders aus.

Der von Zeppelin vorgeschlagene „Rammer" hatte einen Feststoffraketenmotor; das DFS-Flugzeug, das schließlich als Messerschmitt Me 328 weiterentwickelt wurde, verfügte über ein Argus-Pulsostrahltriebwerk wie die Flugbombe Fieseler Fi 103. Besonders in das letztere Projekt wurde viel Hoffnung gesetzt, aber wie die Ba 349 blieb es ein Prototyp. Es gab noch ein drittes ähnliches Projekt, den Sombold So 334 „Rammschussjäger", der trotz seines Namens keineswegs zum Rammen gedacht war. Er hatte ebenfalls einen Walter-Motor 509 und ungelenkte Raketen und sollte in die Einsatzhöhe gezogen werden. Wie die Me 328 war er als Bordbegleitjäger gedacht; es blieb aber bei einem Modell für den Windkanal. Blohm & Voss schlug als Bv 40 ein reines Segelflugzeug ohne Triebwerk vor. Bewaffnet mit einer 30-mm-Kanone und einer Bombe mit Annäherungszünder an einem Seil, sollte die Bv 40 von einer Bf 109 vor den feindlichen Verband gebracht und dann abgekoppelt werden. Das Projekt fand aber kaum Zustimmung, weil man sich 1944 in Deutschland mit ganz anderen Prototypen befasste.

Zeppelin „Rammer"

Der Zeppelin „Rammer" erhielt nie eine RLM-Kennnummer, weil er wohl nicht ganz ernst genommen wurde. Es sollte ein kleines konventionelles Flugzeug mit geraden Flügelsehnen und Höhenflosse werden. Eine Bf 109 oder Bf 110 sollte es in die Einsatzhöhe ziehen, worauf es seinen Schmidding-Feststoffmotor 533 startete und den gegnerischen Bomberverband angriff. Zunächst sollte es seine 14 5-cm-Raketen R4M abfeuern und dann mit den extrem starken Flügeln die Bomber rammen oder abdrängen. Die Vorderkanten der Flügel sollten mit 3 cm starkem Stahl gepanzert werden. Drei durchgängige parallele Hauptholme aus dickwandigen Stahlrohren sollten von Spitze zu Spitze quer durch Rumpf, Höhenflosse und Flügel verlaufen. Der Pilot flog das Flugzeug im Liegen und sollte keinen Fallschirm benutzen. Er sollte auf einem geeigneten Gelände landen, damit das Flugzeug geborgen und wieder verwendet werden konnte. Allerdings ist wohl weder ein Prototyp noch eine Attrappe vom „Rammer" gebaut worden.

Messerschmitt Me 328

Die Geschichte der Me 328 – ähnlich wie die „Komet" ursprünglich ein DFS-Projekt – begann im Jahr 1941, also wesentlich eher als die anderen Jäger „der letzten Stunde". Geplant war sie als Begleitjäger, der von einem Bomber Heinkel He 177 an einer Deichsel (dies „Deichselschleppsystem" war auch für bemannte Bomber-Segelflugzeuge und Zusatztanks erwogen worden) hochgezogen oder nach Art der „Mistel" im Huckepack-Verfahren auf einer Dornier Do 217 oder Messerschmitt Me 264 sitzen sollte. Es wurden unterschiedliche Versionen vorgeschlagen: ein reines Segelflugzeug; eine Version mit Argus-Pulsostrahltriebwerken oder mit einem Turbojet Jumo 004. Gebaut wurden nur Prototypen des Segelflugzeugs und der Version mit dem Argus-Triebwerk.

Die allgegenwärtige Hanna Reitsch führte die Erprobungen auf den beiden Segler-Prototypen durch,

die in Höhen von 3000-6000 m vom Zugflugzeug abgekoppelt wurden. Mit ähnlichem Erfolg wurden auch Bodenstarts mit Seilkatapulten und raketenunterstützten Schienenbahnen erprobt. Selbst mit reduzierter Flügelspannweite zeigte das Flugzeug noch ordentliche Leistungen. Schließlich plante man, 1000 Stück als Einweg-Bomber zu bauen, die von Freiwilligen der 5./KG200, der so genannten „Staffel Leonidas", geflogen werden sollten.

Die Jacob Schweyer Segelflugzeugbau stellte sieben Prototypen mit dem Argus-Pulsostrahltriebwerk her. Dies Flugzeug sollte ein Jäger werden und zwei MG 151 erhalten. Bei den Bodentests wurde schnell klar, dass das gleiche Problem, das auch die Entwickler der V1 heimgesucht hatte – nämlich die übermäßigen Vibrationen – den Erfolg in Frage stellte. So wurde das bemannte Erprobungsprogramm Mitte 1944 nach wenigen Testflügen wieder eingestellt. Die Planungen liefen aber weiter und es wurde sogar eine Version mit nicht weniger als vier Argus-Pulsostrahltriebwerken 109-014 ins Auge gefasst, zwei unter den mittig angesetzten Flügeln zu den zwei ursprünglichen über dem hinteren Rumpf. Die Strahlrohre ragten unter der Höhenflosse hinter den Heckflossen hervor. Auch Bomberversionen waren im Gespräch. Sie hätten auch eher Sinn gemacht, denn, wie wir im Kapitel 5 im Zusammenhang mit der V1 erfahren werden, war das Pulsostrahltriebwerk von seinen Eigenschaften her für einen Jäger völlig ungeeignet. Auf das Drängen von Hitler wurden die Arbeiten noch fortgesetzt, als längst feststand, dass von dem Projekt nichts mehr zu erwarten war. Die wohl abenteuerlichste Idee war eine Version der Me 328 mit Klappflügeln und zwei Pulsostrahltriebwerken, die von einem Katapult vom Vorderdeck eines U-Boots aus gestartet werden sollte.

Links: Es wurden nur 36 Ba 349 gebaut. Keine einzige kam zum Einsatz. Die meisten endeten wie diese drei angeschlagenen Exemplare in den Händen der GIs in Bayern.

Oben: Die Blohm & Voss war ein unmotorisierter Gleitjäger. Sie sollte vor dem Angriff vor die feindlichen Bomber geschleppt werden.

Blohm & Voss Bv 40

Der einfachste und billigste, aber wohl auch sinnvollste Vorschlag für die Selbstopferjäger kam Mitte 1943 von Richard Vogt von Blohm & Voss. Die Bv 40 war ein einfaches, kleines Segelflugzeug mit zwei 30-mm-Kanonen und einem guten Panzerschutz am Bug. Gebaut von ungelernten Arbeitern aus strategisch bedeutungslosen Materialien, sollte sie von einer Bf 109G über den feindlichen Bomberverband gezogen und ausgeklinkt werden. Dann setzte sie zum Sturzflug an. Eine vorgeschlagene Neuerung war das „Gerät Schlinge", nicht viel mehr als eine Luftmine an einem langen Kabel, die detonieren sollte, wenn sie sich mitten in dem Bomberverband befand. Allerdings flog die Bombe in der Regel direkt hinter dem Segelflugzeug und nicht darunter und war somit schlecht zu platzieren. Es wurden auch R4m-Raketen und 250-kg-Bomben vorgeschlagen, die von oben auf die Bomber abgeworfen werden sollten, ebenso eine Version mit vier Lufttorpedos. Sechs Prototypen wurden gebaut, von denen fünf sogar flogen, bevor das Projekt Ende 1944 eingestellt wurde. Im Versuch, es wiederzubeleben, schlug Vogt vor, Argus-Pulsostrahltriebwerke unter den Flügeln einzubauen. Er hatte aber keinen Erfolg; die Me 328 konnte die Leute noch am ehesten begeistern.

Kapitel 3

Hybridflugzeuge und Segelflugzeuge

Während des Zweiten Weltkriegs kamen unbemannte Flugzeuge beim Transport zum Einsatz. Sie waren mäßig erfolgreich, aber dennoch eine sinnvolle Ergänzung der Logistikflotte. Gleichzeitig wurde die Technologie der Gleitbomben auch auf die Lenkung unbemannter Bomber übertragen. Sie wurden mit Sprengstoff gefüllt und von einem Piloten in das Ziel gesteuert, der in einem einsitzigen Jäger auf dem Rücken des Bombers saß.

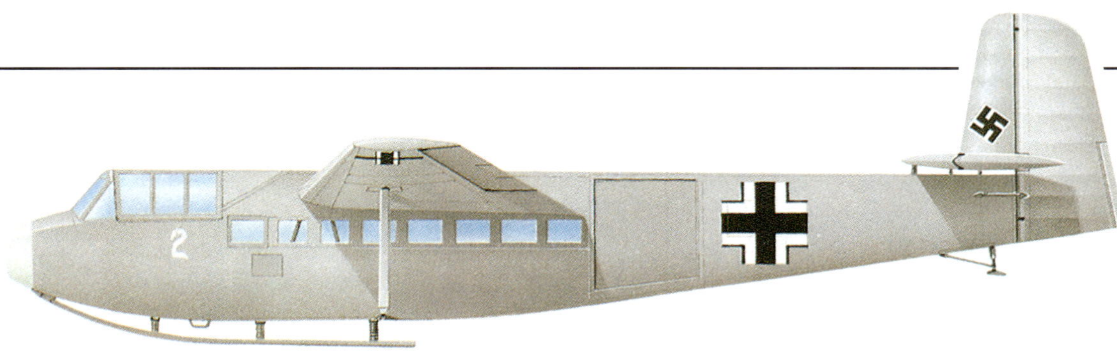

Auch nach der Aufstellung der neuen Luftwaffe spielten die unmotorisierten Flugzeuge eine wichtige Rolle in der Gefechtsordnung, weil wohl fast alle Piloten der Luftwaffe vor der offenen Wiederaufrüstung das Fliegen auf Segelflugzeugen erlernt hatten. Wie bereits erwähnt, stammten zahlreiche Neuentwicklungen vom Deutschen Forschungsinstitut für Segelflug.

LINKS: Die „Mistel" bestand aus einem Jäger, der auf einem unbemannten Bomber saß. Dessen Bug war mit Sprengstoff gefüllt.

OBEN: Die DFS 230 flog Fallschirmjäger der Luftwaffe zur belgischen Festung in Eben-Emael.

DFS 230

Segelflugzeuge wurden schließlich in allen Formen und Größen und für die unterschiedlichsten Einsätze gebaut. Wir haben bereits Bomber und Jäger kennen gelernt, effektiver im Gefecht waren aber Truppen- und Lastentransporter. Als erste zum Einsatz kam die winzige DFS 230, ein konventioneller Segler mit geraden Flügeln mit großer Streckung. Er wurde aus einem Prototypen der Rhön-Rossitten-Gesellschaft von 1932 entwickelt und konnte acht kampfbereite Soldaten befördern. Bei ihrem allerersten Einsatz am 10. Mai 1940 beförderte sie Fallschirmspringer der Luftwaffe, die die riesige belgische Festung bei Eban-Emael angriffen. Nach dieser taktischen und strategischen Überraschung konnte

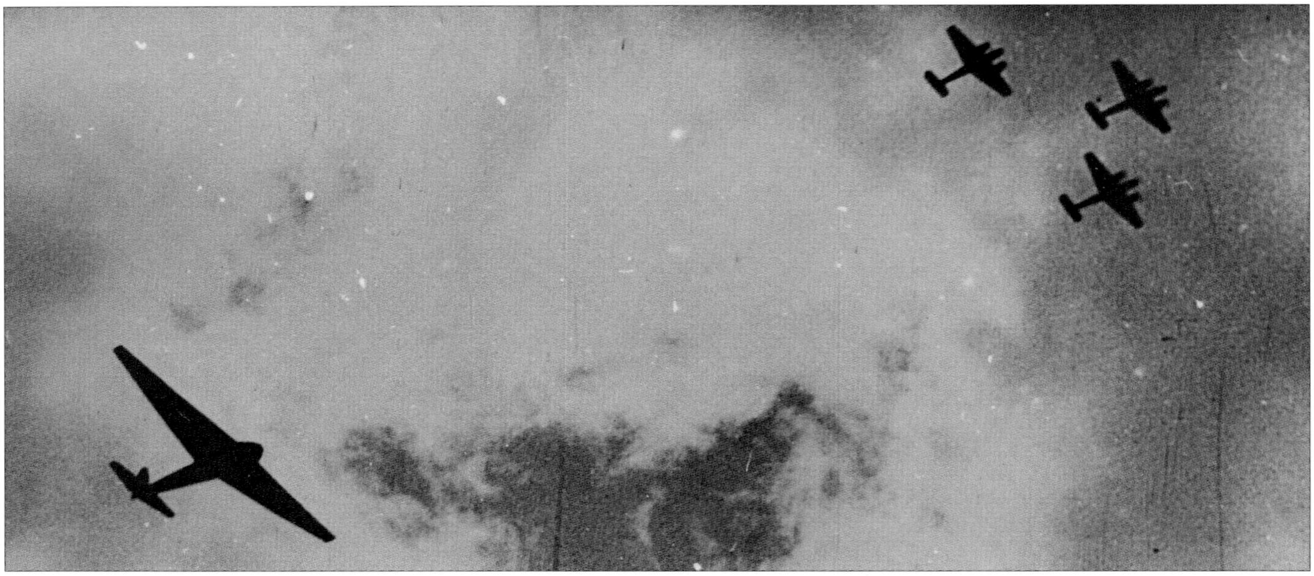

die Wehrmacht praktisch ohne Gegenwehr durch Belgien marschieren. Nachdem ihre Existenz aber bekannt war, erlitten die Segler hohe Verluste. Nach einem katastrophalen Einsatz in Kreta benutzte die Luftwaffe sie nicht mehr. Einen dramatischen Einsatz hatten sie aber noch: im September 1943 landeten einige Kommandos unter Otto Skorzeny mit zwölf DFS 230 auf einem winzigen Landestreifen vor dem Rifugio-Hotel auf dem Gran Sasso und befreiten tollkühn den italienischen Diktator Benito Mussolini. Danach wurden Segler überwiegend bei den Alliierten eingesetzt, so im Juni 1943 in Sizilien, im Juni 1944 in der Normandie und im September des gleichen Jahres in Arnheim. Aber die Luftwaffe hatte die Idee keineswegs aufgegeben.

DFS 228 und 346

Im Jahr 1941 baute DFS einen einzelnen Prototypen eines Lastenseglers, den DFS 331, beschäftigte sich allerdings unterdessen in der Hauptsache mit experimentellen Hochleistungsseglern. Der wichtigste Typ war die DFS 228 für die fotografische Aufklärung aus großen Höhen. Sie wurde auf eine Höhe von 10 000 m oder mehr gebracht und dann gestartet. Ein Raketenmotor brachte sie dann auf 23 000 m. Der Raketenmotor sollte dann nur noch abschnittsweise eingesetzt werden, um die Höhe zu halten, bis der Treibstoff verbraucht war. Danach sollte die DFS 228 auf das eigene Gebiet zurücksegeln. Je nach Thermik ging man optimistisch davon aus, dass das Flugzeug aus Entfernungen von bis zu 1000 km zurückkehren konnte. Es wurden aber nur ein paar Exemplare gebaut. Es fanden zahlreiche Probeflüge statt, alle wahrscheinlich ohne Raketenantrieb, obwohl es auch anders lautende Berichte gibt. Schließlich wurde eine neue Druckkabine entwickelt, in der

OBEN: Für den komplizierten, anspruchsvollen „Troika-Schlepp" wurden drei Bf 110 benötigt. So bekam man einen voll beladenen „Gigant" in die Luft.

der Pilot lag, und wenige Tage vor dem Kriegsende erprobt. Sowohl die originale Kabine, in der der Pilot aufrecht saß, als auch die neuere Version, die viel wirksamer war, waren an der Flugzeugzelle mit absprengbaren Bolzen befestigt. Sobald der Bugkegel abgeschossen war, entfaltete sich aus ihm ein Fallschirm. Mit dem Piloten an Bord schwebte der Bug herab, bis Außentemperatur und Druck ein erträgliches Maß erreicht hatten. Dann wurde der Sitz per Druckluft abgeschossen und schwebte an einem Fallschirm zu Boden.

Eine Weiterentwicklung der DFS 228, die DFS 346, war für Überschallflugversuche gedacht. Sie sollte zwei Raketenmotoren erhalten, gepfeilte Flügel mit variablen Flügelsehnen, und ein T-förmiges Heck nach Multhopp-Art, ähnelte aber ansonsten stark der späteren DFS 228, wenngleich sie aus mittragendem Aluminium und nicht aus Holz bestand. Allerdings soll auch ein Exemplar ohne Antrieb aus Holz gebaut worden sein. Man geht davon aus, dass dieses Flugzeug und einige etwas modifizierte DFS 346 nach dem Krieg in der Sowjetunion gebaut wurden, und es gibt Gerüchte, dass es sich bei der ersteren um das Flugzeug handelte, das mit dem DFS-Testpiloten Wolfgang Ziese im Mai 1947 als erstes die Schallmauer durchbrach, fünf Monate bevor Chuck Yeager am 14. Oktober seinen Überschallflug in einer Bell X-1 machte.

Riesige Transportsegler

Am anderen Ende der Leistungsskala gab das RLM zwei Projekte zur Entwicklung von Schwerlastseglern mit bis zu 22 000 kg Nutzlast – ungefähr das Gewicht einer kompletten Infanteriekompanie mit der gesamten Ausrüstung – in Auftrag: zum einen die riesige Messerschmitt Me 321 „Gigant", zum anderen die Ju 322 „Mammut", die ursprünglich „Goliath" heißen sollte. Die Messerschmitt war letztendlich bei weitem erfolgreicher, obwohl die Junkers „Mammut" trotz ihrer Fehlkonstruktion technisch wesentlich interessanter war.

Messerschmitt Me 321 „Gigant"

Die Me 321 war konventionell gebaut, d.h. sie hatte eine Zelle, an der die hoch liegenden Tragflächen und das Leitwerk angebracht waren. Sie bestand aus Holz und verschweißten Stahlrohren mit einer Haut aus Holz und Stoff. Der Rumpf hatte einen rechteckigen Querschnitt, der zum Bug hin anstieg. Dort befanden sich die Klappen zum Be- und Entladen der Fahrzeuge. Die Passagiere stiegen über seitliche Türen ein. Zum Heck verjüngte sich der Rumpf. Das Cockpit saß oben auf dem Rumpf, auf einer Höhe mit der Vorderkante der Flügel. Diese waren gerade angesetzt und liefen zum Ende hin spitz zu. Sie hatten eine Spannweite von 55 m und Streben, die unten am Rumpf ansetzten, wo auch das feste Fahrwerk montiert war. Das Heck bestand aus einer Heckflosse und einer abgestrebten Höhenflosse. Das Flugzeug funktionierte bereits beim Jungfernflug im März 1941 in Leipheim perfekt und konnte die geplante Nutzlast bewältigen. Die ersten Exemplare gingen im Mai 1941 in den Dienst, als eine Staffel aus 18 Flugzeugen aufgestellt wurde. Ursprünglich wurden die „Giganten" von drei Bf 110 (dem so genannten „Troika-Schlepp") oder einer einzigen Ju 290 gezogen. Später wurde extra zu diesem Zweck die He 111Z („Zwilling") entwickelt, im Prinzip zwei He 111, die an der Tragfläche jenseits der Triebwerke miteinander verbunden waren. An der Schnittstelle saß ein weiteres Triebwerk, sodass die He 111Z über je ein Triebwerk außenbords der Rümpfe und drei dazwischen verfügte. Zur Unterstützung beim Starten wurden verschiedene Raketen montiert, und man wollte sogar Argus-Pulsostrahltriebwerke montieren, um die Reichweite nach der Abkoppelung zu erhöhen. Die Hauptaufgabe der „Gigant" war der Transport von Material an die Ostfront. Sie hatte eine Besatzung von zwei Mann und war mit vier 7,92-mm-MGs ausgerüstet.

Bevor der erste Prototyp überhaupt in der Luft war, gab es schon Pläne für die Motorisierung. Dazu wurde hauptsächlich die Struktur verstärkt und Halterungen für die Triebwerke entwickelt, zunächst vier aufgeladene Gnome-Rhône 14 N mit etwa 1150 PS. Der Prototyp absolvierte seinen Jungfernflug im April 1942 und stellte sich als untermotorisiert heraus, sodass das nächste Flugzeuge – wie alle Serienmodelle – sechs Triebwerke hatte. Diese Me 323 war immer noch ein Leichtgewicht und brauchte zwei Flugingenieure, die die Triebwerke ausbalancierten sowie zwei Bordschützen, die die insgesamt fünf 7,92-mm-MGs (später 12,7 mm) bedienten. Daneben gab es seitliche Türme für zehn Infanterie-MGs 34. Die Me 323 benötigte oft die Hilfe eines Schleppflugzeugs oder von Raketen, um abzuheben, besonders bei voller Beladung. Sie hatte eine Nutzlast von etwa 16 t und Sitze für 130 Passagiere. Bei Evakuierungen beispielsweise konnten es aber auch viel mehr sein. Sie wurde erstmals im November 1942 eingesetzt und versorgte das Afrikakorps von einem Stützpunkt in Sizilien aus. Im Großen und Ganzen recht erfolgreich, hatte sie gelegentlich spektakuläre Ausfälle. Am 22. April 1943 wurden bei einem einzigen Einsatz nicht weniger als 21 Flugzeuge abgeschossen, die

UNTEN: Die schwer beladene „Gigant" – hier eine Me 323 – war von anderen Flugzeugen leicht abzuschießen. Im April 1943 wurden 20 dieser Flugzeuge bei einem Einsatz abgeschossen.

GOTHA Go 244B

Typ: Transportflugzeug
Länge: 15,80 m
Spannweite: 24,50 m
Startgewicht: 7800 kg
Höchstgeschwindigkeit: 290 km/h bei 3000 m
Reichweite: 740 km
Bewaffnung: Vier 7,92-mm-MG 34

OBEN: Wie die Messerschmitt „Gigant" erhielt auch die viel kleinere Gotha Go 242 Triebwerke und hieß dann Go 244.

Kraftstoff transportierten. Bis Mitte 1944 entstanden insgesamt etwa 200 Stück.

Junkers Ju 322 „Mammut"

Der schwere Segler von Junkers war alles andere als konventionell. Die Konstruktion von Heinrich Hertel bestand im Prinzip aus einem riesigen Flügel, in dem sich fast die gesamte Ladung verbarg. Eine Heckflosse saß an einem langen Ausleger am Heck. In der Gesamtansicht ähnelte sie etwas dem Passagierflugzeug Junkers-G 38, das seinen Jungfernflug 1929 absolviert hatte. Auf Anordnung des RLM bestand die Ju 322 ganz aus Holz. Mit einer Spannweite von 62 m und einer Länge von 30,25 m hatte sie eine Flügelfläche von 925 m². Im mittleren Abschnitt der geraden Vorderkante des Flügels verbarg sich eine oben angeschlagene Ladetür mit einer verglasten Kuppel an der Steuerbordseite, in der sich der Führerraum befand. Die obere Fläche des Flügels war flach, während die Unterseite eine beträchtliche V-Stellung aufwies. In der Mitte war der Flügel über 3 m stark.

Der Prototyp flog erstmals im April 1941, aber bis dahin war die Nutzlast bereits auf die Hälfte der geforderten 22 t reduziert worden, denn der „Kabinenboden" war seiner Aufgabe einfach nicht gewachsen. Während der Ladeversuche brach ein Kettenfahrzeug einfach durch, und das Flugzeug erwies sich als chronisch instabil. Es landete aber sicher und wurde zum Flugplatz Merseburg zurückgeschleppt. Dort erhielt es eine größere Heckflosse, um die Instabilität auszugleichen, und machte noch einige Probeflüge, bevor die Entwicklung auf Befehl des RLM eingestellt wurde. Danach wurde es zusammen mit einem zweiten Flugzeug und den Bauteilen zu weiteren 98 Exemplaren, die bereits im Bau waren, zu Brennholz verarbeitet.

Gotha Go 242/244

Etwas praktischer als die beiden riesigen Segelflugzeuge und auch wesentlich verbreiteter war die Gotha Go 242, ein Schulterdecker mit einfachen Tragflächen und einem simplen Rumpf mit quadratischem Querschnitt. Zwei Ausleger bildeten zusammen mit einer Querfläche das Heck. Eine Laderampe am Heck der Rumpfgondel konnte herabgeklappt werden, um das Be- und Entladen kleiner Fahrzeuge, wie des VW-Schwimmwagens, oder von 21 voll ausgerüsteten Soldaten zu ermöglichen. Insgesamt wurden über 1500 Stück gebaut, von denen 133 mit zwei 700-PS-Gnome-Rhône-Triebwerken an den vorderen Verlängerungen des Leitwerkträgers zu Go 244 umgerüstet wurden.

Einige andere wurden umgebaut, um Landungen auf Wasser zu ermöglichen. Sie hatten einen kleinen Sturmkatamaran mit einer Sprengstoffladung von 1200 kg zwischen den Rümpfen. Der Pilot sollte in der Nähe eines feindlichen Schiffs landen, dann in den Katamaran umsteigen und diesen in hoher Geschwindigkeit auf das Schiff zusteuern. Dann sollte er die Steuerung verriegeln und von Bord springen, um später von einem Wasserflugzeug oder einem U-Boot gerettet zu werden. Einen derartigen Einsatz hat es zwar nie gegeben, aber immerhin konnten Mitglieder der X. MAS-Flotille der italienischen Marine im März 1941 bei der Suda-Bucht in Kreta den Kreuzer HMS York durch Motorboote voller Sprengstoff außer Gefecht setzen. Die Idee ist also gar nicht so weit hergeholt.

Hybrid- und Huckepackflugzeuge

Während des Zweiten Weltkriegs arbeiteten Ingenieure auf beiden Seiten an der Idee, unbemannte, mit Sprengstoff beladene Flugzeuge in ein bestimmtes Ziel zu lenken. In Kapitel 5 erfahren wir, wie die USAAF 1944 mit ferngesteuerten B-17 die V-Waffen-Stellungen in Frankreich zerstörte. Lange davor, nämlich bereits 1940, hatte das RLM das gleiche Problem an DFS herangetragen. Zu den Vorgaben, die das Institut erhielt, zählten die Unterstützung von Bordjägern und die Betankung von schwer beladenen Bombern sowie das Lenken einer Flugbombe in das Zielgebiet. Die erste vorläufige Lösung bestand darin, ein Flugzeug von einem anderen ziehen zu lassen, verbunden über ein flexibles Seil oder eine halbfeste Stange, die bei Bedarf auch einen Kraftstoffschlauch enthalten oder tragen konnte. Man glaubte fest daran, dass sich ein derartiges System lohnen würde, und die Experimente wurden noch bis 1945 fortgesetzt. Aber schon Ende 1941 begann eine der Arbeitsgruppen des Instituts, ein Flugzeug auf den Rumpf des anderen zu setzen. Im Januar 1942 wurde das Konzept der „Mistel" offiziell gebilligt. Schon bald erhielten Junkers und Patin, ein Hersteller von Autopiloten, den Auftrag, sich an dem Projekt zu beteiligen. Es dauerte kaum mehr als ein Jahr, bis man daran ging, eine Kombination aus einer Ju 88A-4 und Bf 109F-1 als Prototyp zu entwickeln.

„Mistel 1"

Zunächst musste DSF eine geeignete Konstruktion zur Verbindung der beiden Flugzeuge entwickeln. Die Belastung musste gleichmäßig auf die beiden Hauptholme übertragen werden, und die Verbindungen mussten sich entweder mechanisch oder mit Hilfe von Sprengstoff lösen lassen. Das Ergebnis war ein einfaches Paar dreibeiniger Stützen, die oben in Platten an den Flügelwurzeln der Bf 109 eingehakt wurden. Die beiden äußeren Fundamente saßen auf belastbaren Platten, die durch den Hauptholm gingen, während die inneren Beine direkt durch das Oberteil der Flugzeugzelle darauf stießen. Eine einzige Stange stützte das Heck der Messerschmitt und hielt die Achsen beider Rümpfe parallel. Bei späteren Kombinationen zeigte der Jäger mit dem Bug am 15° nach unten.

Die Ruder- und Steueranlage saß im Heck der Junkers und bestand aus einem Mutterkompass, einem Steuerkompass und einem Dreiachsen-Autopiloten von Patin. Diese Apparatur wurde benutzt, um die Kombination im Normalflug über Servos und zwei einfache Daumenschalter im Cockpit des Jägers zu steuern. Ein Schalter bediente das Ruder und die Querruder, der andere die Höhenruder. Die Steuerung des Jägers blieb davon unberührt. Allerdings konnten die Steuerungen beider Flugzeuge auch verbunden werden und dann vom Jäger aus über die gewöhnliche Kombination von Knüppel und Pedalen (wieder über Servos) gesteuert werden. Je nach gewünschter Geschwindigkeit und Reichweite konnten entweder die beiden Triebwerke des Bombers oder aber alle drei eingeschaltet werden. Der Kraftstoff kam stets von dem größeren Flugzeug. Das war aber nicht die einzige Änderung, die der Bomber über sich ergehen lassen musste – die Flugzeuge wurden buchstäblich ausgeweidet und wieder zusammengebaut – die Arbeiten am Jäger waren dagegen minimal. Zur Unterbringung des Sprengkopfs wurde der Bugabschnitt der Ju 88 einschließlich der gläsernen Kuppel über dem Cockpit entfernt und stattdessen eine massive Schottwand eingebaut. Die 3500-kg-Hohlladung mit der charakteristischen rüsselartigen Verlängerung und einem 1000-kg-Stahlkern konnte dann an der

UNTEN: Eine der ersten „Mistel"-Kombinationen (mit dem Spitznamen „Vater und Sohn"). Sie bestand aus einer Messerschmitt Bf 109F auf einer Junkers Ju 88A-4. Die Erprobungen begannen im Juli 1943.

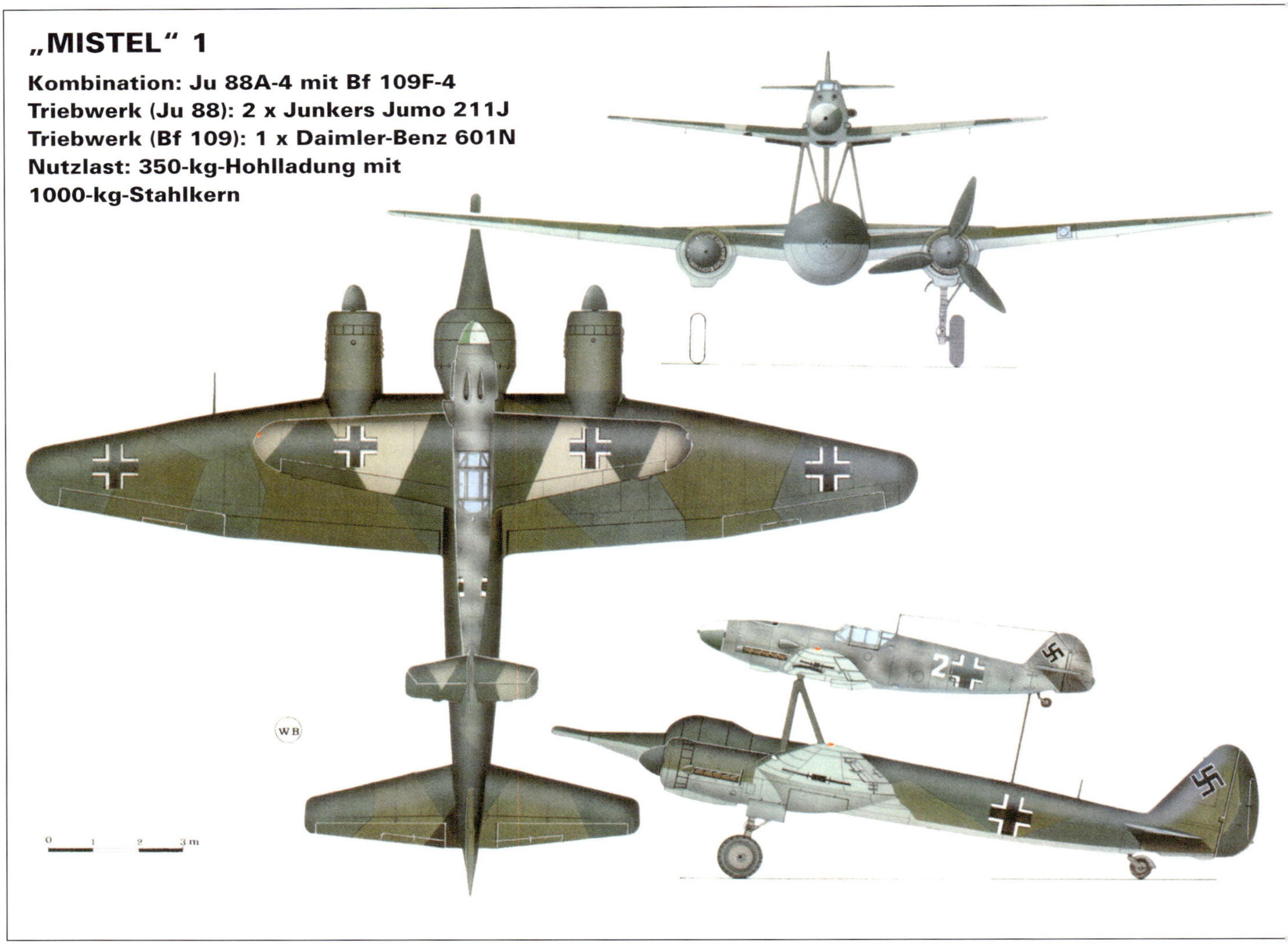

Oben: Die „Mistel" für den Einsatz bestand aus einem Jäger und einem Bomber, dessen Bug durch einen Sprengkopf ersetzt wurde. Schulflugzeuge behielten den normalen Bug.

Schottwand montiert werden. Für Übungsflüge konnte ein Standard-Bugabschnitt für zwei Mann, der nur das Allernotwendigste enthielt, montiert werden. Die Methode zum Starten des Bombers war sehr einfach. Der Pilot richtete die Kombination im Sturzflug mit Hilfe seines normalen Reflexvisiers auf das Ziel, aktivierte den Autopiloten und entkoppelte dann den Jäger. Einige Piloten entschieden sich noch dafür, die örtliche Flugabwehr niederzuhalten, bevor sie zurückkehrten.

Ziele der „Mistel"

Der erste Flug dieses Verbunds fand im Juni 1943 statt, und die Erprobungsphase wurde im Oktober erfolgreich abgeschlossen. Inzwischen waren auch die Arbeiten am Sprengkopf vorangeschritten, und es wurden 15 Kombinationen bei Junkers bestellt, wo auch die Umrüstung stattfand. Im April 1944 wurde eine kleine Einheit, die 2./KG 101, aufgestellt und nahm unter der Führung von Hauptmann Horst Rudat die Ausbildung auf, zunächst auf dem Junkers-Flugplatz in Nordhausen, später dann in Kolberg an der Ostseeküste. In der Mitte des Monats legte ein Stabspapier die vorrangigen Ziele für die kleine Einheit (mit zunächst nur fünf Piloten) fest. Darunter waren Schiffe bei Scapa Flow, in der Straße von Gibraltar und bei Leningrad. Die letzten beiden wurden aber wegen der großen Entfernung wieder gestrichen. Scapa Flow war also das erste Ziel. Die Flugzeuge sollten in Grove in Dänemark starten und entlang einer Reihe vorher platzierter Funkbojen die Nordsee überqueren. Die Planungen waren schon recht weit fortgeschritten, als die Alliierten in der Normandie landeten und 2./KG 101 Mitte Juni nach St. Dozier verlegt wurde. Dort starteten am 24. Juni kurz nach Einbruch der Dunkelheit fünf Misteln, um die Schiffe in der Seinebucht anzu-

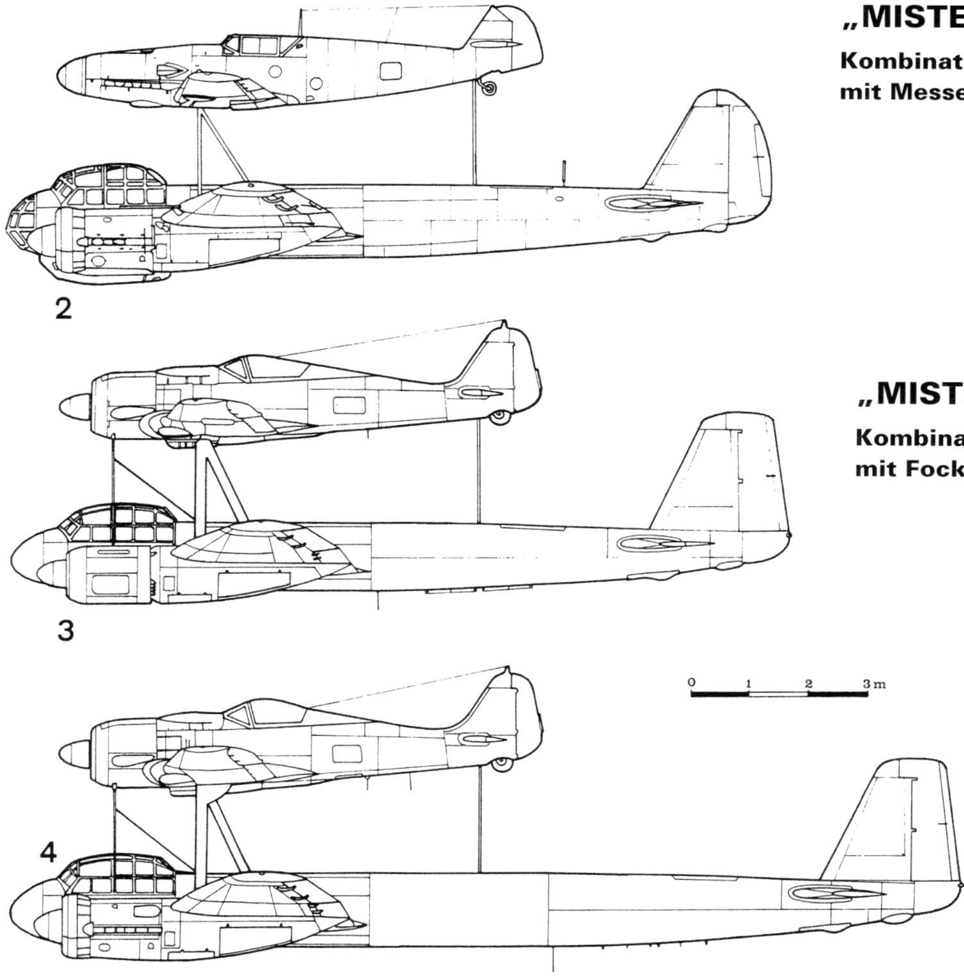

2

„MISTEL" S1

Kombination: Junkers Ju 88A-4 mit Messerschmitt Bf 109F-4

3

„MISTEL" S2

Kombination: Junkers Ju 88G-1 mit Focke-Wulf Fw 190A-8

4

„MISTEL" S3c

Kombination: Junkers Ju 88G-10 mit Focke-Wulf Fw 190A-8

greifen. Vier der fünf Flugzeuge sollen feindliche Schiffe getroffen haben, während der fünfte Pilot den Bomber wegen eines technischen Fehlers aufgeben musste.

Während der folgenden vier Monate wurden weitere Besatzungen ausgebildet, und es gab zwei weitere Mistel-Angriffe, einen auf die Schiffe im Ärmelkanal und einen weiteren auf Scapa Flow. Keiner war erfolgreich. Beim letzteren Angriff stürzten drei Flugzeuge ab, und die anderen beiden fanden das Ziel nicht. Inzwischen waren Kombinationen aus neueren Versionen der Ju 88 und der Fw 190 in Auftrag gegeben worden. Die Fabrik in Bernberg baute sie aus neuen, nicht wieder aufgearbeiteten Flugzeugen. Im November 1944 begann die Ausbildung für die Operation „Eisenhammer". Damit sollten Kraftwerke in der Sowjetunion zerstört werden. Da die Alliierten von Ost und West immer näher an das Reich vorrückten, wurden Brücken zu Vorrangzielen, und im Frühjahr 1945 fanden ausschließlich Einsätze gegen Flussüberquerungen und Brückenköpfe statt. Der letzte Einsatz erfolgte am 16. April 1945.

Es wurden noch viele weitere Kombinationen für Mistel-Einsätze geplant (und in einigen Fällen sogar gebaut), darunter die Dornier Do 217K/DFS 228 für die Aufklärung, wobei das Mutterflugzeug als bewegliche, hoch fliegende Plattform diente. Die Do 217/Fw 190 sollten Pfadfinder-Einsätze fliegen, wobei der Jäger das Mutterflugzeug schützte. Die Kombinationen Ta 154/Fw 190, Me 262/Me 262, Ju 287/Me 262 und Ju 268/He 162 wurden für den Einsatz auf lohnende Ziele vorgeschlagen, wobei die Annäherungsgeschwindigkeit von entscheidender Bedeutung war. Im Jahr 1945 arbeitete DFS an Fernsteueranlagen mit Hilfe von Funkverbindungen und des Fernseh-Lenksystems, das speziell für die Lenkbombe Hs 293 (siehe Kapitel 7) entwickelt worden war. Ein vorbereitetes Versuchsmuster wurde aber vor den ersten Versuchen durch ein Feuer zerstört.

Deutschland

Kapitel 4

Drehflügler

Die ersten Drehflügler wurden bereits 1907 vorgestellt, aber der erste brauchbare Hubschrauber erschien 1936 in Deutschland. Die deutschen Techniker waren führend und entwickelten bis 1945 einsatzbereite Hubschrauber. Sie konnten sogar ihre Kampfkraft demonstrieren.

Drehflügler werden in zwei grundlegende Typen unterschieden: Tragschrauber und Hubschrauber. Tragschrauber, wie sie unter anderem von Juan de la Cierva entwickelt wurden, erhalten ihren Auftrieb über den nach vorn gerichteten Schwung, der durch einen konventionell angebrachten Propeller erzeugt wird. Die Rotoren hingegen haben keinen Antrieb. Tragschrauber können nur mit Anlauf starten, können nur nach vorn fliegen und sind nicht in der Lage zu schweben. Sie können allerdings fast senkrecht sinken und landen. Cierva absolvierte den ersten erfolgreichen Flug in einem Tragschrauber im Januar 1923, nachdem er herausgefunden hatte, dass er die Rotorblätter dort anlenken musste, wo sie auf die Nabe trafen. Für einige Jahre schien es so, als ob der Tragschrauber den Hubschrauber übertrumpfen könne. Richtige Hubschrauber waren schon seit 1907 in der Luft, aber der Erfolg kam erst, nachdem man Ciervas Idee mit den angelenkten Rotorblättern aufgegriffen hatte. Aber auch die Arbeit an den Tragschraubern wurde fortgesetzt. Ende der 30er Jahre

LINKS: Die tollkühne Hanna Reitsch demonstriert den Focke Achgelis Fa 61 in der Deutschlandhalle in Berlin.

OBEN: Der Flettner Fl 282 „Kolibri" war trotz seiner primitiven Erscheinung ein voll einsatzfähiger Hubschrauber.

konzentrierte sich die Entwicklung von Drehflüglern in Deutschland, wo bis zum Mai 1945 knapp 20 unterschiedliche Typen entstanden, darunter auch Tragschrauber, Flugschrauber und bemannte Drachen. Die einzige wichtige Entwicklung außerhalb Deutschlands waren die Versuche des russischen Emigranten Igor Sikorsky in den Vereinigten Staaten. Sikorsky machte seine ersten Experimente mit Drehflüglern im Jahr 1909, konnte aber erst 30 Jahre später seine ersten Erfolge feiern. Dafür war seine Arbeit ganz entscheidend für die Weiterentwicklung des Hubschraubers.

Focke-Achgelis Fa 61

Anfang der 30er Jahre fing Professor Heinrich Karl Focke an, Tragschrauber vom Typ Cierva C19 in Deutschland in Lizenz zu bauen – unabhängig von seiner Zusammenarbeit mit Georg Wulf – und experimentierte dann auch mit Hubschraubern. Er arbeitete dabei mit Gerd Achgelis zusammen, einem Kunstflieger, der zu seinen Vorführungen (wie auch Ernst Udet) eine von Kurt Tank entworfene Fw 44 „Stieglitz" flog. Das erste Ergebnis war ein Hubschrauber mit zwei Rotoren, der Fa 61. Er ähnelte noch dem Tragschrauber von Cierva, denn er hatte einen konventionellen Rumpf mit einem Sternmotor (BMW Bramo Sh 14 mit 160 PS) im Bug. Im Unterschied zu diesem verfügte er aber über zwei dreiblättrige Rotoren an Auslegern, die durch gegenläufig rotierende Wellen angetrieben wurden, um den Dreheffekt zu neutralisieren. Außerdem gab es einen kleinen konventionellen Propeller, der aber nur die Kühlung des Motors unterstützte. Das Heck hatte eine Flosse, ein Ruder und oben liegende Stabilisatoren. Der Hubschrauber hatte ein Heckradfahrwerk mit einem zu-

OBEN: Der Fa 223 „Drache" war der erste brauchbare Transporthubschrauber. Dieses Exemplar wurde nach dem Krieg aus vorhandenen Teilen in der Tschechoslowakei gebaut.

sätzlichen Bugrad, das ein Umkippen verhindern sollte. Die Rotoren verfügten über periodische Blattverstellung (d.h. der Anstellwinkel der einzelnen Blätter veränderte sich während der Drehung), was eine Längssteuerung und Seitensteuerung ermöglichte. Die Quersteuerung erfolgte über die unterschiedliche Steuerung beider Rotoren, was einen asymmetrischen Auftrieb bewirkte. Ewald Rohlfs unternahm am 26. Juni 1936 den Jungfernflug mit dem Fa 61, und er blieb 28 Sekunden in der Luft. Schon im folgenden Jahr stellte er regelmäßig neue Rekorde auf, um sie gleich wieder zu brechen. Am Jahrestag des Jungfernflugs stellte er einen Höhenrekord von 2440 m und einen Dauerflugrekord von 1 Stunde, 20 Minuten und 49 Sekunden auf. Am nächsten Tag stellte er Rundflug- und Langstreckenrekorde sowie einen Geschwindigkeitsrekord von 122,553 km/h über 20 Kilometer auf. Vier Monate später brach Hanna Reitsch den Langstreckenrekord mit einem Flug von knapp 109 km zwischen Berlin und Bremen. Im Februar des folgenden Jahres flog sie ihren Hubschrauber sogar in die Deutschlandhalle in Berlin, um seine Beherrschbarkeit unter Beweis zu stellen. Am 29. Januar 1939 stellte Karl Bode mit 3427 m einen neuen Höhenrekord auf, der lange Zeit nicht gebrochen werden sollte.

Der Fa 61 war aber kaum eine Geheimwaffe. Im Gegenteil, er wurde vor den Augen der Öffentlichkeit entwickelt und war nicht viel mehr als ein Demonstrationsmodell. Während des Krieges brachten Focke

Achgelis und ein weiterer Konkurrent, nämlich Anton Flettner, noch bessere Modelle. Die Wehrmacht erkannte schnell die Einsatzmöglichkeiten dieser neuen Typen. Im Jahr 1938 arbeitete Focke Achgelis an einem echten Transporthubschrauber, der zunächst als Fa 266 „Hornisse", später als Fa 223 „Drache" bezeichnet wurde. Dies war im Prinzip eine vergrößerte Version des Fa 61, ebenfalls mit den zwei Rotoren an Auslegern, aber sie war mit dem aufgeladenen Bramo 323 Q3 „Fafnir" mit 650 PS wesentlich stärker und ließ sich auch dank der Einführung der kollektiven Blattverstellung wesentlich einfacher fliegen.

Vorher hatte man den Aufstieg über das Gas gesteuert, mit der kollektiven Blattverstellung konnte man nun den Auftrieb über die Anstellung der Rotorblätter steuern, während die Motordrehzahl konstant blieb. Der 12,25 m lange Rumpf war aus Stahlrohren gefertigt und bis auf den Triebwerksraum mit Stoff überzogen. Der Triebwerksraum hingegen hatte eine Abdeckung aus Blech. Der Hubschrauber war in vier Räume unterteilt: das Cockpit mit den Sitzen für Pilot und Beobachter, den Laderaum mit einer Tür auf der Steuerbordseite, wo auch die selbst versiegelnden Öl- und Kraftstofftanks saßen, den Triebwerksraum und das Heck mit konventioneller Flosse und Ruder und oben liegendem Stabilisator mit verstellbarer Trimmung.

Merkwürdige Triebwerkhalterung

Das Triebwerk war auf eine merkwürdige Weise eingebaut. Triebwerk und Getriebe saßen in zwei großen Ringen, die über verstellbare Drähte an vier länglichen Elementen des Rumpfes hingen, wobei Streben die Bewegung nach vorn und hinten verhinderten. Vorn am Triebwerksraum war eine Öffnung in der Rumpfhaut für den Einlass der Kühlluft, hinten eine weitere Öffnung als Auslass. Die Rotorblätter bestanden aus hölzernen Rippen auf einem Rohr aus hochfestem Stahl, bespannt mit Sperrholz und Stoff. Der Rotorkreis war um 4,5° nach innen und leicht nach vorn geneigt. Die normale Drehzahl betrug 275 U/min, was einer Untersetzung von 9,1:1 entsprach.

Der Drache (auch als „Draken" bezeichnet) konnte im Laderaum bis zu vier Passagiere befördern, aber bei Manövern im Jahr 1944 fanden bis zu zwölf voll ausgerüstete Soldaten Platz. Die anderen acht saßen außen auf Traktorensitzen auf den Auslegern. Die gesamte Nutzlast lag etwa bei 1,25 t. Ein Aufklärungsflugzeug vom Typ „Fieseler Storch" und ein Volkswagen wurden bei Vorführungen gehoben, bei Manövern des Heeres auch kleine Geschütze. Große Lasten wurden als Außenlast über eine Winde an einem Lastträger befördert. Das Seil verlief über eine Öffnung im Boden des Hubschraubers.

Der Prototyp Fa 266 war Ende 1939 fertig gestellt und machte, nachdem er die Bezeichnung Fa 233 erhalten hatte, seinen ersten freien Flug im August 1940, nach mehr als 100 Stunden statischen und gefesselten Schwebversuchen. Karl Bode flog damit im Oktober 1940 zum Erprobungszentrum des RLM in Rechlin und stellte eine Reihe neuer Rekorde auf: eine Geschwindigkeit von 182 km/h, eine Steiggeschwindigkeit von 528 m/min und eine Höhe von 7252 m. Die normalen Einsatzwerte lagen bei 120 km/h und 4880 m. Das Ministerium bestellte sofort 30 Stück zur Erprobung für die U-Jagd, Aufklärung, Rettung und Transport. Man entschied sich, vor der Serienproduktion standardisierte Hubschrauber zu bauen, die jeweils für einen bestimmten Auftrag ausgerüstet waren.

Der erste Prototyp -V1 stürzte am 5. Februar 1941 nach 115 erfolgreichen Flügen ab, als im niedrigen Schwebflug das Triebwerk ausfiel. Im Juni 1942 wurden der zweite und dritte Prototyp zusammen mit sieben Vorserienmaschinen und zahlreichen Werkzeugen bei einem Luftangriff zerstört. Die Produktion wurde daraufhin von Bremen nach Laupheim in Süddeutschland verlegt, konnte aber erst im Februar 1943 wieder aufgenommen werden. Weitere Maschinen wurden zerstört, als auch das neue Werk im Juli 1944 bombardiert wurde. So wurden insgesamt nicht mehr als zwölf Fa 223 gebaut. Drei Stück waren zum Kriegsende noch im Einsatz, eine wurde durch den Piloten zerstört und zwei Stück fielen in die Hände der Amerikaner. Eine wurde dann vom erfahrensten Hubschrauberpiloten der Luftwaffe, Helmut Gersenhauer, nach England geflogen. Dort legte sie 170 Stunden Erprobungsflüge zurück, bevor sie aus einer Höhe von ca. 18 m abstürzte. Nach dem Krieg wurde die Entwicklung der Fa 223 in Frankreich (mit Unterstützung durch Professor Focke) und in der Tschechoslowakei fortgesetzt, wo zwei Stück aus noch vorhandenen Teilen gebaut wurden. Dass der Fa 223 nicht in größerer Stückzahl gebaut wurde, obwohl sich alle Beteiligten über ihre Qualitäten einig waren, ist nur zu verstehen, wenn man weiß, welche internen Kämpfe es im Dritten Reich um das knappe Material gab. Dem Fa 223 fehlte ein prominenter Interessenvertreter, der ihm eine höhere Priorität hätte verschaffen können. Wäre der -V12 nicht bei der Rettung des italienischen Diktators Benito Mussolini unter Otto Skorzeny im September 1943 aus dem Hotel auf dem Gran Sasso ausgefallen, hätte es vielleicht anders ausgesehen!

Fa 225

Das Interesse der Luftwaffe an Seglern stammte aus der Zeit, als Deutschland noch keine Luftwaffe haben durfte. So blieben zur Ausbildung der Piloten nur Segelflug-

Oben: Der Fa 330 war kein echter Hubschrauber, sondern ein unmotorisierter Rotorsegler. Er sollte als Beobachtungsplattform von einem U-Boot geschleppt werden.

vereine und -schulen. Die Segelflugzeuge waren aber nicht nur nützlich für die Ausbildung; sie hatten ihren ganz eigenen Wert in unterschiedlichen Einsatzrollen. Wir haben bereits beschrieben, wie Segler mit Raketenantrieb als Abfangjäger eingesetzt wurden, aber auch konventionellere Modelle wurden erfolgreich eingesetzt, um Soldaten und Gerät direkt in das Kampfgebiet zu bringen. Der erste Kampfeinsatz eines Seglers unter solchen Bedingungen kam am 10. Mai 1940, als Fallschirmjäger der Luftwaffe die belgische Grenzfestung Eban Emael nahmen und hielten, nachdem sie dort mit ihren Seglern vom Typ DFS 230 gelandet waren. Dieser Typ war wohl der beste im Zweiten Weltkrieg, aber bei weitem nicht der einzige in Deutschland. Allerdings benötigte er einen geeigneten, ziemlich großen Landeplatz. Zur Verbesserung schlug Focke Achgelis vor, die Flügel einer DFS 230 durch die dreiblättrige Rotoreinheit vom Fa 223 zu ersetzen. Das war dann ein Tragschrauber oder ein Segelschrauber mit Fremdantrieb. Wenn der Rotor freigegeben wurde, konnte er dank der Autorotation in einem recht steilen Anflugwinkel auf einer Fläche landen, die kaum größer war als er selbst. Er sollte vom Arbeitspferd der Luftwaffe, der Ju 52, gezogen werden. Während des Jahres 1943 wurden Erprobungen durchgeführt, die zeigten, dass man damit durchaus innerhalb von 18 m anhalten und landen konnte. Obwohl dieser Hybridsegler mit der Bezeichnung Fa 225 gut funktionierte, hatte die Wehrmacht bereits andere Einsatzprioritäten, als das Gerät serienreif war. So wurde das Projekt zu den Akten gelegt.

Fa 330 „Bachstelze"

Der Fa 225 war keineswegs der einzige Drehflügler ohne Motor, der von Focke Achgelis konstruiert wurde. Anfang 1942 erhielt die Firma den Auftrag, einen simplen einsitzigen Rotorsegler zu entwickeln, der von einem U-Boot gezogen werden sollte. Der Beobachter hatte in diesem Segler ein wesentlich größeres Sichtfeld als jemand, der einfach nur auf dem U-Boot selbst stand. Das Ergebnis war der Fa 330 „Bachstelze", ein äußerst spartanisches Gerät: zwei Stahlrohre, wobei das kürzere als Träger für die Rotorgruppe diente und rechtwinklig an dem längeren Rohr saß, woran wiederum das simple Ruder, der Sitz des Piloten und eine einfache Steuerung saßen, mit der der Pilot den Rotorkopf (zur Längs- und Quersteuerung) kippen und über das Ruder lenken konnte. Die Blätter konnten manuell verstellt werden, allerdings nicht während des Fluges. Eine steile Stellung sorgte für die besten Flugeigenschaften, machte aber die Landung sehr schwierig. Der Fa 330 wurde durch Anwerfen des Rotors gestartet (von Hand bei Wind, sonst mit Hilfe eines Zugseils, das um eine Trommel im Rotorkopf gewickelt war). Dann wurde er rückwärts angeschoben. Die Bergung erfolgte unter normalen Umständen mit Hilfe einer Winde, aber im Notfall konnte der Pilot den Rotor abwerfen, wodurch ein Fallschirm aus dem Stauraum hinter dem Sitz freigegeben wurde. Die Winde hatte ein Zugseil von 150 m, mit dem der Drachen Höhen bis zu 120 m erreichen konnte. Von dort konnte man bei klarem Wetter 40 km weit sehen, eine beträchtliche Verbesserung gegenüber den 8 km, die vom U-Boot selbst möglich waren. Ohne Pilot wog der Drachen 82 kg und konnte in wenigen Minuten zusammen- oder auseinandergebaut werden. Die Mindestfluggeschwindigkeit lag bei 27 km/h.

Die Weser-Flugzeugbau produzierte etwa 200 Fa 330, die auf den hochseetüchtigen U-Booten vom Typ IX eingesetzt wurden. Über ihre Einsätze ist wenig bekannt. Man weiß, dass jeweils zwei oder drei Besatzungsmitglieder im Windkanal bei Chalais-Meudon in der Nähe von Paris daran ausgebildet wurden. Sie sollen sehr einfach zu fliegen gewesen sein und blieben wohl auch ganz gut freihändig in der Luft, aber aus Gründen der Selbsterhaltung waren sie bei ihren Piloten nicht sehr beliebt.

Anspruchsvollere Konstruktionen

Daneben baute Focke auch zwei wesentlich anspruchsvollere Konstruktionen, zum einen das Verwandlungsflugzeug Fa 269, das senkrecht starten und landen konnte. Die Welle, an der der Rotor saß, konnte in der Luft dann um 90° gedreht werden und machte aus dem Rotor einen Druckpropeller. Eine derartige Konstruktion (allerdings mit wirksameren Zugpropellern) gab es erst wieder Ende der 80er Jahre, als Boeing-Vertol die erfolgreiche V-22 Osprey fertig stellte. Die Fa 269 war allerdings eher ein Geistesblitz, und es ist fraglich, ob sie mit der damaligen Technik überhaupt hätte realisiert werden können. Die Fa 284 war da viel praktischer. Sie war im Prinzip eine verlängerte Fa 223 mit einem Rumpf, der größtenteils als Gitter konstruiert war, und zwei 1600-PS-Triebwerken BMW 801. Sie sollte schwere Lasten als Außenlast befördern, genau wie später in den 70er Jahren der „Fliegende Kran", der Sikorsky S-60 (CH-54 B). Einige Teile sollen gebaut worden sein, bevor das Projekt Ende 1943 storniert wurde und Pläne für einen doppelten Fa 223 aufgelegt wurden. Im Prinzip sollten dabei zwei Hubschrauber durch einen kurzen Rumpf miteinander verbunden werden. Der Rumpf ist noch gebaut worden, das komplette Luftfahrzeug aber nicht mehr.

Die wohl mutigste Konstruktion von Professor Focke erschien aber nicht als Focke Achgelis, sondern als Focke-Wulf. Der so genannte Triebflügel war ein auf dem Heck stehender Senkrechtstarter, dessen Auftrieb über drei Flügel erzeugt wurde, die unmittelbar hinter dem Cockpit um den Rumpf rotierten. An ihren Spitzen waren Staustrahltriebwerke montiert, die etwa 840 kp Schub erzeugten. Die Flügel wurden mit Hilfe von drei abwerfbaren Raketen auf Betriebsgeschwindigkeit gebracht. Im Flug rotierten die Flügel um ihre eigenen Achsen, bis sie schließlich zu normalen Tragflächen wurden, weil das Flugzeug sich selbst drehte, bis seine Achse fast horizontal und nicht mehr vertikal war. Das Konzept wurde nie recht weiterentwickelt, und es ist fraglich, ob es wirklich funktioniert hätte. Nach dem Krieg wurden allerdings drei vom Heck startende Senkrechtstarter gebaut, zwei in den USA und einer in Frankreich. Die US-Konstruktionen von Lockheed und Corvair waren eher konventionell mit starren Flügeln und gegenläufigen Propellern im Bug, während der französische „Coleopter" von SNECMA einen Turbojet im Heck und einen Ringflügel hatte. Die Steuerung erfolgte über vier schwenkbare Flossen. Alle drei waren in begrenztem Rahmen flugtüchtig, wurden aber früher oder später storniert. Das gewünschte Ziel hat man inzwischen erreicht, indem man eine mehr oder weniger konventionelle Flugzeugzelle mit einer Schubvektorsteuerung versieht.

Anton Flettner

Anton Flettner wandte sich erstmals in den 30er Jahren der Problematik des Drehflüglers zu und baute zunächst einen Hubschrauber mit zwei 30-PS-Anzani-Kolbenmotoren an den Enden zweier Rotoren, die je einen zweiblättrigen Propeller antrieben. Mit dieser Anordnung konnte man zwar die Probleme des Drehmoments umgehen (was Focke Achgelis mit zwei gegenläufigen

UNTEN: Der Fl 282 war der fortschrittlichste deutsche Hubschrauber im Zweiten Weltkrieg. Dieser von den US-Streitkräften erbeutete Hubschrauber hatte sogar einen Schutz für den Piloten.

Rotorsätzen schaffte und andere, besonders Sikorsky, durch einen angetriebenen Heckrotor lösten), aber ansonsten war die Konstruktion wenig erfolgreich. Als der Hubschrauber bei einem Fesselflug abstürzte, wurde er nicht wieder aufgebaut. Danach baute Flettner einen Tragschrauber mit Zweimannkabine für die Kriegsmarine, aber das einzige Exemplar des Fl 184 fing während des Fluges Feuer und wurde ebenfalls zerstört.

Fl 185 und Fl 265

Anton Flettner suchte offensichtlich immer noch nach einem gangbaren Weg, denn seine nächste Konstruktion, der Fl 185, sah wieder völlig anders aus, eher wie eine Kreuzung zwischen einem Hubschrauber und einem Tragschrauber. Der 140-PS-Motor von Siemens-Halske war mit einem einzelnen Rotor verbunden. Die zwei verstellbaren Druckpropeller saßen an Auslegern. Bei Senkrechtstart und -landung funktionierte das Luftfahrzeug wie ein Hubschrauber; der größte Teil der Motorleistung ging an den Rotor, und die beiden konventionellen Propeller, die in unterschiedlichen Richtungen Schub erzeugten, sollten nur dem Drehmoment entgegen wirken. Beim Vorwärtsflug ging der Rotor zur Autorotation über; die beiden Propeller erhielten die volle Leistung und erzeugten den Schub für den Vorwärtsflug. Der Fl 185 machte nur ein paar Flüge, bevor Flettner diese Idee aufgab und sich einer neuen Konstruktion zuwandte, diesmal mit zwei kämmenden gegenläufigen Rotoren mit unterschiedlicher kollektiver Blattverstellung (wie beim Kaman H-43 „Huskie" der 60er Jahre).

Der einsitzige Fl 265 ähnelte in der äußeren Erscheinung stark dem FL 185. Er verfügte über einen Sternmotor im Bug mit Verkleidung und Kühlgebläse, ein geschlossenes Cockpit und eine kurze Heckflosse. Nicht mehr vorhanden waren aber die Ausleger und Propeller des Fl 185. Die Rotorkopfgruppe mit den doppelten geneigten Wellen und jeweils einem zweiblättrigen Rotor war aber ungleich aufwändiger. Die Konstruktion war 1937 fertig, und im folgenden Jahr orderte die Kriegsmarine sechs Exemplare für Erprobungszwecke. Der Prototyp absolvierte seinen Jungfernflug im Mai 1939 und wurde später zerstört, als die Rotorblätter im Flug gegeneinander stießen.

Weitere Fl 265 machten erfolgreich umfangreiche Einsatzerprobungen mit Marineeinheiten – besonders mit Kreuzern, aber auch mit U-Booten – in Ostsee und Mittelmeer und stellten damit die Nutzbarkeit des Senkrechtstarters auf Kriegsschiffen unter Beweis. Sie operierten aber auch mit Heereseinheiten, hier für Aufklärung und Logistik. Ein Versuch der Luftwaffe mit einer Bf 109 und einer FW 190 mit Kamerakanonen zeigte, dass der Hubschrauber nur sehr schwer abzuschießen war. Die beiden Jäger, die ja zu den besten der Welt zählten, griffen den Fl 265 etwa 20 Minuten lang an, ohne auch nur einen einzigen Treffer zu landen. So erhielt Flettner nach den unterschiedlichen Erprobungen schließlich einen Auftrag für die Serienproduktion. Inzwischen hatte er sogar eine moderne Version weiterentwickelt, den zweisitzigen (einige Prototypen waren noch Einsitzer) Fl 282 „Kolibri", und dieser sollte dann endgültig gebaut werden.

Fl 282 „Kolibri"

Die wichtigste Änderung, die Flettner bei der Entwicklung des Fl 282 vornahm, war die Verlegung des Triebwerks hinter den Sitz des Piloten, was das Gesichtsfeld von Pilot und Beobachter erheblich vergrößerte. Die Kraft wurde vorn an der Kurbelwelle an ein Unterset-

UNTEN: Der Fl 282 wurde 1944 bestellt, nachdem er bei Erprobungen auf dem Kreuzer Köln seine Schlechtwettertauglichkeit unter Beweis gestellt hatte. Die Produktion wurde aber durch die Bombardierungen der Alliierten verhindert.

FLETTNER Fl 282 V21

Typ: Einsitziger Hubschrauber mit offenem Cockpit
Länge: 6,56 m
Startgewicht: 1000 kg
Höchstgeschwindigkeit: 150 km/h auf Meereshöhe
Reichweite: 170 km
Gipfelhöhe: 3290 m
Bewaffnung: Keine

Oben: Ein amerikanischer Flieger inspiziert die winzigen Düsen an den Rotorspitzen, mit denen Friedrich von Doblhoff bei seinem WNF 342 die Wirkung des Drehmoments ausgleichen wollte.

zungsgetriebe abgegeben und dann über ein Kardangelenk und eine Querwelle, die die beiden Rotorwellen verband, nach hinten und oben geleitet. Die Rotorwellen waren um 24° gegeneinander und um 6° nach vorn geneigt. Die Rotorblätter waren so angebracht, dass sie, wenn sie parallel standen, in einem Winkel von 45° zur Mittellinie des Hubschraubers standen. Flosse und Ruder waren viel größer als bei den Vorgängern, und die Steuerung erfolgte über eine Kombination aus Ruder und kollektiver Blattverstellung.

Der „Kolibri" erwies sich als sehr brauchbare Konstruktion, trotz starker Vibrationen bei höheren Drehzahlen. Er schaffte im Horizontalflug 150 km/h, eine Steiggeschwindigkeit im Vertikalflug von 91,5 m/min, eine maximale Schwebeflughöhe von 300 m und eine Gipfelhöhe von 3290 m. Die Reichweite betrug mit dem Piloten und gefülltem Tank 300 km. Etwa 50 Piloten wurden daran ausgebildet, die meisten von Flettners Testpilot Hans Fuisting. Der Fl 282 war extrem manövrierfähig und stabil und konnte bei Vorwärtsgeschwindigkeiten von mehr als 60 km/h freihändig geflogen werden, sobald die Steuerung richtig eingestellt war.

Erprobungen auf See

1942 zeigten Erprobungen an Bord des Kreuzers Köln, dass der Hubschrauber auch für sehr schlechtes Wetter geeignet war, und schon im folgenden Jahr setzte die Kriegsmarine 20 Stück im Mittelmeer und in der Ägäis ein. 1944 erhielt BMW einen Auftrag über 1000 Fl 282 und rüstete die Werke in München und Eisenach entsprechend aus. Bevor die Produktion aber beginnen konnte, wurden beide Werke wie auch das Flettner-Werk in Johannistal durch Bombardierungen der Alliierten stark beschädigt. Anton Flettner entwickelte daraufhin den Fl 339, einen 20sitzigen Passagierhubschrauber, kam aber über die Anfänge nicht hinaus.

Doblhoff/WNF 342

Friedrich von Doblhoff ist nicht so bekannt wie die anderen Luftfahrtpioniere des Dritten Reichs, aber die Maschinen, die er entwickelte und die bei den Wiener Neustädter Flugzeugwerken gebaut wurden, stellten eine ganz innovative Lösung des alten Problems mit dem Drehmoment dar. Doblhoff benutzte kleine Düsen and den Rotorspitzen, um die Blätter anzutreiben. Das brennbare Kraftstoff/Luft-Gemisch wurde von einem Kompressor, angetrieben von einem normalen Kolbenmotor, über die Rotornabe und Durchlässe in den Rotoren selbst in kleine Brennkammern geführt, wo es gezündet wurde. Der Kolbenmotor trieb auch ein kleines Gebläse an, das zwecks Steuerung Luft über die Leitwerkflächen blies. Es wurden nur vier Prototypen gebaut. Die ersten drei hatten Festblattpropeller und wurden nur für statische Erprobungen und Fesselflüge genutzt, der vierte jedoch verfügte über eine geniale (und sehr komplizierte) Einrichtung zur kollektiven Blattverstellung. Er zeigte gute Ergebnisse bei den Probeflügen und erreichte Geschwindigkeiten von bis zu 45 km/h, bevor die Sowjets 1945 das Programm stoppten.

Kapitel 5

Boden-Boden-Waffen

Vor dem Krieg hatte sich kaum ein Wissenschaftler mit Raketen befasst. Es gab hier und da ein paar einzelne Versuche, kleine Projektile in die Wolken zu schießen, ohne jeden Hintergedanken. Erst als das Potenzial dieser Langstreckenwaffen erkannt wurde, ganz besonders in Deutschland, machte man sich daran, die Pionierarbeit für die folgende Entwicklung zu leisten.

Die berühmtesten unter den deutschen Geheimwaffen im Zweiten Weltkrieg – und bei weitem auch die wirksamsten – waren die Boden-Boden-Waffen, mit denen von Ende Juni 1944 an England und andere Ziele in Europa bombardiert wurden, besonders der Hafen von Antwerpen. Neben den so genannten „Vergeltungswaffen" V1 und V2 gab es andere Typen (aber nur einer davon einsatzbereit und das auch nur sehr begrenzt), die Daten über die Flugeigenschaften liefern und als Erprobungsmuster für einsatzfähige Typen dienen sollten. Angesichts des Erfolgs der V2 verwundert es nicht, dass es Pläne zur Weiterentwicklung gab. Allerdings kamen sie nicht über das Stadium des Prototypen hinaus, und die meisten existierten nur auf dem Papier. Viele der Wissenschaftler und Ingenieure, die als Pioniere am Raketenprogramm arbeiteten, setzten nach dem Krieg ihre Tätigkeit in den Vereinigten Staaten und in der Sowjetunion fort, wo sie den Raumfahrtprogrammen den entscheidenden Anstoß gaben. So ist ihnen zu verdanken, dass der

LINKS: Diese A4 – bzw. V2 – wurde von den Briten erbeutet und 1945 bei Cuxhaven von britischen Wissenschaftlern gezündet.

OBEN: Die Fi 103R – eine bemannte V1

Mensch in den Weltraum vorstieß und eine Technologie schuf, die ein Rückgrat unserer modernen Zivilisation darstellt.

Oben: **Die berüchtigte Lenkbombe V1. Dieser Vorläufer des Marschflugkörpers hatte einen 830-kg-Sprengkopf aus Amatol und eine Reichweite von 240 km.**

Unten: **Das Argus-Pulsostrahltriebwerk – kleine Klappen in der Öffnung wurden durch den Luftdruck gegen eine Feder gepresst und durch den im Strahlrohr explodierenden Treibstoff zugedrückt.**

Fieseler Fi 103 - V1

Die Vergeltungswaffe 1 oder V1 trug viele unterschiedliche Namen. Für die Luftwaffe war sie das Fliegerabwehrkanonenzielgerät 76 (Flakzielgerät 76 oder einfach FZG 76), aber das war ein Tarnname zum Zweck der Verschleierung, denn um ein Zielgerät handelte es sich bei der Rakete nun wirklich nicht. Der offizielle Codename war „Kirschkern“, aber auch die Bezeichnung „Krähe“ wurde benutzt. Das RLM sprach hingegen von der Fi 103; beim Entwickler des Rumpfes, dem Flugzeughersteller Fieseler, lief das Projekt als P. 35. Die britische Öffentlichkeit kannte es als „Buzz Bomb“, P-Plane oder Doodlebug, während die RAF vom „Diver“ sprach. Eigentlich handelte es sich um einen Marschflugkörper der ersten Generation, ein unbemanntes Düsenflugzeug mit luftatmendem Antrieb, einem Sprengkopf und einem simplen Lenk-/Zielerfassungsgerät. Um seine Geschichte zu verstehen, muss man in das Jahr 1928 zurück gehen.

Paul Schmidt arbeitete in erster Linie auf dem Gebiet der Strömungslehre und der Aerodynamik, fing aber 1928 an, mit einer einfachen Form eines Schubtriebwerks, dem Pulsostrahltriebwerk, zu experimentieren. Dabei handelt es sich im Prinzip um eine rohrförmige Brennkammer mit einer Reihe von rechteckigen gefederten Klappenventilen vorn, in die ein geeigneter Treibstoff (gewöhnliches Benzin tut es bereits, es darf ruhig eine niedrige Oktanzahl haben) eingespritzt wird. Dieses Gerät muss durch einen Fremdantrieb bis an eine kritische Schwellengeschwindigkeit gebracht werden, etwa 300 km/h, bevor es selbst funktioniert. Allerdings gibt es die Möglichkeit, mithilfe eines Gebläses Luft unter ausreichendem Druck und in ausreichender Menge zuzuführen. Während das Gerät nach vorn strebt, wird Luft durch die Klappenventile in die Röhre gedrückt. Dabei öffnet sich ein zweites Ventil, das eine bestimmte Menge Benzin unter Druck einspritzt, um ein zündfähiges Gemisch zu bilden (im Prinzip wie die Benzineinspritzung beim Automobil), und eine Zündkerze tritt in Aktion. Die erzeugte Explosion schließt zunächst die Klappenventile, wodurch Benzin und Luft nicht nachströmen können. Wenn der Druck innerhalb der Röhre niedriger wird als der Druck der Luft, die von vorn einströmen will, öffnen sich die Klappventile erneut, und der ganze Prozess beginnt von vorn. Das wiederholt sich viele Male in jeder Sekunde; der Raketenmotor Argus 109-014 aus der endgültigen V1 hatte einen Zyklus von 47 Zündungen pro Sekunde.

Billig und einfach

Neben seiner Unfähigkeit zum Selbststart hat das Pulsostrahltriebwerk weitere Nachteile. Es arbeitet schlechter, wenn der umgebende Luftdruck sinkt und ist bei Höhen ab 3000 m kaum zu gebrauchen. Es hat eine feste Geschwindigkeit, die sich nur durch die Größe der Brennkammer beeinflussen lässt, und die Klappenventile verbrennen nach relativ kurzer Zeit. Dem gegenüber stehen aber handfeste Vorteile: das Prinzip funktioniert, die Herstellung ist einfach und vor allen Dingen preisgünstig.

Das war also genau das richtige Triebwerk für eine Kurzstrecken-Boden-Boden-Waffe, und genau diese Verwendung schlug Schmidt vor, nachdem es ihm nicht gelungen war, jemanden für den Senkrechtstarter zu begeistern, für den er es zunächst gebaut hatte. Er legte die Pläne 1934 dem RLM vor. Zunächst stieß er auf Ablehnung. Erst als sich namhaftere Wissenschaftler, darunter Wernher von Braun, für ihn einsetzten, wurden das RLM und auch das Heereswaffenamt auf ihn aufmerksam. Schließlich erhielt Schmidt Mittel für die Weiterentwicklung, wenn auch in bescheidenem Umfang. Im Jahr 1940 erzeugten Schmidts Pulsostrahltriebwerke bereits über 500 kp Schub, aber das RLM sah sich auch nach anderen Entwicklern um. Ins Auge gefasst hatte man die namhafte Argus Motoren-Gesellschaft, wo Dr. Fritz Gossau und sein Team ein Pulsostrahltriebwerk ganz von vorn entwickelten. Schmidts Triebwerk durften sie erst im März 1940 sehen. Sie hatten sein Klappensystem teilweise übernommen, aber ansonsten eher auf eigene Entwicklungen gesetzt. Bis zum Ende des Jahres hatten sie ein kleines Triebwerk mit 150 kp Standschub fertig, das am 30. April 1941 seinen Jungfernflug absolvierte, aufgehängt unter einem zweisitzigen Doppeldecker-Schulflugzeug vom Typ Gotha Go 145. Während des Sommers gab es Erprobungen mit klei-

OBEN: Die Raketen wurden zerlegt zum Startplatz gebracht, waren aber einfach zusammenzusetzen. Hier werden die Flügel auf dem rohrförmigen Hauptholm befestigt.

Oben: Die V1 wurde an einer Rampe mit einem Dampfkatapult gestartet. Bei etwa 400 km/h setzte der eigene Motor ein und die Lenkung sorgte für einen allmählichen Aufstieg in die Marschhöhe.

nen Lastenseglern, die nur durch das Pulsostrahltriebwerk angetrieben wurden und dessen Brauchbarkeit unter Beweis stellten.

Es sollte aber noch ein Jahr dauern, ehe das RLM den nächsten Schritt unternahm und am 19. Juni 1942 Gerhard Fieseler den Auftrag erteilte, eine Zelle für eine Flugbombe zu entwickeln. Während Argus weiter am Triebwerk arbeitete, entwickelte Walter ein System für den Katapultstart, und Siemens baute ein Lenksystem auf der Grundlage eines vorhandenen Autopiloten.

Die Zelle wurde von Willy Fiedler zusammen mit Robert Lusser entwickelt, der, wie bereits erwähnt, am ursprünglichen Projekt P. 1065 von Messerschmitt beteiligt war. Die Entwicklung dauerte 18 Monate, und Anfang Dezember 1942 wurde das erste (unmotorisierte) Exemplar von einer Fw 200 Condor über der Erprobungsbahn Peenemünde-West gestartet. Der erste Katapultstart folgte am Heiligabend. Bei den Tests wurden etwa 350 Flugkörper zu unterschiedlichsten Zwecken verschossen. Anfangs verlief längst nicht alles wie geplant. Schwierigkeiten ergaben sich daraus, dass alle Komponenten zusammen erprobt werden mussten, was die Fehlersuche nicht gerade vereinfachte. Schließlich identifizierte man aber die Lufteinlässe und die Treibstoffzufuhr als Auslöser der schlimmsten Probleme. Nach der Überarbeitung funktionierte die Bombe zuverlässiger. Allerdings war sie doch wesentlich langsamer als geplant. Mit einer Geschwindigkeit von etwa 600 km/h konnte sie durchaus von den zeitgenössischen Jägern abgefangen werden.

Folglich gab es nun ein Nonstop-Programm zur Leistungssteigerung der V1, indem man den Raketenmotor Argus 109-014 überarbeitete (z.B. durch Einspritzung von Distickstoffmonoxid in die Brennkammer) oder gleich ein stärkeres Triebwerk einbaute wie das 109-044 oder das Turbostrahltriebwerk Porsche 109-005. Beide erzeugten einen Standschub von 500 kp. Zum Einbau kam auch ein nicht näher beschriebenes Staustrahltriebwerk. Zum Kriegsende waren die Versuchsmuster fast 800 km/h schnell. Allerdings mussten sie sich auch mit viel schnelleren Abfangjägern auseinander setzen wie dem Düsenjäger Gloster Meteor. Dieser verbuchte am 4. April 1944 den ersten Erfolg. Er zerstörte eine V1, indem er sie mit der Flügelspitze anstieß und destabilisierte. Das ist bei weitem nicht so gefährlich, wie es sich anhört, und weit weniger riskant als das Abschießen von Flugbomben aus nächster Nähe, wobei das Flugzeug auch Schäden abbekommen kann. Für bodengestützte Abwehrwaffen war die V1 sogar ein noch einfacheres Ziel: sie flog auf einer konstanten Höhe mit einer konstanten Geschwindigkeit. So ist es nicht verwunderlich, dass die V1 hauptsächlich durch Flak abgeschossen wurde.

Konstruktionsänderungen

Auch das Lenksystem und sein Einbau erwiesen sich als problematisch. Die ersten Probleme traten bereits auf, bevor die Zelle Fi 103 überhaupt fertig war. Dabei ging es um die Positionierung des Triebwerks im Rumpf. Erprobungen mit den Triebwerken an der Do 17 und der Ju 88 zeigten, dass der Pulsostrahl erhebliche Vibrationen erzeugte, besonders wenn der Abgasstrahl über die Zelle lief. Danach baute man das Triebwerk hinten ein, sodass es ein ganzes Stück über das Heck hinausragte. Auch die Halterungen verlangten viel Feinarbeit. Man entwickelte schließlich ein System aus einem drehbaren Gabelkopf, kombiniert mit einem einzelnen Zapfen an der Heckflosse, beide in Gummibuchsen gelagert. Trotzdem gab es immer noch Probleme mit den Vibrationen. Das Lenksystem selbst benutzte ein Kreiselgerät für die Steuerung in allen drei Achsen, verbunden mit einem Mutterkompass, der vor dem Start zur Horizontalsteuerung auf den gewünschten Kurs gestellt wurde, sowie einem Aneroidbarometer zur Höhensteuerung.

Korrekturen wurden auf die Servomotoren übertragen, die wiederum Ruder und Höhenruder mit Druckluft betätigten. Die Berechnung der zurückgelegten Entfernung erfolgte über ein einfaches Flugzeuglog, angetrieben von einer kleinen Luftschraube im Bugkegel. Wenn eine voreingestellte Zahl erreicht war, explodierten zwei Sprengkapseln, verriegelten Ruder und Höhenruder und fuhren zwei Luftruder aus, die die Rakete in einen Sturzflug zwangen. Dieses etwas komplizierte Verfahren war erforderlich, weil die Temperatur im Strahlrohr bereits nach ein paar Sekunden so hoch war, dass sie zur Selbstzündung ausreichte, da man sich um die Zeitsteuerung nicht zu kümmern brauchte. Die simplere Methode, die Stromzufuhr zu den Zündkerzen zu unterbrechen, hätte einfach nicht mehr funktioniert. Es wäre vielleicht möglich gewesen, stattdessen die Treibstoffzufuhr zu unterbrechen. Das hätte aber auch unvorhersehbare Folgen haben können, weil das System unter Druck stand. Außerdem war ja ein motorisierter Sturzflug angestrebt. Eine Zeit lang war die Treibstoffzufuhr bereits unterbrochen, wenn die Rakete sich zu stark neigte. Das war nicht geplant, sondern ein Fehler, der

UNTEN: Da die V1 mit konstanter Geschwindigkeit auf einer geraden Flugbahn flog, war es für die Flugabwehr recht einfach, sie mit Sperrfeuer zu belegen, besonders nachts, wenn der Strahl gut zu sehen war.

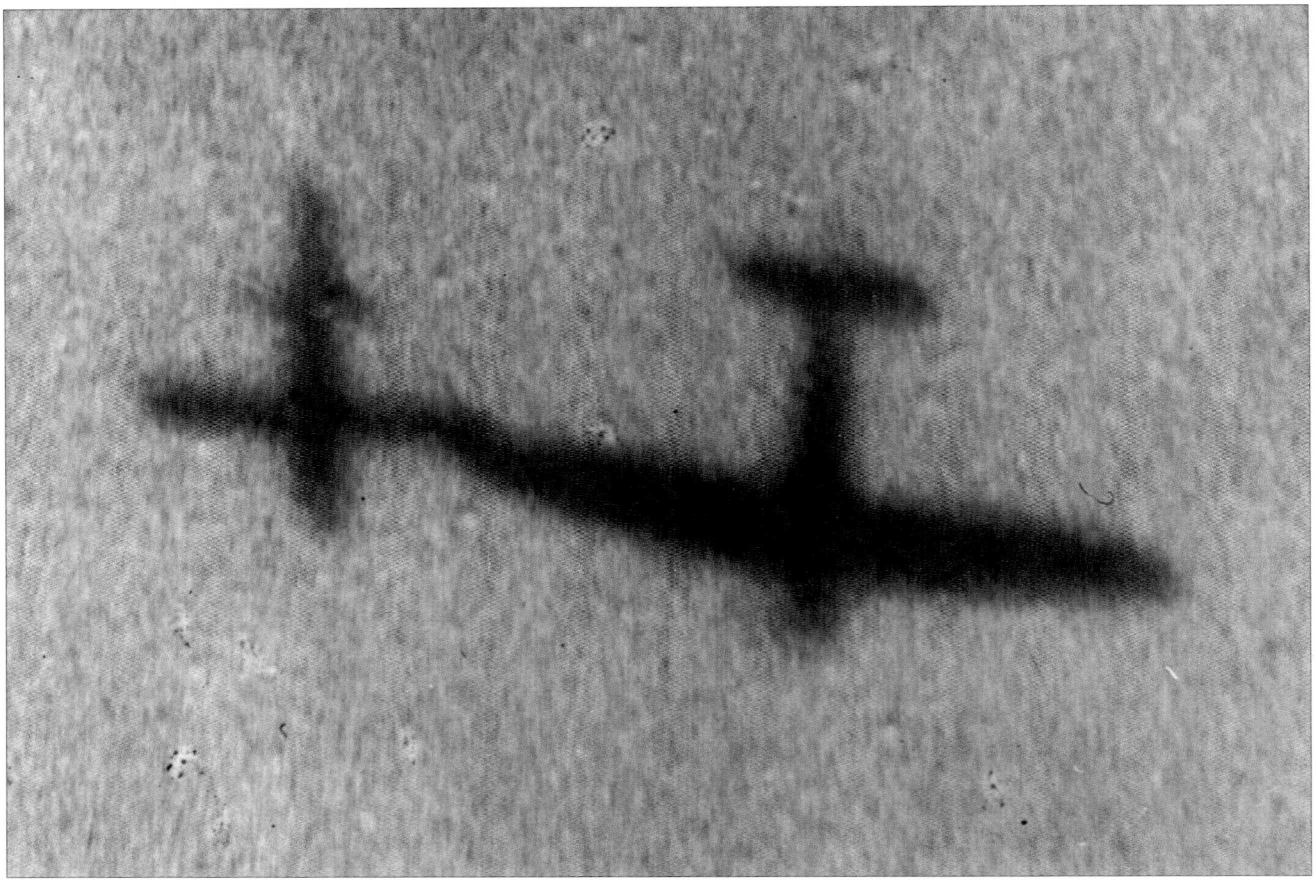

OBEN: Die Bomben wurden in der Luft zerstört, indem man sie anstieß und vom Kurs abbrachte. Das war keineswegs gefährlich. Dies von der Bombenkamera aufgenommene Flugzeug ist vermutlich eine Spitfire.

aber schnell korrigiert werden konnte. Die Bombe selbst hatte drei unterschiedliche Zünder: einen elektrischen Aufschlagzünder, der seinen Strom über eine eingebaute Batterie erhielt und über einen Widerstand/Kondensator-Schaltkreis verfügte, der genügend Strom zur Auslösung speicherte für den Fall, dass die Verbindung zur Batterie beim Aufschlag unterbrochen wurde; einen elektromechanischen allseitigen Aufschlagzünder mit einem Klöppelschalter, und einen mechanischen Verzögerungszünder (Uhrwerk). Der Aufschlagzünder hatte drei Auslöser, einen im Bug, einen weiteren an der Rumpfunterseite (beide mit Druck betätigt) sowie einen Trägheitsschalter im Zünder selbst. Dieses Zündsystem war so gut, dass von den ersten 2500 Bomben, die in England einschlugen, nur vier versagten.

Die Startanlage bereitete weniger Probleme als die anderen Komponenten. Sie bestand aus einem einfachen Dampfkatapult. Der Dampf wurde durch die Reaktion der beiden gleichen Stoffe erzeugt (T-Stoff und Z-Stoff, im Prinzip Wasserstoffperoxid und Kalzium- bzw. Kaliumpermanganat), die auch bei Raketenmotoren benutzt wurden. Die Katapultbahn war ein 42 m langes geschlitztes Rohr, das in einem Winkel von 6,5° geneigt war (später begnügte man sich mit einer Bahn, die halb so lang war), auf einem Stahlbetonbett, in dem ein hantelförmiger Kolben lief. Der Kolben hatte eine Flosse, die durch den Schlitz im Rohr ragte und in einen einfachen Rollwagen einrastete, auf dem die Rakete saß. Versiegelt wurde der Schlitz durch einen zylindrischen Streifen, der hinter dem Kolben lief und durch den Dampfdruck in den Schlitz gedrückt wurde. Der Treibstoff zur Dampferzeugung saß in Behältern auf einem Rollwagen, auf dem auch die Dampferzeugungskammer aus Schmiedestahl saß, mit einem Bajonettverschluss an der Rückseite des Startrohrs gesichert. Entlang der Rückseite der Rampe befand sich ein Startgerät, das die erforderliche Ausrüstung zum Betrieb des Pulsostrahltriebwerks enthielt.

Der Start der V-1

Das Startverfahren war ganz einfach. Das Pulsostrahltriebwerk wurde gezündet und sieben Sekunden laufen gelassen, um es auf die Betriebstemperatur zu bringen. Dann wurde ferngesteuert das Ventil an einem großen Druckluftzylinder geöffnet, wodurch 60 l T-Stoff und 5 l Z-Stoff in die Dampferzeugungsanlage gespritzt wurden. Die Reaktion erzeugte eine große Menge an überhitztem Dampf. Sobald der Druck in der Kammer groß genug war, scherte ein Rückhaltebolzen ab und der Kolben konnte sich frei im Rohr bewegen. Dabei zog er den Rollwagen und die Rakete mit nach oben. Als er nach knapp über einer halben Sekunde mit einer Geschwindigkeit von 16 G das Ende der Katapultbahn erreicht hatte, war das ganze Gerät etwa 400 km/h schnell und das Pulsostrahltriebwerk lief bereits selbstständig. Der Kolben wurde buchstäblich aus dem Rohr geschossen und fiel in einiger Entfernung zu Boden (zusammen mit dem Rollwagen). Er wurde später geborgen, während die Rakete bereits mit einer Steiggeschwindigkeit von 150 m/min ihrer Betriebshöhe entgegenflog. Das Lenksystem korrigierte den Kurs während des Fluges, und die Aneroidkapsel stellte die Höhenruder auf Horizontalflug, sobald die voreingestellte Höhe erreicht war.

Die Fieseler Fi 103 A-1, die ursprüngliche und technisch auch häufigste Version der Waffe, war knapp 8 m lang. Die Flügelspannweite betrug etwa 5 m; es gab aber zwei verschiedene Flügel mit leicht voneinander abweichenden Formen und Maßen. Der maximal 84 cm dicke Rumpf trug einen Sprengkopf aus 830 kg Trialen (Amatol), manchmal unterstützt durch Brandbomben. Es gab auch Vorkehrungen, den Sprengstoff durch Gas zu ersetzen, was aber in der Praxis nie erprobt wurde. Eine volle Ladung von 75- bis 80-oktanigem Treibstoff wog 515 kg und brachte das gesamte Startgewicht auf 2180 kg. Die Reichweite unter eigenem Antrieb lag bei 240 km, die Höchstge-

UNTEN: Nur wenige V1 konnten intakt gerettet werden. Einige aber explodierten nicht und gaben ihre Geheimnisse preis. Hier untersuchen Leute von der RAF eine V1 in einem Bohnenfeld in Kent.

FIESELER Fi 103 (V1) Standardmodell

Typ: Marschflugkörper
Länge: 8,32 m
Spannweite: 5,30 m
Startgewicht: 2180 kg
Höchstgeschwindigkeit (spätere Modelle): 800 km/h
Reichweite: 240 km
Sprengkopf: 830 kg Amatol

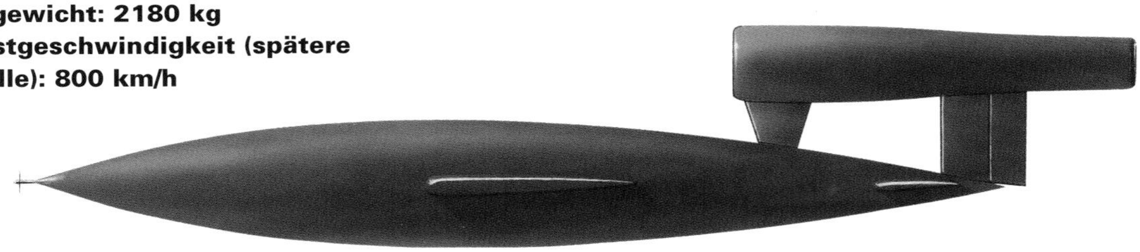

OBEN: Die Fieseler Fi 103, so die offizielle Bezeichnung der V1, wurde im Rahmen der Operation Boxroom ab Juni 1944 gegen England eingesetzt.

schwindigkeit bei 645 km/h und die Einsatzgipfelhöhe bei 3000 m.

Die Rakete bestand aus Pressstahlformteilen mit einem Bugkegel aus Aluminium und Stahlblechflügeln um einen zylinderförmigen Stahlholm. Die kostengünstige Fertigung stand an erster Stelle, Bemühungen zur Gewichtseinsparung durch Verwendung seltener Materialien gab es kaum. Die Fi 103 F-1 wurde 1945 gebaut. Die Rakete war ähnlich aufgebaut, hatte aber einen Sprengkopf mit 436 kg Amatol, und die Treibstofftanks wurden von 568 l auf 756 l vergrößert, was nun für eine Reichweite von 370 km sorgte.

Der Feldzug beginnt

Die ersten einsatzfähigen V1 wurden in den frühen Morgenstunden des 13. Juni 1944 gestartet. Es wurden nur zehn Stück eingesetzt. Vier stürzten sofort ab, zwei fielen ins Wasser, aber vier schlugen in England ein (eine in Sussex, eine bei Sevenoaks in Kent, eine in den südöstlichen Vororten von London und die letzte in Bethnal Green nördlich der Themse).

Zwei Tage später fing das Unternehmen „Rumpelkammer" richtig an. Zwischen dem 15. Juni, 22.00 Uhr und dem Mittag des folgenden Tages wurden 244 V1 gestartet, die meisten auf London gerichtet, einige auch auf Southampton. Dort sollte die Folgeunterstützung für die Invasionskräfte anlaufen, die noch dabei waren, sich aus dem Brückenkopf in der Normandie freizukämpfen. Mehr als die Hälfte der Bomben (genau 144 Stück) überquerte die englische Küste, und 34 wurden von der Flak und von Jägern abgeschossen. Dieser Feldzug von den Stellungen an der Straße von Calais dauerte bis Ende August. Dann rückten die alliierten Truppen immer näher. Das Flakregiment 155 (W) der Luftwaffe (ein Tarnname wie FZG 76) wurde im August 1943 unter der Führung von Oberst Max Wachtel aufgestellt und verlegte anschließend nach Holland, um seine Aktivitäten auf Antwerpen zu konzentrieren. Bis dahin hatte es bereits 9017 Raketen gestartet, von denen 6725 England tatsächlich erreicht hatten. Insgesamt 2340 Stück erreichten den Großraum von London, und die meisten detonierten wie geplant. Anderen Berichten zufolge wurden während des gesamten Krieges 8892 Raketen auf England abgefeuert. Es gibt aber auch Zahlen von knapp über 10 000 Raketen. Bereits am 7. Juli wurden die Bodenstarts durch Luftstarts von He 111 der III./KG 3 abgelöst, die im holländischen Glize Rijen stationiert waren. Jede He 111 trug eine Rakete an einem Außenlastträger unmittelbar außenbords der steuerbordseitigen Flügelwurzel und startete sie aus einer Höhe von 450 m über der Nordsee. Bis Ende August hatte man über 400 Raketen auf diese Art gestartet, die meisten auf London gerichtet. Aber auch Southampton und Bristol zählten zu den Zielen.

Die luftgestarteten Einsätze gegen Ziele in England wurden Mitte September erneut aufgenommen. Dieser Feldzug dauerte bis Mitte Januar. Insgesamt wurden 1200 Raketen gestartet, einige mit Zielen, die im Norden bis Manchester reichten. Dort kam aber nur eine einzige Rakete an. Nur etwa 20 % erreichten besiedelte Gebiete, und gerade 66 schlugen in London ein, das ja immer noch als wichtigstes Ziel galt. Während der gleichen Zeit wurden etwa 1600 Raketen aus der Luft gegen Brüssel und Antwerpen gerichtet. Bei diesen Einsätzen verlor die Luftwaffe aber 80 Flugzeuge.

Am 3. März 1945 wurde von Stellungen in Holland ein neuer Feldzug gegen London gestartet, wobei die F-1 mit größerem Treibstofftank und kleinerem Sprengkopf zum Einsatz kam. Diesmal gab es kaum

Erfolge. Die letzte Rakete fiel am 29. März auf London. Insgesamt hatte London 2419 und Antwerpen 2448 Treffer einstecken müssen (wobei dies natürlich nicht die einzigen Ziele waren). Das entspricht etwa 25 % aller gestarteten Raketen. Es wird geschätzt, dass etwa 12 000 Menschen durch die V1 getötet wurden. Die offiziellen Zahlen in Großbritannien gehen von 6184 Toten und 17 981 Verletzten aus. Insgesamt wurden von Fieseler, Volkswagen (anfangs ziemlich erfolglos) und den Mittelwerken, einer unterirdischen

OBEN: Die hier gezeigte Reichenberg IV war die einsatzfähige Version der bemannten Flugbombe, aber ohne Landekufen und Klappen an den Hinterkanten der Flügel. Sie wurde nie im Kampf eingesetzt.

UNTEN: Die japanische Marine arbeitete ebenfalls an einer bemannten Flugbombe, der Yokosuka MXY7 „Ohka". Sie war simpler als die Reichenberg, hatte Startraketen und nur ein rudimentäres Steuerwerk.

YOKOSUKA MXY7 „OHKA"

Typ: Einsitziger Kamikaze-Flugkörper
Länge: 6,066 m
Spannweite: 5,12 m
Startgewicht: 2140 kg
Höchstgeschwindigkeit: 649 km/h bei 3000 m
Reichweite: 37 km
Sprengkopf: 1200 kg Sprengstoff

Nicht auftreten

LINKS: Eine komplette V1 wog 2 Tonnen. Sie wurde in der Regel mit Muskelkraft in die Startrampe geschoben.

Fabrik bei Nordhausen im Harz, wo fast ausschließlich Zwangsarbeiter tätig waren, 34 000 V1 gebaut. Die V1 war sehr kostengünstig, obwohl ihre Wirksamkeit bestenfalls bei 20 % lag. Es gibt unterschiedliche Kostenschätzungen, aber ein Betrag von 5000 RM scheint realistisch zu sein, wenn man davon ausgeht, dass das Standard-Infanteriegewehr Mauser 98 K 56 RM und ein Panzer IV über 100 000 RM kostete.

Die „Selbstopfermänner"

In schwierigen Zeiten kommt es zu Akten der Verzweiflung, und in beiden großen Achsenmächten dachte man an formalisierte Selbstmordeinsätze, vielleicht sogar schon ab Anfang 1943. Am berühmtesten waren die japanischen Kamikaze-Einsätze gegen die britische und amerikanische Marine nach der Schlacht am Golf von Leyte (23.-26. Oktober 1944). Aber auch in Deutschland wurden Vorbereitungen für solche Einsätze getroffen. Am wichtigsten war die bemannte Version der Flugbombe Fi 103. Dieses Luftfahrzeug wurde als erstes in Betracht gezogen, dann aber zu Gunsten einer Seglerversion der Me 328 verworfen. Eine Einheit mit Fw 190, bekannt als Kommando Lange oder Leonidas-Staffel, wurde aufgestellt, um Einsätze zu üben, bei denen der Pilot sein Flugzeug mit der Höchstzuladung an Bomben im Sturzflug auf das Ziel steuerte und erst im letzten Moment mit einem Fallschirm absprang. Schließlich verlor man das Interesse am Projekt Me 328, und es wurde immer deutlicher, dass die Chancen einer Fw 190, mit einer brauchbaren Bombenzuladung die Flugabwehr zu durchbrechen, doch äußerst bescheiden waren.

Daraufhin wandte man sich wieder der Fi 103 zu. DFS arbeitete die Pläne für vier verschiedene Versionen aus, und Henschel baute vier Standard-Flugkörper um. Der offizielle Codename für das Projekt war „Reichenberg" und die vier Flugzeuge erhielten den Suffix „R-I" - „R-IV". Die Fi 103 R-I war ein Einsitzer mit Ballast anstelle des Sprengkopfs, Kufen und Landeklappen, aber ohne Triebwerk. Sie wurde nur für die Erprobung gebaut. Die R-II war ähnlich, aber mit einem zweiten Cockpit im Bugabschnitt. Die R-III, im Prinzip eine R-I mit Triebwerk, diente der weiterführenden Ausbildung. Die R-IV schließlich war für den Einsatz bestimmt, hatte keine Landeklappen, dafür aber Querruder und einen Sprengkopf.

Es gibt auch Vermutungen, dass der Sprengkopf durch eine Kanone ersetzt wurde, um das Flugzeug als Abfangjäger einzusetzen. Insgesamt sollen 175 Stück gebaut worden sein. Die Testpiloten bei der Entwicklung waren Heinz Kensche und die allgegenwärtige Hanna Reitsch. Sie bewerteten das Flugverhalten positiv, obwohl es auch einige haarsträubende Momente gegeben hatte. Vom Landeverhalten hielten sie aber nicht viel. Dabei muss man aber sehen, dass die Landung keine Rolle spielte, denn diese Flugzeuge sollten nach dem Einsatz nicht landen, außer vielleicht während der Ausbildung.

Absicht war, dass der Pilot sein Flugzeug in das Ziel bringen und dann aussteigen sollte. Die Art, wie er das bewerkstelligen sollte, entbehrt nicht eines gewissen Zynismus. Das Cockpit lag ziemlich weit hinten, hinter der Hinterkante der Flügel und fast unterhalb des Lufteinlasses für das Triebwerk. Das Cockpit musste gegen den Einlass gedrückt werden, bevor es um 45° geöffnet und abgeworfen werden konnte. Selbst wenn es dem Piloten gelang, das Cockpit abzuwerfen, hatte er kaum eine Chance, sich vorher herauszuzwängen und im Sturzflug bei mehr als 1000 km/h aus dem Flugzeug zu steigen. Wenn er überhaupt mit dem Leben davonkam, waren schwere Verletzungen fast zwangsläufig. Es gab zwar Tausende freiwillige Selbstopfermänner, und 70 wurden auch für die Ausbildung ausgewählt, aber sie wurden nie ins Gefecht geschickt, sodass es sich eher um eine theoretische Angelegenheit handelte.

Die japanischen Piloten, die zum Ende des Krieges die Ohka-Flugbomben flogen, wurden ehrlicher behandelt. Ihre Flugzeuge wurden versiegelt, und sie wussten von vornherein, dass sie nicht entkommen konnten. Die Wirksamkeit der Kamikaze-Feldzüge zeigt, welche Ergebnisse man angestrebt hatte. Zwischen dem 21. Februar und dem 15. August 1945 versenkten sie 17 Schiffe und beschädigten 198 weitere. Sie verloren dabei 930 Flugzeuge, sowohl Flugbomben als auch Begleitflugzeuge.

Die Raketenaggregate

Nach der Niederlage im Jahr 1918 wurden Deutschland strenge Rüstungsbeschränkungen auferlegt. Wie bereits eher erwähnt, gab es eine groß angelegte Kampagne, um die Einschränkungen des Versailler Vertrags durch Entwicklungsprogramme im Ausland zu umgehen, aber es gab auch andere Wege.

Schon im Jahr 1929 befasste sich das Heereswaffenamt mit Raketen als Ersatz für die Fernkampfartillerie. Dazu wurde in Kummersdorf, etwa 32 km südlich von Berlin, ein Erprobungsgelände eingerichtet. Hauptmann Walter Dornberger, ein Berufssoldat, den das Heer an die Technische Schule nach Charlottenburg abkommandiert hatte und der dort einen Abschluss in Ballistik erwarb, übernahm 1930 die Lei-

tung des Projekts. Er unterstand direkt Karl Becker, dem Leiter des Heereswaffenamtes.

Bereits 1927 hatte sich eine Gruppe begeisterter Amateure unter Hermann Oberth (Autor von „Die Rakete zu den Planetenräumen" von 1923) den Verein für Raumschifffahrt gegründet. Sie begannen mit Raketenmotoren zu experimentieren, zunächst finanziert von Fritz von Opel (der ja, wie berichtet, einen Segler mit Raketenantrieb bei Alexander Lippisch in Auftrag gegeben und selbst den Raketenwagen RAK 2 gebaut hatte). Später steuerte Oberth 10 000 Franc bei, die er als Preis für sein Buch „Wege zur Raumschifffahrt" erhalten hatte.

Im Jahr 1930 schloss sich ein aufstrebender junger

OBEN: Der Startplatz in der Heeresversuchsanstalt Peenemünde, versteckt in den Kiefernwäldern der Ostseeinsel Usedom. Alle Testflüge der A4 wurden hier gestartet.

Student namens Wernher von Braun dem Verein an, und schon im folgenden Jahr starteten sie erfolgreich eine Rakete, die mit Flüssigsauerstoff und Benzin angetrieben wurde. Dann gingen ihnen die Mittel aus, aber zu diesem Zeitpunkt erschien Dornberger, der ihnen kleinere Finanzspritzen verschaffte. 1932 übernahm von Braun, der gerade seinen Abschluss in Maschinenbau in der Tasche hatte, eine Vollzeitbeschäftigung in Kummersdorf, und 1934 hatte seine Gruppe bereits zwei Raketen mit Flüssigsauerstoff und Alko-

RECHTS: Ein Techniker nimmt vor dem Start einer A4 letzte Änderungen an der Lenkanlage vor. Sie wurde durch einen mobilen Kran in die Senkrechte gebracht.

hol gestartet, die Höhen von mehr als 2500 m erreichten.

1935 begannen die Arbeiten an einer neuen Rakete, der A3. Sie wog 750 kg und war 7,6 m lang. Sie wurde ebenfalls mit A-Stoff (Flüssigsauerstoff bei -183°C) und M-Stoff (Methylalkohol bzw. Methanol) angetrieben, aber nun produzierte der Motor 45 Sekunden lang 1500 kp Schub. Die A2 hatte nur 300 kp über 16 Sekunden geschafft. Wichtiger aber war das neue Verfahren zur Stabilisierung, das von Brauns Gruppe entwickelte.

Die A2 wurde stabilisiert, indem der mittlere Abschnitt durch einen Elektromotor gedreht wurde (Kreiseleffekt), die A3 aber hatte kleine „Ruder" (oder vielmehr Flügel) aus Molybdän, die einen Teil des Abgasstroms in Richtung des Kreisels lenkten. Sie hatte außerdem vier rudimentäre Heckflossen, die aber kaum über den Rumpf hinausragten. Die Nutzlast bestand aus mehreren Instrumenten, die an einem Fallschirm zurückkehren sollten. Der erste Start der A3 fand am 6. Dezember 1937 auf der Insel Greifswalder Oie unmittelbar vor der Ostseeküste statt. Die neuen Stabilisatoren funktionierten, aber andere Komponenten und besonders die Aerodynamik waren verbesserungswürdig. Trotz drei weiterer Starts wurde das Projekt nicht weiterverfolgt.

Umzug nach Peenemünde

Inzwischen waren die Einrichtungen in Kummersdorf zu eng geworden. Die A2 wurde bereits von der Insel Borkum vor der Emsmündung in der Nordsee gestartet. Anfang 1936 taten sich HWA und RLM zusammen, um ein geeignetes Gelände zu erwerben, eine einsame Halbinsel um das Dorf Peenemünde auf der Insel Usedom, vor der Ostseeküste gelegen, dort wo sich heute die polnische Grenze befindet. Sie erwarben auch die nahe gelegene Greifswalder Oie, und dort führten sie ihre Raketenbauprogramme durch. Das Heer übernahm den östlichen Teil der Einrichtung, der als Heeresversuchsanstalt Peenemünde (HVP) bezeichnet, aber auch unter dem Tarnnamen Elektromechanische Werke (EMW) geführt wurde. Dort wurde Dornberger Leiter der Waffenerprobungsabteilung 11 und von Braun sein Technischer Direktor. Hier wurden die ersten erfolgreichen ballistischen Flugkörper überhaupt entwickelt und erprobt, und der Name Peenemünde sollte in die Geschichtsbücher eingehen.

Nachdem die A3 nicht die Erwartungen erfüllen

konnte, wurden die Arbeiten an der A4, die von Anfang an für das Militär gedacht war, eingestellt. Wernher von Braun kümmerte sich daraufhin um ein neues Forschungsobjekt, die A5. Sie war größer als die A3, hatte aber den gleichen Motor. Der größte Unterschied lag im Profil der Flugbahn, denn nun galt es nicht mehr, einfach eine Rakete in die Atmosphäre zu schießen. Sie sollte ein Hunderte Kilometer entferntes Ziel treffen und benötigte dafür natürlich eine aufwändige Lenkung.

Bei kleinen Geräten wie der V1 genügte es eigentlich, die Startrampe in der Richtung des Ziels aufzustellen und kleinere Korrekturen dann mit einem Kreiselkompass vorzunehmen. Einen ballistischen Flugkörper ins Ziel zu bringen, war nicht so einfach. Er musste senkrecht gestartet werden und dann in der genauen Richtung des Ziels in einem Winkel von 41° zur Horizontalen gehalten werden. Die Reichweite hing unmittelbar von der Brenndauer ab, sodass die Unterbrechung der Treibstoffzufuhr schnell und präzise erfolgen musste. Dies wurde zunächst durch ein Funksignal vom Boden erreicht. Das war der einzige externe Faktor, der nach dem Start noch auf die Rakete einwirkte (aber auch das wurde später automatisiert). Ohne in alle Einzelheiten gehen zu wollen, lässt sich kurz sagen, dass die Richtungsstabilität eines Flugkörpers davon abhängt, dass seine Bewegung in drei Achsen gesteuert wird: die Nickbewegung, um den richtigen Steigwinkel zu erreichen und zu halten; die Gierbewegung (Ausgleich seitlicher Schwankungen) und den Drall, die natürliche Tendenz jedes sich bewegenden zylindrischen Körpers. Er macht die Nick- und Giersteuerung mit Hilfe von Rudern fast unmöglich und muss daher unterdrückt werden. Was noch schlimmer ist, auch die Flugeigenschaften des Flugkörpers – besonders der wichtige Schwerpunkt – ändern sich mit zunehmendem Verbrauch des Treibstoffs. Aber auch der Aufstieg in die oberen Schichten der Atmosphäre und der Abstieg auf der parabolischen Flugbahn haben Einfluss auf die ballistischen Eigenschaften.

UNTEN: Die RAF machte in der Nacht vom 17. zum 18. August 1943 einen Großangriff auf Peenemünde und richtete besonders in den Unterkünften große Schäden an. Zwangsarbeiter und Forscher starben in den Ruinen.

Epochale Forschungsarbeiten

Die Probleme mit der Lenkung waren wohl die schwierigsten, die von Brauns Gruppe zu lösen hatte, und sie erledigten es mit Bravour. Dabei standen ihnen nur Rechenschieber und mechanische Rechenmaschinen zur Verfügung. Es sagt schon einiges aus, dass die ersten simplen Computer gebaut wurden, um

Oben: Viele der intakt erbeuteten A4 gingen in die USA (wie auch der Großteil ihrer Entwickler). Diese A4 wird vermutlich auf dem Erprobungsgelände White Sands in New Mexico auf den Start vorbereitet.

ballistische Probleme zu lösen. Die Gruppe benutzte Dreiachsenkreiselkompasse, die kleine Ruder in den Flossenspitzen steuerten. Unterstützt wurden sie durch Leitbleche, nun nicht mehr aus Molybdän, sondern aus Grafit. Sie standen während der ersten Sekunden des Fluges im Abgasstrahl, solange der Luftstrom über die konventionellen Steuerflächen noch nicht ausreichte. Die Arbeit der Gruppe an der entlegenen Ostseeküste zwischen 1938 und 1945 unter immer schwierigeren Bedingungen sollte schließlich Auswirkungen auf die gesamte Zivilisation haben – wenn auch nicht in dem Sinn, wie es einige aus der Gruppe vorgehabt haben, sondern dadurch, dass sie die bemannte Raumfahrt ermöglichten.

1938 wurde das ganze Jahr über an der neuen Konstruktion gearbeitet, und bis zum Ende des Jahres waren bereits vier ungelenkte Flüge über eine Entfernung von 17 km absolviert. Auch die Arbeit am Lenksystem ging weiter. Bis zum Oktober 1939 waren Lenk- und Steuerungseinrichtungen – ja eigentlich alle wichtigen Komponenten der A4 bis auf Sprengkopf und Motor – in der Rakete installiert und die Probestarts konnten beginnen. Sie verliefen erfolgreich, und Anfang 1940 erteilte Dornberger dankbar den Auftrag, an der A4 weiterzuarbeiten. Mitte 1943 sollte die Produktion beginnen. Er hatte aber nicht mit Adolf Hitler gerechnet.

Im Juli 1940 sah es so aus, als ob Deutschland bis zum Jahresende ganz Europa besiegt haben würde – von den Pyrenäen bis zur Arktis und von der Atlantikküste bis zur russischen Grenze. Die Sowjetunion war durch einen Vertrag ruhig gestellt und Großbritannien isoliert. So erteilte der Führer den schicksalhaften Befehl, alle Forschungen einzustellen, die in den folgenden zwölf Monaten kein verwertbares Ergebnis bringen würden. Zu den ersten Opfern zählten Dornbergers Raketen, zumindest in der Theorie. Dornberger gelang es nämlich, die Weisung zu umgehen, indem er die Arbeit an einzelnen Komponenten fortsetzte, darunter auch am Motor mit 25 000 kp Schub. So konnte er das A5-Programm fortsetzen, das noch zahlreiche

dringend benötigte Daten über die Flugeigenschaften lieferte.

Die Erprobung des neuen Motors, entwickelt von Dr. Walter Thiel, hatte sogar bereits begonnen. Dabei hatte sich gezeigt, dass es weitere Probleme im Einsatz geben würde, die in erster Linie mit der Größe zusammenhingen. Besonders die Kühlung und Treibstoffzufuhr waren problematisch. Die Berechnungen hatten ergeben, dass man, um den geforderten Schub zu erreichen, jede Sekunde fast 125 kg Treibstoff in die Brennkammer spritzen musste. Die ersten Raketen hatten viel weniger gebraucht, und es hatte genügt, die Tanks mit Stickstoff unter Druck zu setzen.

Nun musste man aber eine Vorrichtung entwickeln, die den Treibstoff und den Flüssigsauerstoff vom Tank in den Brenner pumpte. Man entschied sich für eine Dampfturbine, und die Methode der Dampferzeugung war genau die gleiche wie beim Startkatapult der V1: der explosionsartige Zerfall von T-Stoff zu überhitztem Dampf, sobald er mit dem Z-Stoff als Katalysator in Berührung kam. Die so angetriebene Turbine leistete etwa 675 PS bei 5000 U/min.

An den Rand des Weltraums

Wegen zahlreicher Rückschläge (und wohl auch wegen der Erfordernis, das Projekt zumindest teilweise vor den Leuten verborgen zu halten, die gern mehr Mittel für ihre eigenen Forschungen gehabt hätten) stand der handgebaute Prototyp A4 erst am 18. März 1942 für die ersten Prüfstandversuche zur Verfügung und explodierte dabei auch noch. Von Brauns Gruppe baute eine weitere Rakete, die ebenfalls explodierte, und sammelte schließlich doch genug Erfahrungen, um einen Probeflug zu wagen. Er war auf den 13. Juni angesetzt und missglückte völlig. Von Braun kehrte nicht gerade zum Zeichenbrett, aber doch in die Werkstatt zurück und entwickelte einen weiteren Prototypen. Nach einem zweiten Fehlstart am 16. August hatten von Braun und Dornberger schließlich beim dritten Versuch am 3. Oktober mehr Glück.

Hitler gab dem V2-Programm, wie es nun hieß, am 22. Dezember offizielle Rückendeckung. Aufgehalten wurde es immer wieder durch den Mangel an Material und die Angriffe der RAF, die in der Nacht des 17. August einen gemischten Verband aus 596 Flugzeugen losschickte. Sie ließen 1800 t Bomben auf Peenemünde fallen, verloren dabei 40 Flugzeuge und töteten 800 Menschen am Boden, überwiegend polnische Zwangsarbeiter, aber auch Dr. Thiel. So verzögerte sich die Entwicklung um zwei Monate.

LINKS: Einige erbeutete A4 wurden in Deutschland auf deutsche Probeziele gerichtet. Hier bereiten britische Soldaten eine V2 zum Start vor. Sie benutzen das Originalgerät, darunter auch den „Meilerwagen".

Eine Zeit lang hatte es so ausgesehen, als ob die A4 des Heeres gegen die Fi 103 der Luftwaffe verlieren würde, aber bei einer Vorführung vor hochrangigen Beamten im Mai 1943 sah die Fi 103 ganz schlecht aus, und so konnte die A4 überleben. Als sich die Lage im Krieg immer weiter verschlechterte, interessierte sich Hitler mehr für das Programm und räumte ihm schließlich höchste Priorität ein. Produktionsanlagen wurden in einem Henschel-Werk und bei Zeppelin in Friedrichshafen zur Verfügung gestellt. Aber beide Werke wurden durch Bomben zerstört, und so lief die Produktion schließlich bei den „Mittelwerken" an, einer riesigen unterirdischen Fabrik aus Nordhausen, deren einzelne Bestandteile aus ganz Europa zusammengetragen wurden. Die erste Auslieferung erfolgte im Juli 1944. Von September an, als der V2-Feldzug begann, lag der monatliche Ausstoß konstant bei etwa 600 Stück. Inzwischen wurden auch eine Schul- und Erprobungseinheit aufgestellt und Startplätze ausgesucht.

Über den Einsatz der V2 gab es zwei unterschiedliche Ansichten. Das Oberkommando des Heeres wollte riesige ortsfeste und gut geschützte Stellungen und wählte drei Orte in Nordfrankreich aus, von wo aus England unter Beschuss genommen werden sollte. Der erste Platz in Watten bei St Omer wurde am 27. August 1943 von der USAAF zerstört, als die Bauarbeiten gerade erst begonnen hatten. Der zweite bei Siracourt und der dritte in einem Steinbruch bei Wizernes hatten wahrhaft riesige Ausmaße. Über eine Million Tonnen Beton wurden zu einer schützenden Kuppel gegossen, unter der Lagerräume und Startanlagen, aber auch die Unterkünfte aus dem Felsen geschlagen wurden. Beide wurden im Juli 1944 von der RAF im Rahmen der Operation „Crossbow" (die sich allgemein gegen die V1-Stellungen richtete) zerstört. Eingesetzt wurden die von Wallis Barnes entwickelten „Tallboy"-Durchschlagbomben. Den Rest erledigten einen Monat später ferngelenkte B-17 Flying Fortress, die mit Sprengstoff vollgepackt waren. So kam das OKW schließlich wieder auf die mobilen Startgeräte, die Dornberger von Anfang an favorisiert hatte.

30 LKW für den Start

Im Gegensatz zum komplizierten Aufbau der Rakete war das Startverfahren ganz einfach. Einer der 30 LKW aus der Kolonne der Batterie trug eine kreisförmige Startplattform aus Stahl, die über einen Strahlabweiser verfügte. Diese wurde hinter dem Raketentransporter abgestellt und mit Hilfe von Schraubspindeln in den vier Beinen waagerecht ausgerichtet. Der

Raketentransporter (FR-Anhänger-S), nach dem Hersteller auch als „Meilerwagen" bekannt, wurde daran befestigt. Während die Strom- und Steuerkabel aus dem Generator- und Steuer-LKW ausgerollt wurden, wurden zwei der drei Haltebänder gelöst, die die Rakete auf dem Anhänger sicherten. Nur das oberste blieb. Dann wurde der Zünder in die Spitze eingesetzt. Ein Hilfsmotor lieferte Strom für die Hydraulikkolben, die die Rakete aufrichteten. Als die Rakete nach etwa zwölf Minuten senkrecht über der Startplattform hing, wurde die Plattform angehoben, um das Gewicht der Rakete aufzunehmen, und das obere Halteband wurde entfernt. Dann wurden die Kabel angeschlossen; der Transporter fuhr etwas weiter, und Plattformen wurden an einem Gerüst abgeklappt, um als Arbeitsplätze zu dienen. Danach kam die Treibstoffgruppe und füllte die Haupttanks mit Flüssigsauerstoff und Methanol sowie die kleineren mit Wasserstoffperoxid und dem Permanganat-Katalysator. Schließlich wurde die Startplattform auf ihrer Grundplatte gedreht, um die Rakete auf das Ziel auszurichten. Die Neigung während des Fluges erfolgte über eine Trommel, die um die horizontale Achse gewickelt wurde und so die Rakete zwang, sich langsam in die entgegengesetzte Richtung zu drehen. Also musste die Achse der Trommel genau rechtwinklig zur Zielrichtung stehen. Der Zünder, ein kleines elektrisches Gerät, wurde dann in das Strahlrohr geschoben, und die Mannschaften zogen sich zurück.

RECHTS: Neben dem „Meilerwagen" und den zugehörigen Fahrzeugen setzten die A4-Gruppen auch spezielle Züge ein. Sie waren logistisch nicht so flexibel, sorgten aber für bessere Starts.

UNTEN: Die A4 konnte sogar ohne den 975-kg-Sprengkopf mit der Amatol-Mischung recht große Krater schlagen. Hier das Ergebnis einer Erprobung in White Sands, USA.

Die gepanzerte Steuerkabine befand sich auf einem Halbkettenfahrzeug, entweder ein Leichter Zugkraftwagen (SdKfz 11) oder der ähnliche Mittlere Schützenpanzerwagen (SdKfz 151), das gepanzerte Universalfahrzeug des Heeres seit 1944. Beim Auslösen des Abfeuerschalters wurden die Ventile der T-Stoff- und Z-Stoff-Tanks geöffnet und die Turbinenpumpe in Gang gesetzt. Sobald sie richtig lief, wurden die Hauptventile geöffnet, brachten das Treibgas in die Brennkammern, und der Treibsatzanzünder wurde ausgelöst. In den ersten Sekunden erfolgte die Steuerung über Grafitruderflächen im Abgasstrom, mit zunehmender Geschwindigkeit wirkten dann die außen liegenden Ruder an den Flossenspitzen. Während die Rakete stieg, wurde sie durch die Drehung der Trommel langsam in ihre Flugbahn geneigt. Zum richtigen Zeitpunkt wurde die Treibstoffzufuhr unterbrochen, zunächst durch ein Funksignal, später durch einen eingebauten Beschleunigungsmesser. Der Sprengkopf wurde erst während des Fluges geschärft, etwa 60 Sekunden nach dem Start und genau nach dem Abschalten des Treibstoffs. Die Schärfeinrichtung hatte eine Einschaltsperre, die aktiviert wurde, wenn nicht alle Bedingungen erfüllt waren. Einmal im Flug, konnte die Rakete nicht über Fernbedienung zerstört werden.

UNTEN: Wie dieser Querschnitt zeigt, war fast der gesamte Innenraum der A4 mit Tanks ausgefüllt, die Flüssigsauerstoff und Methanol enthielten.

Ziel Paris

Es gab insgesamt fünf Batterien, die alle um Den Haag in Holland stationiert waren, eine von der Artillerieabteilung (AA) 444, zwei von der AA 485 und zwei von der AA 836. Die erst- und letztgenannten bildeten die Gruppe Süd, die Ziele in Frankreich und Belgien bekämpfte. AA 485, die Gruppe Nord, war gegen England gerichtet.

AA 444 feuerte am 5. September 1944 die erste gefechtsbereite V2 auf Paris ab. Drei Tage später setzte AA 485 zwei Raketen gegen London ein. Die erste schlug kurz von 18.45 Uhr abends in der Staveley Road, Chiswick, im Westen Londons ein. Gezielt war sie auf das nur 13 km entfernte Southwark. Sechs Häuser wurden zerstört, drei Menschen getötet und 17 verletzt.

Die Angriffe auf London dauerten genau 200 Tage. Die letzte Rakete schlug am 27. März 1945 um 19.20

PEENEMÜNDE A4 (V2)

Typ: ballistischer Langstreckenflugkörper
Länge: 14,05 m
Durchmesser: 1,68 m
Startgewicht: 12 870 kg
Höchstgeschwindigkeit: 5580 km/h
Reichweite: 330 km
Sprengkopf: 975 kg Amatol-Mischung

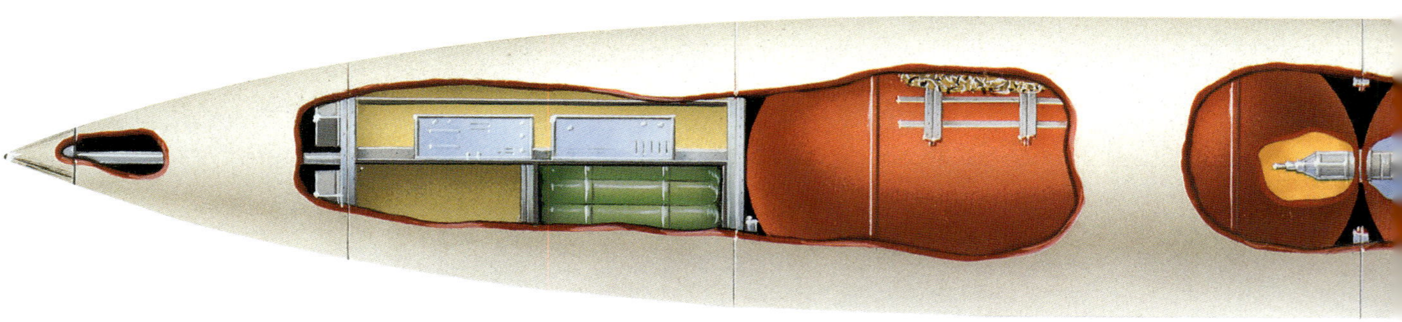

Uhr ein. Sie traf einen Wohnblock in Whitechapel, in dem 134 Menschen ihr Leben verloren.

In diesen 200 Tagen schlugen von den 1120 gestarteten Raketen 1054 in England ein, 517 davon im Großraum London. Nach offiziellen Angaben wurden dabei 2754 Menschen getötet und 6532 verletzt.

Die etwas größere Gruppe Süd feuerte insgesamt mehr Raketen ab (etwa 1675), von denen die meisten (1341) auf Antwerpen gerichtet waren. Beschossen wurden aber auch Brüssel, Lüttich, Luxemburg, Paris und der Rhein bei Remagen. Gegen die V2 gab es keine Verteidigung. Erst der allmähliche Vormarsch der Alliierten in Nordeuropa, der die beweglichen Artilleriebataillone aus der Reichweite lohnender Ziele brachte, konnte den Feldzug beenden. Gruppe Nord meldete noch 60 unverbrauchte Raketen, als sie sich am 29. März nach Deutschland zurückzog.

Interessant war auch ein Projekt, bei dem eine A4 von einem untergetauchten U-Boot abgefeuert werden sollte (bzw. aus einer Kammer, die das U-Boot hinter sich zog und die nach dem Fluten des Heckabschnitts senkrecht auf dem Wasser trieb). Das Projekt war 1945 ziemlich weit gediehen. Mehrere Behälter wurden gebaut und bei der Vulkan-Werft in Stettin erprobt. Dieses Projekt Test-Stand XII war vermutlich Ende 1944 bei Volkswagen entstanden und sollte zur Bombardierung von New York dienen. Die mehr oder weniger erfolgreichen Probeflüge in der Ostsee haben aber wohl gezeigt, dass eine voll aufgetankte Rakete (die Betankung auf See war nicht möglich) nicht in der Lage war, den Belastungen einer Atlantiküberquerung standzuhalten, nicht einmal unter Wasser. So wurde auch dies Projekt zu den Akten gelegt.

In ihrer endgültigen Form bestand die A4 ganz aus Stahl. Sie war 14 m lang und hatte einen größten Durchmesser von 1,68 m. Die Spannweite über die Flossen betrug 3,5 m, das Gewicht 12 870 kg. Davon gingen 975 kg Amatol zu Lasten des Sprengkopfs, während die Treibladung aus 4900 kg Flüssigsauerstoff und 3770 kg Methanol. Die maximale Reichweite betrug 330 km, die innerhalb von 3 Minuten und 40 Sekunden (davon 70 Sekunden mit Antrieb) zurückgelegt wurden. Die Höchstgeschwindigkeit lag dabei bei 5580 km/h, die Gipfelhöhe bei 96 000 m. Die Aufschlaggeschwindigkeit betrug 2900 km/h. Die Zahlen über die Produktion der A4 weichen stark voneinander ab; die Schätzungen liegen zwischen 6000 und 10 000.

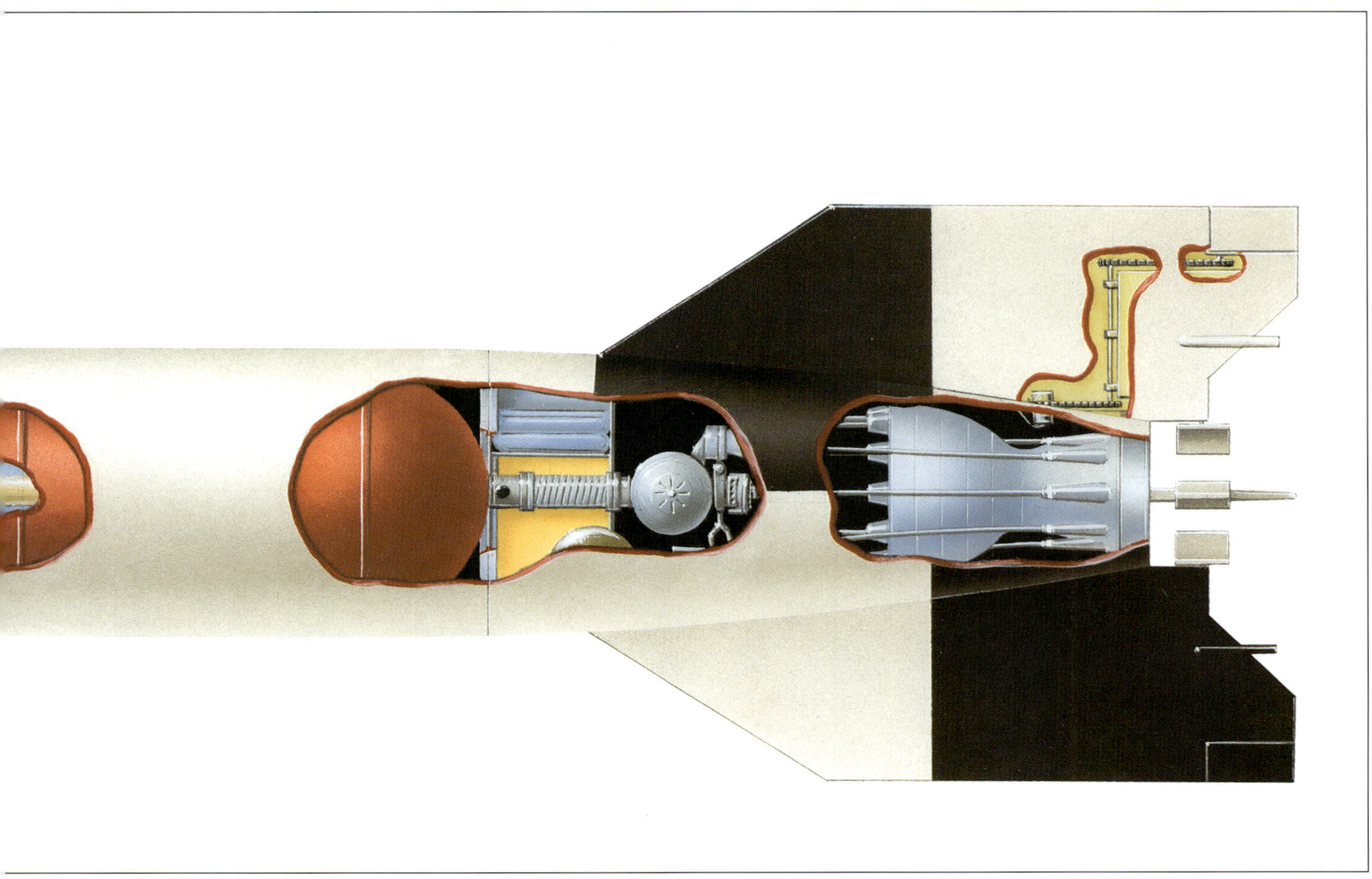

Oben: Eine A4, abgedeckt mit einer Plane, wird auf einem Eisenbahnwaggon zum Startplatz gebracht. Mit dem Vormarsch der Alliierten gerieten die V2-Bataillone aus der Reichweite lohnender Ziele.

Spätere Lenkflugkörper-Projekte

Als die A4 einsatzbereit war, wurde von Braun die Verantwortung entzogen. Seine Gruppe und er selbst waren wohl nie ganz zufrieden mit dem Projekt und hätten gern daran weitergearbeitet, aber Heinrich Himmler, der unterdessen die Leitung aller Geheimwaffenprogramm an sich gerissen hatte, hatte andere Pläne. Von Braun versuchte nun, die Reichweite zu erhöhen. Die einfachste Möglichkeit war seiner Meinung nach, die Rakete mit Flügeln auszurüsten, damit sie noch ein Stück gleiten konnte. Er wollte so den Abstieg hinauszögern und die Reichweite auf 435 km bringen. Er hatte aber die Auswirkungen des Eintritts in die dichteren Schichten der unteren Atmosphäre unterschätzt. Die eine A4b, die erfolgreich gestartet wurde (die erste stürzte kurz nach der Landung ab), schaffte keinen glatten Wiedereintritt und wurde zerstört.

Die A6, die nur in den Köpfen der Planer existierte, sollte eine mit SV-Stoff betriebene A4 werden. Dieser Stoff bestand zu 94% aus Salpetersäure und zu 6% aus Distickstoffmonoxid und Visol (ein Sammelname für eine Gruppe von Isobutyl-Vinylestern). Die A7 war eine A5 mit Flügeln, luftgestartet als Erprobungsträger für die A9. Die A8 entsprach genau der A6, wurde aber mit SV-Stoff und Diesel angetrieben. Andere Quellen sprechen von einer Treibladung aus Flüssigsauerstoff und Methanol in Drucktanks anstelle der Turbinenpumpe, die das Gemisch in die Brennkammer beförderte. Die A9 war eine A4b mit modifiziertem Flügelprofil: die horizontalen Flossen sollten als simpler Bugkegel nach vorn bis zur Spitze der Rakete fortgesetzt werden und den Wiedereintritt ermöglichen. Der Motor aus der A6 sollte eine Reichweite von 600 km bringen.

Das abschließende Projekt, die A10, war wesentlich ehrgeiziger und hätte, wenn es denn verwirklicht worden wäre, die erste Interkontinentalrakete ergeben. Geplant war zum ersten Mal eine zweistufige Rakete. Die erste Stufe sollte aus sechs A4-Motoren bestehen, verbunden durch ein gemeinsames Venturirohr. Sie sollte die zweite Stufe – entweder eine A4 oder eine A9 – auf eine Höhe von 24 km bringen, bevor deren Motor gezündet wurde, was bei einem 1000-kg-Amatol-Sprengkopf eine Reichweite von 4800 km bei einer Flugdauer von 45 Minuten ermöglicht hätte. Es wird vermutet, dass dieses Projekt bereits Ende 1940, lange vor dem Kriegseintritt der USA, diskutiert wurde, aber es gibt keinen Beleg, dass es je weiter gediehen ist. Man sprach sogar darüber, die A9 der zweiten

Stufe mit einem Piloten zu bemannen, der die Rakete richten und danach aussteigen sollte, wohl um von einem U-Boot aufgenommen zu werden. Hier ist wohl die Fantasie mit den Planern durchgegangen.

Der „Rheinbote"

Das FZG 76 und die A4 waren die einzigen gelenkten Boden-Boden-Flugkörper, die überhaupt im Zweiten Weltkrieg eingesetzt wurden. Die meisten Nationen benutzten viel simplere Waffen – ungelenkte Raketen mit „Feststoffmotoren" – bei der Artillerie oder für den Sturmangriff, aber auch hier ging Deutschland einen Schritt weiter und baute die erste ungelenkte Langstreckenrakete, den Rh.Z.61/9 „Rheinboten". Gebaut wurde er von einer Gesellschaft, die eher für ihre Artilleriegeschütze und ihren Anteil bei der Entwicklung des hervorragenden Allzweck-MG 42 bekannt war, nämlich Rheinmetall-Borsig. Im Gegensatz zur teuren und komplizierten A4 war der „Rheinbote" die Einfachheit selbst. Es handelte sich um eine flossenstabilisierte Vierstufen-Feststoffrakete, wobei die ersten drei Stufen jeweils die nächste zündeten und dann abfielen. Es gab keine Lenkung; man begnügte sich damit, das Startgestell auf das Ziel auszurichten. Dieses Gestell wurde entweder auf einer Halterung für eine 8,8-cm-Flak oder aber auf einen umgebauten Meilerwagen montiert. Der komplette Flugkörper war knapp 11,5 m lang, hatte einen Höchstdurchmesser (in der ersten Stufe) von 535 mm und eine Spannweite der Flossen von 1,49 m. Das Gesamtgewicht lag bei 1715 kg, fast ein Drittel davon allein für den Treibstoff. Wenn er bei einer Erhöhung von 65° abgefeuert wurde, lag die Reichweite bei 220 km. Die letzte Stufe mit dem 40-kg-Sprengkopf erreichte eine Höchstgeschwindigkeit von Mach 5,5 und stieg auf eine Höhe von 78 km. Im November 1944 wurden über 200 dieser Flugkörper auf Antwerpen abgefeuert.

UNTEN: Eine A4 wird im September 1945 bei einer Parade auf dem Trafalgar Square vorgeführt. Sie wurde in Frankreich erbeutet und neben der Säule von Nelson aufgestellt. Schließlich waren 1944/45 mehr als 500 V2 im Großraum London eingeschlagen.

L
K
VE
S
VP

Kapitel 6

Luft-Luft-Waffen

Während die Einführung des MG den Luftkampf erst ermöglichte, kam diese Entwicklung im Zweiten Weltkrieg zum Stillstand. Flugzeuge mit MGs hielten respektvoll Abstand voneinander. Für die deutschen Forscher war klar, dass die Alternative in kleinen raketengetriebenen Flugbomben lag, die über Draht oder Funk von einem Flugzeug abgefeuert wurden, das selbst außerhalb der Gefahrenzone blieb.

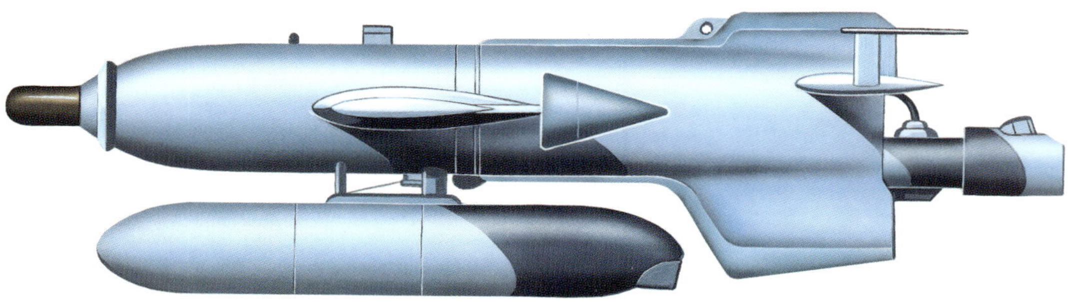

Bei seiner Befragung nach dem Krieg beschrieb Generalleutnant Adolf Galland die zahlreichen unterschiedlichen Einsatzmittel, die die Luftwaffe gegen die dichten Verbände der alliierten Tageslichtbomber benutzt hatte oder benutzen wollte. Er erklärte, wie Angriffe von hinten auf die Verbände sofort zu schweren Verlusten führten und wie die deutschen Abfangjäger dann dazu übergingen, von vorn anzugreifen, in der Hoffnung, die Formation aufzusplittern und die dann verwundbareren einzelnen Flugzeuge zu zerstören. Das funktionierte auch bis zu einem gewissen Punkt, aber schon bald griffen die Bomber zu abgestimmten Ausweichmanövern. Von da an – etwa im Winter 1942/1943 – dachte die Luftwaffe über Alternativen zu den simplen MGs und Kanonen nach. Sie wollte entweder aus unerwarteten Richtungen oder aus Entfernungen angreifen, die außerhalb der Reichweite der 12,7-mm-Browning-MGs der Fortress und Liberator lagen. Da die Bomber so nah beieinander flogen, lag es nahe, sie zu bombardieren. So wurden zahlreiche Methoden untersucht. Dazu zählten Sturzkampfangriffe auf einzelne Flugzeuge, das Schleppen von ferngezündeten 10-kg-Splitterbomben an langen Drähten (im Einsatz erprobt, mit zwei nicht bestätigten Treffern, und das trotz der Schwierigkeit, die Waffe zu zünden, die weit hinter dem schleppenden Flugzeug folgte), den Abwurf von Spreng- und Splitterbomben an Fallschirmen vor der Formation, um sozusagen eine Minensperre in der Luft anzulegen (das war durchaus Erfolg versprechend, aber die Entwicklung einer brauchbaren Waffe kam zu spät). Zu weiteren Versuchen zählten aus großer Entfernung nach vorn feuernde Kanonen – hauptsächlich leichte Flak und Panzerabwehrkanonen – was aber kaum Erfolge brachte, sowie schräg feuernde Kanonen für Angriffe von unten,

LINKS: Deutschland suchte verzweifelt nach einem Gegenmittel gegen die massierten Bomberverbände – hier die B-17.

OBEN: Henschel entwickelte die Hs 293 für Seeziele, aber es gab auch eine Luft-Luft-Version.

Oben: Die simpelste Luft-Luft-Waffe war die in einer Salve abgefeuerte ungelenkte Rakete. Diese Ba 349 hatte 24 Raketen R4M mit 250-kg-Sprengköpfen.

wo die Flugzeuge am empfindlichsten waren. Die letztere Methode hatte verheerende Auswirkungen auf die Nachtbomber der RAF, weniger aber gegen die der USAAF, deren Flugzeuge Unterrumpf- und Seiten-MG-Schützen hatten.

Einer der Gründe, weshalb die schweren nach vorn feuernden Kanonen so wirkungslos blieben, war der starke Rückschlag beim Abfeuern. Wenn mehrere Schuss abgefeuert wurden, wurde das Flugzeug merklich abgebremst. Dieser Effekt war nicht zu unterschätzen. Ein Flugschüler auf einer Me 262, der auf einem zu kurzen Streifen landen musste, feuerte die vier 30-mm-MK-108 im Bug ab und brachte das Flugzeug so kurz vor dem Ende der Landebahn zum Stehen. Wenn die GAU-8A der heutigen A-10 Thunderbird abgefeuert wird, erzeugt sie kurzfristig mehr Schub als die beiden Triebwerke zusammen! Ein weiterer Nachteil war der erhöhte Luftwiderstand durch die normalerweise außen montierten Waffen, was starke Leistungseinbußen mit sich brachte. Allerdings schien der Einsatz großkalibriger Waffen in Flugzeugen die Luftwaffe stets zu faszinieren. Auch andere Luftwaffen befassten sich damit; der aktuellste Einsatz soll der Einbau einer 94-mm-Panzerabwehrkanone in einer Mosquito gewesen sein.

In Deutschland setzte sich das Programm der Anpassung von leichten Flugabwehrkanonen und Panzerabwehrkanonen – besonders in den Kalibern 3,7 und 5 cm, aber auch 7,5 cm wurde erprobt – bis zum Kriegsende fort. Zu den letzten eingesetzten Flugzeugen zählten zwei Me 262A1A/U4 mit einem 5-mm-Mauser MK 214 im Bug. Eines dieser Flugzeuge mit dem Spitznamen „Wilma Jeanne“ wurde intakt von den US-Streitkräften erbeutet, aber hinterher zerstört, als es beim Flug nach Cherbourg einen Triebwerkschaden erlitt. Eigentlich hatte man es dort auf ein Schiff mit Ziel USA verladen wollen.

Es gab eine weitere Alternative: das so genannte rückstoßfreie Gewehr, das der amerikanische Marineoffizier Davis während des Ersten Weltkriegs erfunden hatte. Verschiedene rückstoßfreie Gewehre wurden in Flugzeuge eingebaut und erprobt. Dieser Typ funktionierte zwar im Prinzip gut und ein Gewehr wurde sogar erfolgreich im Gefecht eingesetzt, aber es war eben doch eine einschüssige Waffe mit allen damit verbundenen Nachteilen. Dabei ist zu bedenken, dass der Luftkampf ja überhaupt erst durch das Maschinengewehr möglich geworden war. Es verfügte über die einzigartige Fähigkeit, so lange Kugeln um das Ziel zu verteilen, bis schließlich eine traf. Zum Einsatz kamen zwei unterschiedliche Typen. Die einfachere Waffe arbeitete nach dem Prinzip des Ausgleichsgeschosses und bestand eigentlich aus zwei Waffen. Das „normale“ Rohr enthielt das Geschoss, während ein zusätzliches Rohr, genau auf das andere Rohr ausgerichtet, ein Ausgleichsgeschoss mit exakt dem gleichen Gewicht enthielt, der normalerweise aus Wachs oder Fett und Bleischrot in einer Papierhülse bestand. Dazwischen lag der Ladungsraum mit der Treibladung. Wenn die Waffe abgefeuert wurde, verließen das Geschoss und das Ausgleichsgeschoss ihre Rohre mit genau der gleichen Energie, sodass die Rückschläge sich gegenseitig neutralisierten. Bei der anspruchsvolleren (und komplizierteren) Version wurde die Patronenhülse zum Ausgleichsgeschoss. Die geringere Masse wurde dadurch ausgeglichen, dass ein Teil der Treibgase durch eine Reihe von Düsen in der Wand des Ladungsraums entweichen konnte, sodass auch hier der Effekt der Neutralisierung auftrat. Beide Methoden funktionierten, wenn auch die letzere die Piloten der Luftwaffe kurzzeitig in arge Bedrängnis brachte.

Das „Zossen"-Gerät

Die Luftwaffe versuchte das Problem der einschüssigen Waffen dadurch zu umgehen, dass sie die Waffe in Gruppen bis zu 49 Stück einbaute und Reihensalven abfeuerte. Die rückstoßfreien Waffen feuerten nach vorn und nach oben; wobei die Piloten einsitziger Flugzeuge Probleme mit dem Feuern nach oben hatten. So wurde ein Abzug, das so genannte „Zossen"-Gerät , bestehend aus einer Lichtquelle und einer Fotozelle, entwickelt. Es wurde 1944 erfolgreich erprobt, aber nur wenige wurden tatsächlich in die Flugzeuge eingebaut. Ein noch komplizierterer Abzug wurde für ein nach unten feuerndes rückstoßfreies Gewehr entwickelt, das gegen Panzer eingesetzt wurde. Es spürte das Magnetfeld des Panzers auf und löste die Waffe aus, sobald das Flugzeug unmittelbar über dem Panzer war.

Der wohl ehrgeizigste Plan für eine Bordkanone wurde Anfang 1939 vorgeschlagen. Das Gerät 104 war eine rückstoßfreie 35-cm-Kanone, die ein 635 kg schweres panzerbrechendes Geschoss abfeuerte (die Patronenhülse wog noch einmal so viel und funktionierte als Ausgleichsgeschoss). Die Waffe sollte gegen die Schiffe der Royal Navy in Scapa Flow eingesetzt werden (dieser Ort hatte für Deutschland eine besondere Bedeutung, nicht nur wegen der Kontrolle der nördlichen atlantischen Zugangswege, sondern vor allem, weil dort die deutsche Hochseeflotte 1919 versenkt worden war), woraus aber nichts wurde. Trotzdem wurde später eine noch größere Waffe, die 54-cm-Kanone „Münchhausen", vorgeschlagen, und es wurde scheinbar sogar ein Prototyp gebaut und unter einer Ju 87 installiert. Es überrascht aber nicht, dass die Wirkung einer solchen Waffe, ob nun rückstoßfrei oder nicht, bei einem so leichten Flugzeug zumindest unberechenbar war, sodass das ganze Projekt anschließend storniert wurde.

Eine weitere, einfachere Lösung des Rückstoßproblems war der Einsatz von Raketen statt Kanonen. Diese haben so gut wie keinen Rückstoß und erwiesen sich von Anfang an als besonders geeignet. Zunächst benutzte man eine verkürzte Version des 21-cm-Nebelwerfers 42 vom Heer, die auf verschiedene Weise montiert wurde. Abgelöst wurde sie schließlich durch die 5,5-cm-Rakete R4M „Föhn". Die 21-cm-Raketenwerfer wurden paarweise in die Fw 190 eingebaut. Sie konnten nach der Benutzung abgeworfen werden. Die meisten Piloten griffen auf diese Möglichkeit zurück, denn sie kosteten ca. 50 km/h an Geschwindigkeit. Die Raketen wurden gegen Bomberverbände eingesetzt, aber auch als Luft-Boden-Waffen. Zweimotorige Jäger wie die Me 110 und 410 erhielten größere Batterien. Sie wurden nicht nur nach vorn abgefeuert; einige Ju 88 und He 177 erhielten bis zu 24 Startgeräte im Rumpf, die nach oben gerichtet waren, während ein paar Fw 190 ein einzelnes nach hinten gerichtetes Rohr hatten. Die Rakete selbst, die 21-cm-Wurfgranate (Spreng) war eine mächtige Waffe mit einem 10,2-kg-Sprengkopf und einer Anfangsgeschwindigkeit von 320 m/sek. Bei der Artilleriebombardierung hatte die Waffe eine Reichweite von etwa 8000 m; in der Luft ging man von einer Kampfentfernung zwischen 800 und 1200 m aus.

Die R4M

Die R4M war wirksamer. Mit ihrem viel kleineren Profil bot sie weniger Luftwiderstand und konnte in größerer Zahl eingebaut werden. Die Me 262 hatte normalerweise 24 Stück in einem Gestell unter jedem Flügel außenbords der Triebwerke. Diese Zahl ließ sich durch bei Bedarf durch zwei weitere Gestelle verdoppeln. Die Gestelle wurden um 8° nach oben geneigt eingebaut, und die Raketen wurden in Sekundenbruchteilen nacheinander abgefeuert (als Reihensalve). Die Entfernung betrug etwa 600 m. Die R4M war die Einfachheit selbst: eine Stange Diglykol-Festbrennstoff (der auf Nitrozellulose basiert und daher je nach offener Oberfläche in berechenbarer Weise abbrennt) kombiniert mit einem Sprengkopf mit Kontaktzünder und federnden Stabilisierungsflossen, die ausgefahren wurden, sobald die Rakete das Startrohr verließ (das zunächst aus Metall, später aus Pappe bestand).

Die 82 cm lange Rakete hatte einen Durchmesser von 5,5 cm und wurde für verschiedenste Zwecke angepasst, in erster Linie aber für den Einsatz gegen Flugzeuge und Panzer. Sie war praktisch identisch mit der britischen 7,62-cm-Rakete, die schon einige Jahre im Einsatz war. Der vermeintliche Nachfolger „Föhn" war etwas größer, arbeitete aber auf die gleiche Weise, und war ursprünglich als Flak geplant. Bei einem Durchmesser von 7,3 cm hatte er einen konventionellen Sprengkopf mit 250 g TNT/RDX (die R4M hatte einen Sprengkopf mit Hohlladung, der in zwei Größen zur Verfügung stand: der PB-3 mit 400 g Hexogen für die Bekämpfung von Flugzeugen und der schwerere PB-2 gegen Panzerfahrzeuge). Es kamen aber, wenn überhaupt, nur wenige Exemplare zum Einsatz.

Einer der Vorteile der R4M lag darin, dass sie über kurze Entfernungen die gleiche Ballistik hatte wie die 30-mm-Kanonenmunition, sodass das gleiche Zielgerät im Cockpit benutzt werden konnte. Das allein reichte aber nicht, denn es war immer noch schwer genug, ein ausweichendes Ziel von einem schnellen Flugzeug aus zu bekämpfen, das sich bei hoher Geschwindigkeit in Schlangenlinien fortbewegte.

Luft-Luft-Raketen

Bereits Anfang 1939 setzte Henschel – ein Neuling auf dem Gebiet der Luftfahrt, aber mit viel Erfahrung im Schwermaschinenbau – eine Ingenieurgruppe ein, die die Fernlenkung unbemannter Luftfahrzeuge untersuchen sollte. Im Januar 1940 übernahm Herbert Wagner die Gruppe und erhielt vom RLM den Auftrag, sich auf Luft-Luft-Raketen zu konzentrieren. Er war, wie wir noch sehen werden, erfolgreich dabei, und im Jahr 1943 schlug Henschel eine Version der von ihm entwickelten Luft-Boden-Rakete Hs 239 als Luft-Luft-Rakete vor. Wie fast alle Luft-Boden-Raketen war die Hs 293H eine Sprengwaffe, die in einen Bomberverband gelenkt und dort gezündet werden sollte und keine einzelnen Flugzeuge bekämpfte. Der Sprengkopf wog 295 kg. Eine Version sollte über eine Fernsehkamera im Bug verfügen. Deren Bilder sollten dem Bediener eine klare Sicht über 4 km ermöglichen. Das Gerät war aber extrem unzuverlässig, und die Idee, die auch an Luft-Boden-Raketen getestet wurde, wurde zu den Akten gelegt. Die Bedienung erfolgte in der Blicklinie vom Flugzeug aus. Der Bediener hatte einen Steuerknüppel zum Auslösen eines Funksignals, das wiederum die Bedienoberflächen auf der Rakete selbst betätigte. Dieses System sollte bei allen deutschen Lenkflugkörpern zur Anwendung kommen und wird im Folgenden näher erläutert, und zwar im Zusammenhang mit den Boden-Luft-Raketen, von denen es ursprünglich stammte. Die Rakete hatte sowohl Kommandozünder und Annäherungszünder als auch einen barometrischen Zünder, damit sie sich selbst zerstörte, bevor sie den Boden erreichte. Angetrieben wurde der Flugkörper von einer speziell konstruierten Schmidding-Rakete, die mit M-Stoff (Methanol) und A-Stoff (Sauerstoff) arbeitete, der letztere ungewöhnlicherweise gasförmig. Sie erzeugte elf Sekunden lang einen Standschub von 610 kp. Als Flugabwehrwaffe war die Hs 293 zu groß und unbeweglich. So verlor das RLM nach anfänglicher Begeisterung schnell das Interesse. Allerdings hatte Henschel unterdessen mit der Arbeit an der Boden-Luft-Rakete „Schmetterling" begonnen und eine Version davon als Luft-Luft-Rakete vorgeschlagen.

Henschel Hs 117 H

Die Hs 117H, wie diese Version hieß, unterschied sich kaum vom normalen „Schmetterling", brauchte aber keine externen Startraketen und hatte einen wesentlich größeren Sprengkopf mit einer 100-kg-Ladung. Sie benutzte das gleiche Lenksystem wie die Hs 293H. Die geplante Reichweite der Hs 117H lag bei 6-10 km bei einer Höhe von bis zu 5000 m über dem „Mutterflugzeug", eine beträchtliche Verbesserung gegenüber dem Vorgänger. Sie war beim Kriegsende noch in der Entwicklung. Sie überlebte auch die Stornierungen, die ab Januar 1945 zahlreiche Projekte stoppten, ganz einfach weil sie so viel mit der Luft-Boden-Rakete gemeinsam hatte, von der sie abstammte.

Henschel entwickelte daneben die Hs 298, einen Flugkörper speziell für den Luft-Luft-Einsatz, beträchtlich kleiner als die anderen Modelle und mit einer geringeren Reichweite. Wie diese hatte die Hs 298 gepfeilte Flügel und eine Höhenflosse mit kurzen Flossen an den Enden. Gesteuert wurde sie über magnetbetätigte „Wagner-Stangen", die auf Funksignale reagierten. Als Motor diente eine Zweistufen-Feststoff-Schmidding 109-543, die fünfeinhalb Sekunden lang 150 kp Schub abgab, gefolgt von 50 kp für 20 Sekunden. Die erste experimentelle Hs 298 wurde im Mai 1944 abgefeuert. Insgesamt wurden etwa 300 Stück gebaut und bei Erprobungen verschossen. Mit einem Sprengkopf von 25 oder 48 kg und einem Kommando- oder Annäherungszünder kam sie auf eine Reichweite von bis zu 2500 m bei einer Geschwindigkeit von 940 oder 680 km/h. Eingesetzt werden sollte sie von Flugzeugen mit Kolbenmotoren wie der Do 217, der Fw 190 oder der Ju 88. Die Entwicklung wurde im Januar 1945 zu Gunsten der Ruhrstahl X-4 eingestellt.

Ruhrstahl X-4

Die Ruhrstahl AG war, wie der Name schon sagt, ein Stahlproduzent. 1940 erhielt sie den Auftrag, zusammen mit Dr. Max Kramer von der DVL eine Reihe von Bomben und Flugkörpern zu entwickeln, und zwar mit der Methode zur Steuerung der Luftruder, die Kramer zwei Jahre zuvor vorgestellt hatte. Diese Zusammenarbeit führte zu drei sehr interessanten Flugkörpern: der so genannten gelenkten Gleitbombe „Fritz-X", der Panzerabwehrrakete X-7 „Rotkäppchen" und der Luft-Luft-Rakete X-4. Die Entwicklung der X-4 begann 1943 gleichzeitig mit der Hs 298 von Henschel. Beide Flugkörper hatten sehr ähnliche Leistungen, allerdings scheint die X-4 von Anfang an auf höhere Geschwindigkeiten ausgelegt gewesen zu sein und war daher auch schneller. Der grundlegende Unterschied zwischen der X-4 und den anderen Flugkörpern lag darin, dass sie keine Flügel und Heckflosse hatte, sondern zwei

OBEN: Die Ruhrstahl X-4 war mit einem genialen Drahtlenksystem der fortschrittlichste Luft-Luft-Flugkörper im Zweiten Weltkrieg.

Reihen mit je vier Flossen, eine in spitzem Winkel nach hinten gepfeilt und mit parallelen Flügelsehnen ungefähr in der Mitte, die andere um 45° abgesetzt und mit beweglichen Luftrudern am Heck. Außerdem war sie von Anfang an auf Drahtlenkung ausgelegt und nicht auf Funklenkung. Schließlich war das sogar für alle Flugkörper geplant, denn die Funklenkung ließ sich doch recht einfach stören. Die erforderliche Differenzierung wurde erreicht, indem die Polarität des Signals zur Aktivierung der Nicksteuerung umgeschaltet wurde und zur Giersteuerung die Stärke verändert wurde. Eingesetzt wurde dabei das Sender/Empfänger-Paar Düsseldorf/Detmold (FuG 510/238), das dem Funksender/-empfänger Kehl/Straßburg entsprach. Ursprünglich war es für den Einsatz der Gleitbombe geplant, wie im Folgenden beschrieben.

Wie bereits bei den Boden-Boden-Raketen erwähnt, hat ein zylindrischer Flugkörper die Tendenz zu rotieren. Die kleinen Flügel an den Flossenspitzen zur Korrektur dieser Bewegungen hätten Kramers Luftruder gestört. So verzichteten die Entwickler der X-4 darauf und steuerten sie so, dass sie eine Rotation pro Sekunde zurücklegte. Man glaubte, damit als Nebeneffekt die Ungenauigkeiten bei der Produktion auszugleichen, die den Flugkörper aus der Bahn werfen konnten, ähnlich wie die Züge in einem Gewehrlauf. Aufgrund der Rotation musste man aber einen Steuerkreisel einbauen, der die Steuersignale zwischen den Luftrudern an den Heckflossen schaltete, sodass diejenigen, die die Längsneigung steuerten, während sie sich in einem Winkel von 45° zur Horizontalen befanden, an die anderen zur Giersteuerung übergaben, wenn diese sich in einem Winkel von 45° zur Senkrechten befanden, und umgekehrt. Die 5,5 km langen Drähte, die die Signale in beiden Richtungen transportierten, wurden von Spulen abgewickelt, die sich in stromlinienförmigen Gondeln an den Spitzen der beiden Hauptflossen befanden. Dass sie sich durch die Rotation des Flugkörpers verdrehten, spielte keine Rolle, denn auf der gesamten Flugbahn waren es vielleicht höchstens 24 Umdrehungen. Es war geplant, den BMW-Raketenmotor 109-548 mit Flüssigtreibstoff zum Antrieb zu benutzen. Um der Tendenz der Rotation (wie auch anderer abrupter Manöver), die Treibstoffzufuhr zu unterbrechen, entgegenzuwirken, waren die Tanks mit dem R-Stoff und dem SV-Stoff wie Spiralen konzentrisch innerhalb des an beiden Enden verjüngten Rumpfes angeordnet. Sie enthielten frei bewegliche Kolben – aus Leder im R-Stoff-Tank und aus Aluminium im sauren Oxidanten – die durch Druckluft bewegt wurden. Dieser Motor, der zunächst 140 kp und beim Ablauf der Brenndauer von 17 Sekunden noch 30 kp Schub erzeugte, wurde aber nur bei einigen Erprobungen eingesetzt und dann durch Schmidding-Feststoffmotoren 109-603 ersetzt.

Der erste Probeflug von einem Flugzeug (einer Fw 190) aus erfolgte am 11. August 1944. Bis dahin hatte man bereits 224 Prototypen gebaut. Insgesamt wurden dann zwischen August und Dezember 1944 etwa 1000 Rümpfe für den Einsatz gebaut, nur die Motoren konnten nicht so schnell produziert werden. Als endlich auch diese Probleme beseitigt waren, wurde das BMW-Werk, in dem der 109-548 gebaut wurde, bei einem Luftangriff stark zerstört. Auch die endlich fertigen Motoren wurden getroffen. Das sollte zum Ende der X-4 führen, die denn auch niemals im Gefecht eingesetzt wurde.

Kapitel 7

Luft-Boden-Flugkörper

Es war nie leicht, von einem Flugzeug aus ein Bodenziel zu bombardieren. Nach der Einführung wirksamer Flugabwehrartillerie und Abfangjäger wurde es auch noch gefährlich. Am Ende des 20. Jahrhunderts sind aus sicherer Entfernung abgefeuerte Abstandswaffen selbstverständlich, im Zweiten Weltkrieg waren sie reine Utopie – bis die deutschen Wissenschaftler kamen.

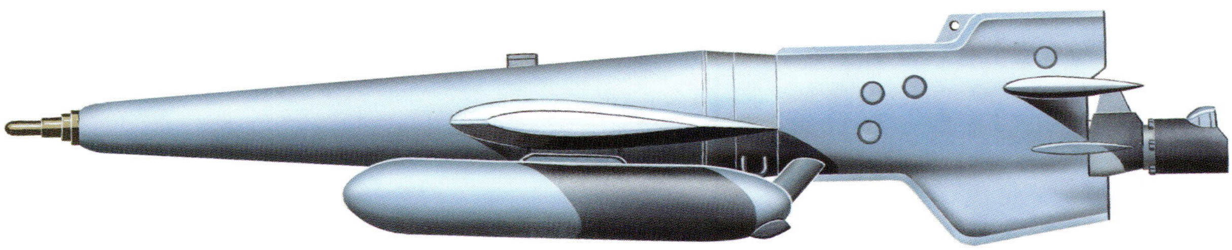

Während des spanischen Bürgerkriegs 1936-1939 stellte die Luftwaffe fest, dass die einzige Möglichkeit, Bomben aus der Luft genau in ein Punktziel zu bringen, im fast vertikalen Sturzflug bestand. Dieses Verfahren wiederholte sie denn auch 1939 in Polen und 1940 in Holland und Frankreich. Im folgenden Jahr aber musste die Luftwaffe im Kampf um England die Nachteile dieses Systems erfahren: die Sturzkampfbomber hatten nur wenig Chancen gegen wirkungsvolle Abfangjäger und konzentrierte Flugabwehrartillerie. So gab es ein ernstes Problem. Als Alternative gab es immer noch die Flächenbombardierung – so genannte Bombenteppiche – aus großer Höhe. Sie bewirkte aber eine Verschwendung der Bomben und half nicht gegen einzelne besonders lohnende Ziele. Kriegsschiffe auf hoher See waren besonders schwer zu treffen. Die Luftwaffe flog oft aufwändige Angriffe gegen wichtige Seeziele und erreichte meistens wenig oder gar nichts. Daher dachte man schon früh an die Entwicklung einer im Flug lenkbaren Bombe.

LINKS: Ein früher Luft-Boden-Flugkörper war die Blohm & Voss Bv 143, hier an einer Heinkel He 111H.

OBEN: Heckflosse und Flügel des gelenkten Lufttorpedos Henschel Hs 294 sollten beim Auftreffen auf die Wasseroberfläche abfallen.

Ruhrstahl X-1

Obwohl die Luft-Luft-Rakete X-4 zunächst viel versprechend erschien, konnte sie die Erwartungen nicht erfüllen. Viel brauchbarer war da die Lenkbombe X-1 von Ruhrstahl. Sie trug die unterschiedlichsten Namen: das RLM nannte sie PC 1400X, die Luftwaffe sprach von der „Fritz-X", aber man hörte auch die Bezeichnungen FX 1400 oder einfach FX. Sie war aber nur von kurzlebigem Erfolg, obwohl von Anfang an auf preisgünstige und einfache Herstellung geachtet wurde.

Ausgangspunkt war die 1400-kg-Standardbombe der Luftwaffe, entweder die Sprengbombe Dickwandig (SD) 1400 aus Gussstahl, auch Fritz genannt, oder die Panzersprengbombe Cylindrisch (PC) 1400 aus Schmiedestahl. Die ursprüngliche Bombe wurde von Rheinmetall-Borsig gebaut und hatte eine absolut konventionelle Form, ein einfacher Zylinder mit einer abgerundeten Nase und stumpfer Spitze sowie einem kegelförmigen Hinterteil mit vier Blechflossen, die teilweise durch einen Verstärkungsring am Ende abgedeckt wurden. Für die Lenkbombe änderte Ruhrstahl die Form etwas. Das hintere Ende des Zylinders blieb unverändert, die vorderen zwei Drittel aber hatten die Form eines übergroßen Spitzbogens.

Zur Verbesserung der aerodynamischen Eigenschaften erhielt sie vier relativ große Flossen, die kurz vor der Mitte der Bombe ansetzten und rechteckige Vorderkanten sowie eine deutliche Pfeilung an den Hinterkanten hatten. Diese Hauptflossen wurden asymmetrisch eingebaut, wie die Diagonalen eines Rechtecks mit den Seitenverhältnissen 1,5:1. Der zwölfseitige Rahmen, der das simple Flossen/Hauben-Leitwerk ablöste, hatte im Prinzip die gleiche rechteckige Form, aber mit abgeschnittenen Ecken. Darin befanden sich vier kleinere Flossen, waagerecht und senkrecht angesetzt, die die Luftruder enthielten. Es handelte sich dabei um simple Klappen, die durch Elektromagnete betätigt wurden und die Luftströmung über der jeweiligen Flossenoberfläche aufwirbelten, wenn sie ausgefahren wurden. Damit änderte die ganze Bombe ihren Kurs oder Fallwinkel, indem sie um die Achse gedreht wurde, die von der geraden Vorderkante der Hauptflossen gebildet wurde.

Funklenkung

Die Lenkung erfolgte über eine Funkverbindung mit dem Kehl/Straßburg-System (später wurde die Drahtlenkung aber auch bei der X-1 eingeführt). Fackeln oder Batterielampen am Heck halfen dem Bediener nachts, die Flugbahn der Bombe zu verfolgen. Das System war einfach und trotzdem genial und funktionierte recht gut, solange die Bombe aus entsprechender Höhe abgeworfen wurde. Bei einem Abwurf aus der Mindesthöhe von 4000 m hatte sie eine Reichweite von bis zu 4,5 km. Bei der maximalen Flughöhe von 8000 m, die ihre Flugzeuge erreichen konnten, ergab sich eine Reichweite von bis zu 9 km. Sie konnte bei einem Abwurf aus 6000 m Höhe eine Panzerplatte von 130 mm durchschlagen. Diese Bombe wird oft als Gleitbombe bezeichnet, ist aber eigentlich keine. Ihre Vorwärtsgeschwindigkeit wurde vom Flugzeug erzeugt, und sie „flog" keineswegs von selbst, jedenfalls nicht im Rahmen, dessen, was wir unter „Fliegen" verstehen. Die einzige Richtung ging nach unten; die Luftruder konnten den Abwärtsflug nur begrenzt beeinflussen. Das war aber oft genug ausreichend, um über Erfolg oder Misserfolg zu entscheiden, wie später noch beim Einsatz der Luft-Boden-Flugkörper beschrieben wird. Zwischen April 1943 und Dezember 1944 wurden insgesamt 1386 X-1 gebaut, bevor die Fertigung eingestellt wurde. Das lag weit unter dem geplanten monatlichen Ausstoß von 750 Stück. Weniger als die Hälfte davon, nämlich 602 Stück, wurde bei Erprobung, Ausbildung und Einsatz verbraucht.

Die Ruhrstahl X-1 im Einsatz

Die III. Gruppe/Kampfgeschwader 100 (III./KG 100), ausgestattet mit Dornier 217K-2, die in Istres bei Marseilles stationiert war, war vom 29. August 1943 an die erste Einheit, die mit der Ruhrstahl X-1 ausgestattet wurde und alliierte Schiffe im Mittelmeer angriff. Zunächst blieb sie erfolglos, aber schon nach zwei Wochen konnte sie zahlreiche Treffer landen. Es wurde schnell klar, dass die X-1 eine mächtige Waffe war.

Am 4. September hatte Italien die Achsenmächte verlassen und ein separates Friedensabkommen mit den Alliierten geschlossen. Keiner wusste aber, für welche Richtung sich die starke, bislang völlig falsch eingesetzte italienische Marine entscheiden würde. Am 9. September landeten die Alliierten bei Salerno, und gegen 12 Uhr Mittag meldeten die Aufklärer, dass die italienische Flotte auf See war und Kurs Richtung Süden auf Malta nahm. Innerhalb von zwei Stunden waren zwölf Do 217 der III. Gruppe von Major Bernhard Jope in der Luft, jede mit einer X-1 bewaffnet. Sie flogen in geringer Höhe nach Osten, bis sie an die sardinische Küste kamen, wo sie höher gingen und die Umrisse dreier Schlachtschiffe ausmachten, begleitet von sechs Kreuzern und acht Zerstörern. Jope brachte seine Gruppe auf 6500 m Flughöhe und nahm Kurs auf die Schiffe, die einen wilden Schlingerkurs fuhren und alle Flugabwehrkanonen abfeuerten. Die erste X-1, abgefeuert von Oberleutnant Heinrich Schmetz (der später das Ritterkreuz erhielt und dann die Führung der Gruppe übernahm), traf das 40 000-t-Schlachtschiff Roma mittschiffs mit einer Endgeschwindigkeit von etwa 330 m/sek und schlug durch den Boden, bevor sie unter

dem Schiff explodierte. Eine zweite Bombe traf kurz vor die Brücke, wo sie durch das Panzerdeck einen Moment lang gebremst wurde und im vorderen Magazin explodierte. Das Schiff zerbrach in zwei Hälften und ging innerhalb von 40 Minuten unter. 1255 Mann fanden den Tod, darunter der Kommandierende Admiral Bergamini. Ihr Schwesterschiff Italia wurde von einer Bombe getroffen, die das Deck und die Seite kurz vor dem A-Turm (dem vordersten Turm) durchschlug, bevor sie im Meer explodierte. 800 t Wasser drangen in das Schiff, das sich aber nach Malta retten konnte. Es spielte jedoch keine Rolle mehr im Krieg.

Weitere Erfolge folgten. Am 11. September wurde der amerikanische 10 000-t-Kreuzer USS Savannah kampfunfähig geschossen, zwei Tage später die HMS Uganda von 8500 t. Noch besser war der Angriff, den Jope selbst auf das britische 33 000-t-Schlachtschiff HMS Warspite flog, das vor dem Strand von Salerno Feuerunterstützung schoss. Die Bombe schlug mittschiffs ein und durchschlug sechs Decks, bevor sie auf dem Schiffsboden explodierte und ein riesiges Loch schlug. 5000 t Wasser strömten in das Schiff, das sämtlichen Dampf verlor (und damit die Energiezufuhr für den Antrieb wie auch für alle Systeme) und abgeschleppt werden musste. Die HMS Warspite konnte Malta erreichen, war aber für die nächsten zwölf Monate außer Gefecht gesetzt. Der britische Kreuzer HMS Spartan und der Zerstörer HMS Janus wurden ebenfalls durch die X-1 versenkt; der amerikanische Kreuzer USS Philadelphia wurde schwer beschädigt.

OBEN: Die Ruhrstahl X-1, auch als "Fritz-X" bezeichnet, war ein eher schlichter Flugkörper, aber sehr erfolgreich. Am 9. September 1943 versenkten zwei dieser Lenkbomben das italienische Schlachtschiff Roma.

Henschel Hs 293

Das Entwicklungsprogramm der Ruhrstahl X-1 begann zur gleichen Zeit, als auch Wagners Gruppe die Arbeit an der Hs 293 aufnahm. Erstaunlicherweise brauchte Wagner länger, dafür war es viel leichter, die Besatzungen an der Bombe auszubilden als am Flugkörper. Schließlich wurden beide zusammen eingesetzt. Zunächst hatte das RLM Henschel überreden wollen, einen Flugkörper zu bauen, der sich knapp über der Wasseroberfläche einnivellierte, kurz bevor er das Ziel erreichte, und einen weiteren, der unter Wasser wie ein normaler Torpedo funktionieren sollte. Henschel war

FOCKE-WULF Fw 200C-6

Typ: Seefernaufklärer
Länge: 23,85 m
Spannweite: 32,84 m
Startgewicht: 22 700 kg
Höchstgeschwindigkeit: 360 km/h bei 4700 m
Reichweite: 3560 km
Bewaffnung: Zwei Lenkflugkörper Hs 293A

OBEN: Der Lenkflugkörper Hs 293 wurde unter anderem von dieser Focke-Wulf Fw 200 Condor aus eingesetzt. An den äußeren Triebwerksgondeln konnten zwei Flugkörper montiert werden.

aber klug genug, den Vorschlag abzulehnen. Man hielt das Projekt für zu ehrgeizig, und es fehlte völlig an Erfahrungen. Stattdessen schlug Henschel eine ganz gewöhnliche gelenkte Gleitbombe vor, ohne Motor, aber mit aerodynamischen Eigenschaften. Das RLM war einverstanden. Das erste Erprobungsmuster ohne Sprengkopf wurde im Frühjahr 1940 getestet. Schon zum Jahresende hatte eine Version mit Raketenmotor, die bereits auf 400 m und nicht mehr auf 1000 m Höhe gestartet werden konnte, erfolgreich den ersten Flug absolviert. Sofort wurden Pläne für eine Serienproduktion der letzteren Version gemacht.

10 Sekunden Schub

Die Hs 293 bestand aus Spitze und Rumpf einer dünnwandigen SC (Sprengbombe Cylindrisch) 500 mit einem verlängerten Hinterteil, das sich in der vertikalen Ebene verjüngte. Dies Hinterteil lief oben und unten in kleinen Rücken- und größeren Bauchflossen aus, in denen das Lenksystem saß. Kurze symmetrische Flügel mit konventionellen Querrudern saßen dort, wo der Rumpf in das Hinterteil überging. Etwas höher war eine Höhenflosse mit einem ebenso konventionellen Höhenruder angeordnet, die im freien Luftstrom saß. Die Querruder wurden durch Elektromagnete betätigt, das Höhenruder durch einen Elektromotor und eine Schneckenschraube. Der Raketenmotor – ein Walter 109-507 B für Flüssigtreibstoff mit T-Stoff und Z-Stoff in Druckbehältern – hing unter dem Rumpf in einer Gondel. Er gab gerade zehn Sekunden lang 600 kp Schub ab; das genügte aber, die Bombe so weit vor das Flugzeug zu schießen, dass der Richtschütze sie sehen konnte. Bei der X-1 hatte es damit stets Probleme gegeben. Sie ließen sich nur dadurch lösen, dass der Pilot des Flugzeugs das Gas wegnehmen und seine Klappen herunterstellte, bis fast die Strömung abriss; für Flugzeug und Pilot eine heikle Angelegenheit.

Die Flugbahn der Hs 293 war ganz anders als die der X-1. Sie wurde normalerweise aus einer Höhe zwischen 400 und 2000 m gestartet, und zwar etwa 3,5 bis 18 km vor dem eigentlichen Ziel. Die Aufschlaggeschwindigkeit variierte zwischen 435 und 900 km/h, je nachdem, aus welcher Höhe sie gestartet wurde. Die Steuerung erfolgte zunächst wie gewohnt über einen Knüppel und ein Funkgerät des Kehl/Straßburg-Systems. Bald darauf wurde aber eine Drahtlenkung vorgeschlagen und eingebaut, hier mit zwei Spulen. Der Draht wurde gleichzeitig vom Flugzeug und von der Bombe aus abgewickelt und erlaubte eine Reichweite von 30 km. Wie bei der X-1 gab es Fackeln am Heck – bei Nachteinsätzen wurden sie durch kleine Batterielampen ersetzt – mit denen der Schütze die Flugbahn genau verfolgen konnte.

Es wurde auch eine besondere Version der Grundwaffe entwickelt, die Hs 293D mit einer größeren Spitze, die eine Fernsehkamera enthielt. Das TV-Gerät wurde von der Fernseh GmbH in Zusammenarbeit mit der Reichspost-Forschungsanstalt entwickelt. Es handelte sich um 224-Zeilen-System mit vertikaler Bildrasterung, das bei 50 Hz arbeitete. Unter idealen Bedingungen (im Labor) und in den Händen der Entwickler funktionierte es gut, im Einsatz aber war es weniger erfolgreich und wurde wieder aufgegeben. Damals hatte man die Technik noch nicht in allen Einzelheiten verstanden. Es sollte noch viele Jahre dauern, ehe sie in den 80er Jahren in Waffen wie der amerikanischen AGM-65 „Maverick“ und der anglo-französischen „Martel“ perfektioniert wurde.

Zu den weitere Varianten der Hs 293 zählten die

DORNIER Do 217E-5

Typ: Viersitziger Seezielbomber
Länge: 18,20 m
Spannweite: 19,00 m
Startgewicht: 16 465 kg
Höchstgeschwindigkeit: 515 km/h bei 5200 m
Reichweite: 2300 km
Bewaffnung: Zwei Lenkflugkörper Hs 293A

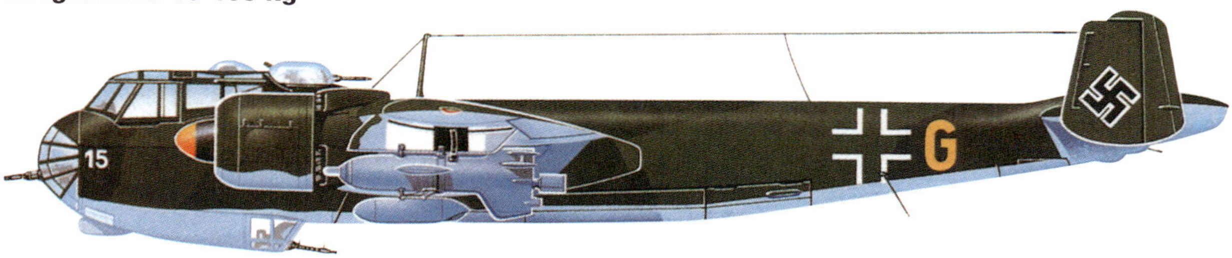

oben bereits erwähnte Hs 293H und die (erfolglose) Delta-Nurflügelversion Hs 293F. Es steht nicht genau fest, wie viele Hs 293 in den einzelnen Versionen gebaut wurden. Die Gesamtzahl dürfte etwa bei 1500 liegen, wobei viele im Rahmen des langjährigen Erprobungs- und Schulungsprogramms verschossen wurden.

OBEN: Etwas erfolgreicher als die Fw 200 war die Dornier Do 217E-5, die ebenfalls zwei Lenkflugkörper Hs 293A unter den Tragflächen mitführen konnte. Eines dieser Flugzeuge von der II./KG 100 landete den ersten Treffer mit der neuen Waffe.

UNTEN: Der Richtschütze musste die Hs 293 auf dem gesamten Flug im Auge behalten. Deshalb waren mehrere Fackeln am Heck installiert.

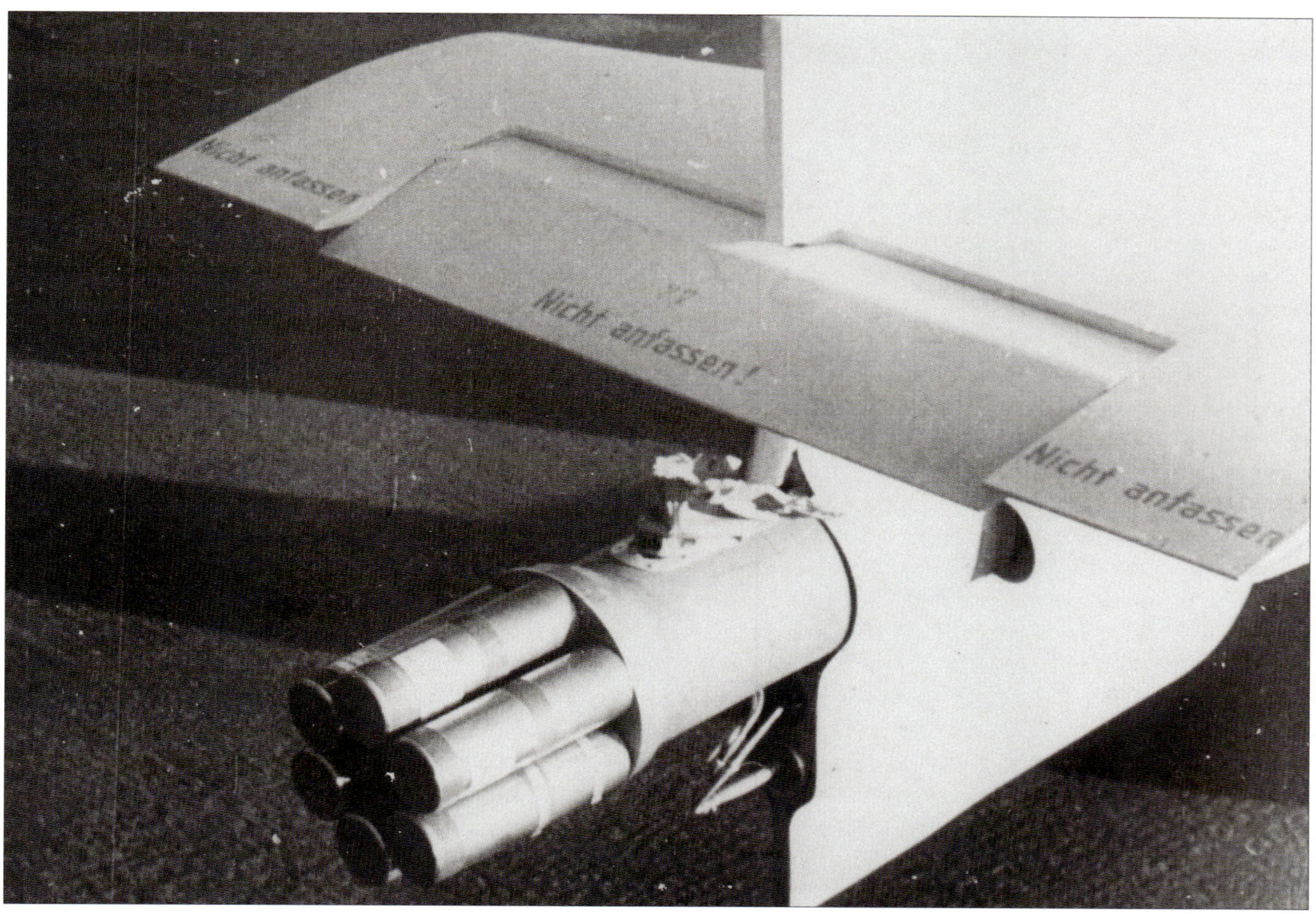

Oben: Der Richtschütze steuerte die Hs 293 mit einem Knüppel, der die Signale per Funk oder Draht übertrug. Hier sitzt er in einer He 111H-12.

Die Hs 293 im Einsatz

Die II. Gruppe des Kampfgeschwaders 100 unter Hauptmann Heinz Molinus, die mit ihren Do217E-5 und Flugkörpern vom Typ Hs 293A in Cognac stationiert war, ging als erste Einheit überhaupt mit Luft-Boden-Lenkflugkörpern in den Einsatz. Am 25. August 1943 griff sie Kriegsschiffe an, die in der Biskaya deutsche U-Boote jagten. Der erste Treffer kam am 27. August. Die 1250-t-Korvette HMS Egret erhielt einen Volltreffer, wobei die Munition im achteren Magazin detonierte und das ganze Schiff in Stücke riss. 222 Mann kamen ums Leben. Später verlegte die II./KG100 nach Istres in der Nähe von Marseilles, und die II./KG40, ausgerüstet mit He 177A-5, nahm ihre Stelle an der Atlantikküste ein. Neben der Egret wurden mit der Hs 293 fünf Zerstörer und eine Reihe von Handelsschiffen versenkt, bevor die Alliierten eine Abwehrtaktik entwickelten. Unter anderem störten sie die Steuersignale und nahmen das Flugzeug in der heiklen Steuerphase unter Beschuss, während der es mit reduzierter Geschwindigkeit geraden Kurs und die gleiche Höhe halten musste. Dadurch führten die Einsätze der Hs 293 zu hohen Verlusten. Am 23. November verlor die II./KG 40 die Hälfte ihrer Flugzeuge, als sie vor der algerischen Küste einen gut geschützten Konvoi angriff. Die Hs 293 wurden zuletzt im April 1945 mit einigem Erfolg gegen die Kräfte der Roten Armee bei der Überquerung der Oder eingesetzt. Dort gingen sie mit Verbundflugzeugen vom Typ „Mistel" in den Einsatz.

Luft-Boden-Flugkörper von Blohm & Voss

Blohm & Voss reagierte auf die Forderungen des RLM nach einem knapp über dem Wasser fliegenden Flugkörper mit einem Vorschlag für eine gelenkte Gleitbombe. Sie sollte einen Raketenmotor haben, der erst am Ende des Abstiegs durch das Stellen eines 2 m langen Hebels ausgelöst wurde, der an der Unterseite heraushing. Eine schlaue Lösung, die aber leider in der Praxis nicht funktionierte. Die Zeit reichte nicht aus, um den Motor zu starten, und die Prototypen fielen einfach ins Wasser. Besser durchdacht war die Bv 246 „Hagelkorn", eine reine Gleitbombe. Sie sollte besonders die Funkstationen angreifen, die Navigationssignale an die Bomber der RAF gaben, indem sie einfach genau diese Signale anpeilte. Die Bombe hatte eine schlichte aerodynamische Form, ein kreuzförmiges Ende mit einer senkrechten Steuerfläche und Flügel mit großer Streckung, die einen flachen Gleitwinkel (1:25, das sind knapp 4°) und damit eine hohe Reichweite nach dem Start ermöglichten. Gestartet aus einer Höhe von 10 500 m betrug die Reichweite 210 km. Der ursprüngliche Vorschlag stammte von 1942, stieß aber kaum auf Interesse bei den Entscheidungsträgern, obwohl die RAF bereits begonnen hatte, Funkgeräte für die Navigation einzusetzen. Erst im Dezember 1943 wurde die Serienproduktion von „Hagelkorn" befohlen. Schon zwei Monate später wurde sie wegen der Sparmaßnahmen vom Februar 1944 wieder gestoppt. Einige Hundert Stück waren aber bereits gebaut. Sie wurden allmählich im Rahmen eines mehr oder weniger nebenbei laufenden Testprogramms bis Januar 1945 aufgebraucht. Mit einem Gesamtgewicht von 730 kg (davon allen 435 kg für den Sprengkopf) war die Bv 246 tatsächlich leicht genug für eine Fw 190.

UNTEN: Die Blohm & Voss Bv 143 war eine Gleitbombe mit Raketenmotor. Er wurde erst gezündet, wenn das Geschoss zwei Meter von der Wasseroberfläche entfernt war.

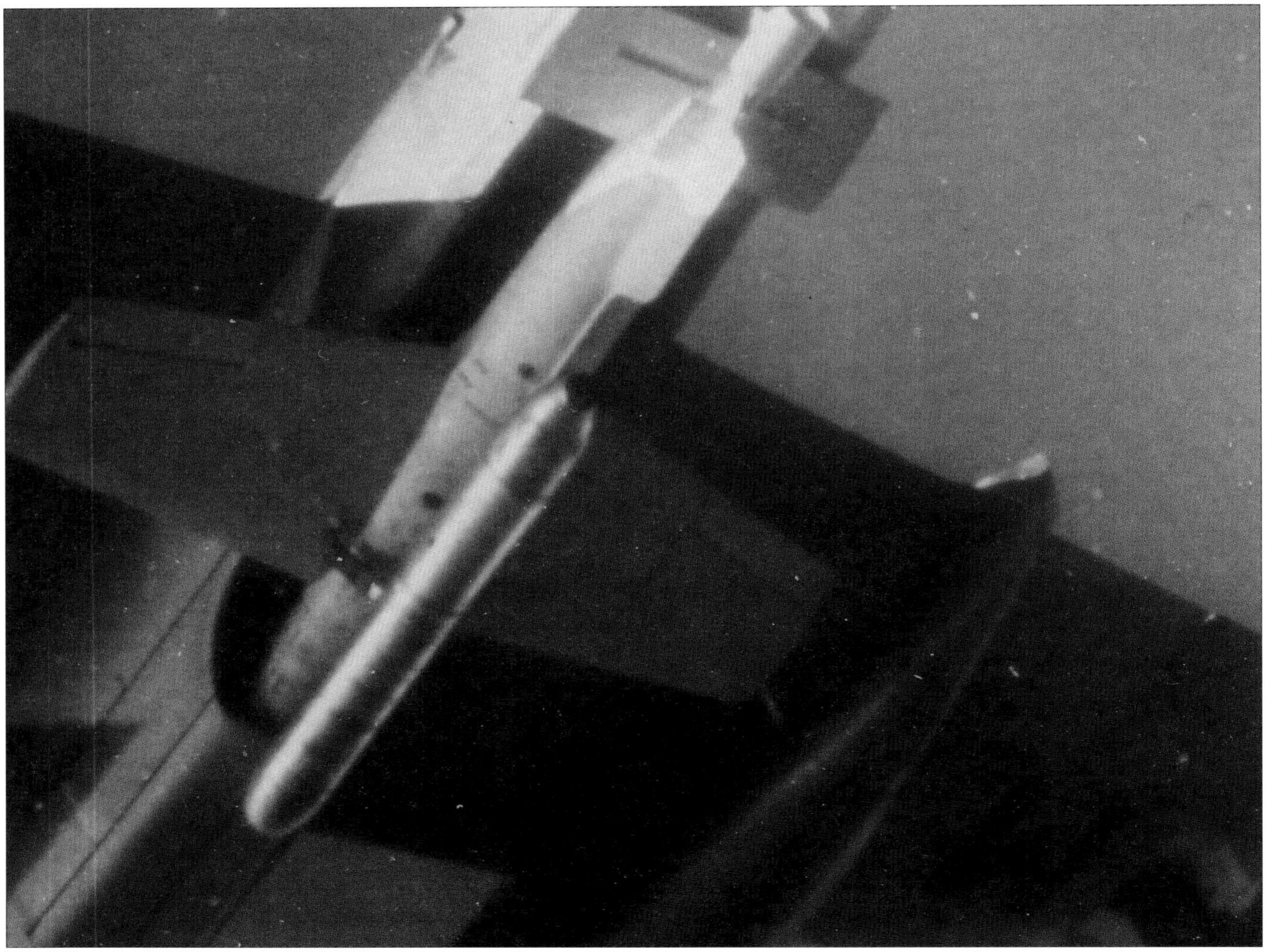

OBEN: Die Dornier Do 217 war die erste Wahl für den Einsatz des Seezielflugkörpers Henschel Hs 294. Von diesen hoch entwickelten Lenkflugkörpern wurden etwa 1450 Stück bestellt, aber nur wenige fertig gestellt.

UNTEN: Dieser Start der Hs 294 ist schiefgegangen. Nach dem Lösen von der Do 217 kollidierte der Flugkörper mit dem Bomber und riss ein Stück aus der Heckflosse.

HENSCHEL Hs 294

Typ: Seezielflugkörper mit Raketenmotor
Länge: 6,12 m
Spannweite: 4,025 m
Startgewicht: 2170 kg
Höchstgeschwindigkeit: 860 km/h
Reichweite: 4-14 km
Nutzlast: 656 kg Sprengstoff

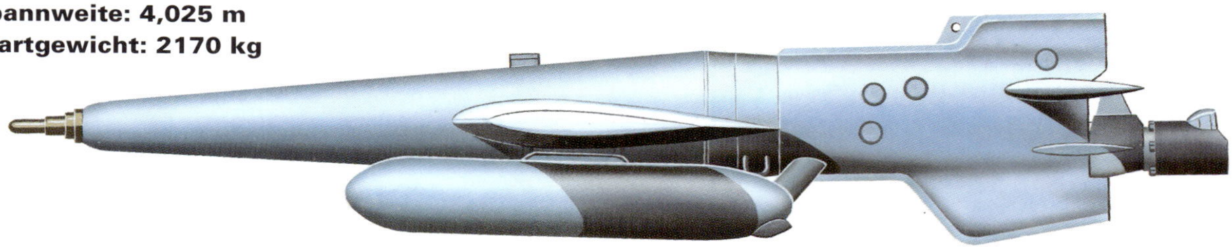

Fliegende Torpedos

Das RLM gab die Suche nach einer Luft-Unterwasser-Waffe keineswegs auf, und Henschel schlug daraufhin eine Reihe unterschiedlicher Konstruktionen vor, die sich allesamt als luftgestartete Torpedos bezeichnen lassen. Am einfachsten war eine Variante der Hs 293, aus der im Jahr 1943 die größere und stärkere Hs 294 für Angriffe auf gepanzerte Schiffe entwickelt wurde. Zwei Versionen wurden als Prototypen gebaut, eine mit Funklenkung, die andere mit einem Lenkdraht.

Die Hs 294 hatte im Prinzip die gleiche Form wie der Luft-Boden-Flugkörper, dazu aber einen langen, spitz zulaufenden Bugkegel und einen zweiten Raketenmotor. Sie sollte in einem flachen Winkel über dem Wasser (idealerweise 22°) gestartet werden. Flügel und Hinterteil des Rumpfes lösten sich beim Aufschlag auf das Wasser und der Sprengkopf mit seiner 656-kg-Sprengladung beschrieb auf Grund seiner Form dann etwa 45 m lang eine parabolische Flugbahn. Wenn er dann nicht auf das Ziel traf, zerstörte er sich selbst. Es ist davon auszugehen, dass etwa 1450 Exemplare bestellt, aber nur wenige tatsächlich gebaut wurden.

OBEN: Die Hs 294 sollte vor ihrem Ziel sauber in das Wasser tauchen und unter der Wasserlinie einschlagen, wo die Ziele am verwundbarsten waren.

Der Hs 294 folgte ein sehr ehrgeiziges Projekt mit der Bezeichnung GT 1200. Es sollte eine unmotorisierte Gleitbombe mit der Lenkanlage der Hs 293 werden, aber ohne Raketenmotor für den Start. Der Raketenmotor, eine normale Schmidding-Feststoffrakete, sollte stattdessen nur am Ende der Flugphase unter Wasser eingesetzt werden. Dann war aus der Bombe, die Flügel und „Rumpfverlängerung" abgeworfen hatte, nämlich ein ganz gewöhnlicher Torpedo geworden, gesteuert durch kleine Ruder an den kreuzförmigen Flossen. Henschels letzter Vorstoß in das Gebiet der luftgestarteten U-Boot-Waffen war ein Überschall-Flugkörper unter der Bezeichnung „Zitterrochen". Die dreieckigen Flügel hatten „Wagner-Stangen" – einfache Luftruder an der Hinterkante – anstelle der Querruder. Das Projekt kam nie richtig voran, aber die Steuerung wurde schließlich später bei der Hs 117 „Schmetterling" und der Hs 298 verwendet.

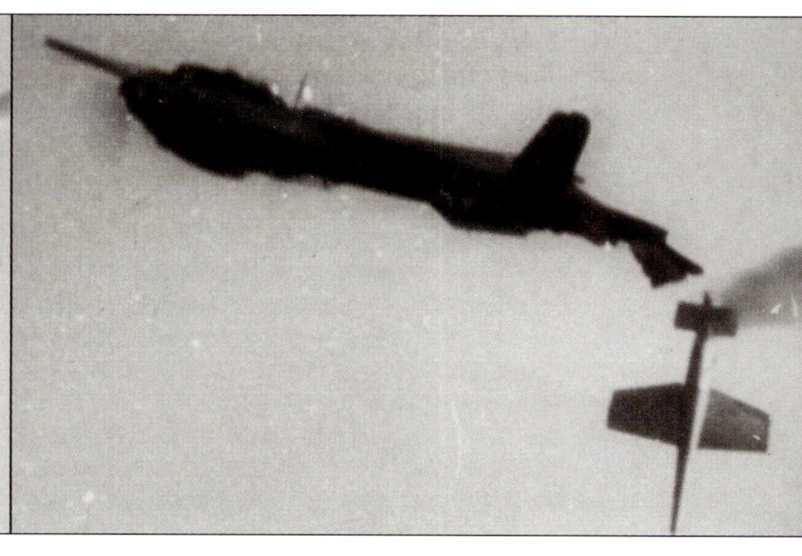

Kapitel 8

Boden-Luft-Flugkörper

Parallel zur Entwicklung von Luft-Luft- und Luft-Boden-Flugkörpern arbeiteten die Wissenschaftler auch an Boden-Luft-Flugkörpern. Die Arbeiten begannen 1941, konnten mit dem Krieg aber nicht Schritt halten. Die ersten Flugkörper wären Mitte 1945 einsatzbereit gewesen. Da war der Krieg vorüber.

Luftwaffe und RLM waren gleichermaßen damit beschäftigt, Mittel gegen die alliierten Bomberverbände zu finden, die das Reich Tag und Nacht heimsuchten. Zahlreiche Gruppen arbeiteten deshalb an der Entwicklung neuartiger Waffen. Am wichtigsten waren die mehr oder erfolgreichen Raketen- und Düsenflugzeuge, die bereits angesprochen wurden. Viel Energie und Geld wurde aber auch die Entwicklung von Boden-Luft-Flugkörpern investiert. Zu den Wichtigsten zählten der Henschel Hs 117 „Schmetterling", der Messerschmitt „Enzian", die Rheinmetall-Borsig „Rheintochter" und der EMW „Wasserfall". Alle von ihnen verfügten über ein (allerdings nicht automatisches) Lenksystem; dazu kam auch noch die völlig ungelenkte EMW „Taifun".

LINKS: Wie der „Enzian" verließ sich auch der „Wasserfall" auf die Strahlwirkung. Der Sprengkopf wurde durch einen Artilleriezünder gezündet.

OBEN: Der Messerschmitt „Enzian" bestand größtenteils aus Sperrholz und flog mit Unterschallgeschwindigkeit.

Henschel Hs 117 „Schmetterling"

Das allererste Projekt war ein Unterschall-Kurz-/Mittelstrecken-Flugkörper, der über Funk durch einen Bediener am Boden gelenkt wurde. Henschel begann 1941 neben einigen ungelenkten Flak-Raketen mit den Arbeiten an diesem Projekt und erhielt zwei Jahre später den Auftrag, es als Hs 117 fertig zu stellen. Mit den kurzen nach hinten gepfeilten Flügeln und dem kreuzförmigen Heck wurde der „Schmetterling“ wie ein Flugzeug gesteuert, und zwar durch magnetbetätigte „Wagner-Stangen“ anstelle der herkömmlichen Querruder an den Hinterkanten von Flügeln und Höhenflosse. Er wirkte mit dem geteilten Bug etwas unbalanciert und asymmetrisch. Der Steuerbordkegel verlängert und endete im Träger für den Sprengkopf, während die andere Seite in einer kleinen Luftschraube endete, die einen Generator betrieb. Für den Startschub sorgten zwei externe Feststoffmotoren, einer über und einer unter dem Rumpf. Sie erzeugten vier Sekunden lang 1750 kp Schub und beschleunigten den Flugkörper auf etwa 1100 km/h, bevor sie abfielen und dabei den Marschflugmotor zündeten. Bei diesem Motor handelte es sich entweder um einen BMW 109-558 oder einen Walter 109-729, die beide mit Flüssigtreibstoff liefen – R-Stoff oder „Tonka“, in beiden Fällen selbstzündende Gemische, das erstere mit SV-Stoff (konzentrierte Salpetersäure) als Oxidant und das letztere mit SV-Stoff und Br-Stoff (niedrigoktaniges Benzin) mit einem alkoholischen Anzünder.

Der Start des „Schmetterling“

Der Flugkörper war 4,3 m lang und wog zusammen mit den Feststoffmotoren 420 kg. Gestartet wurde er von einer für diesen Zweck umgebauten Flak-Halterung. Die Bediener stellten vorher manuell den ungefähren Höhen- und Seitenwinkel ein. Nachdem der Flugkörper gestartet war, wurde eine Fackel am Heck gezündet, und der Bediener beobachtete die Flugbahn mit einem Fernrohr. Korrekturen wurden über Funk vorgenommen, und zwar mit dem System Kehl/Straßburg, das den Codenamen „Parsival“ (FuG203/230) trug. Dieses System, das auch bei anderen vom Bediener gesteuerten Lenkflugkörpern häufig zum Einsatz kam, hatte vier separate Frequenzen, zwei für die horizontale und zwei für die vertikale Achse. Bedient wurde es mit einem einfachen Steuerknüppel. Eine fünfte Frequenz diente zum Auslösen des 25-kg-Sprengkopfs (eine Spreng- und keine Splitterbombe) über einen Kommandozünder; es gab aber auch Annäherungs- und Zeitzünder. Die wirksame Reichweite betrug 16 km, und die Gipfelhöhe lag bei 11 000 m. Für den Blindflug hoffte man, das Radarsystem „Rheingold“ von Mannheim-Reise einsetzen zu können, das ähnlich funktionierte wie das „Würzburg“-Steuersystem für Jagdflugzeuge. Ein Gerät verfolgte das Ziel, ein anderes den Flugkörper. Der Bediener hatte weiterhin seinen Steuerknüppel, beobachte-

UNTEN: Der Henschel Hs 117 „Schmetterling“ war der erste Versuch, in Deutschland eine Boden-Luft-Rakete zu entwickeln. Sie sollte gegen Angreifer in niedrigen und mittleren Höhen eingesetzt werden.

HENSCHEL Hs 117

Typ: Boden-Luft-Flugkörper mit Raketenmotor
Länge: 4,29 m
Durchmesser: 350 mm
Startgewicht: 445 kg
Reichweite: 32 km
Sprengkopf: 25 kg Sprengstoff

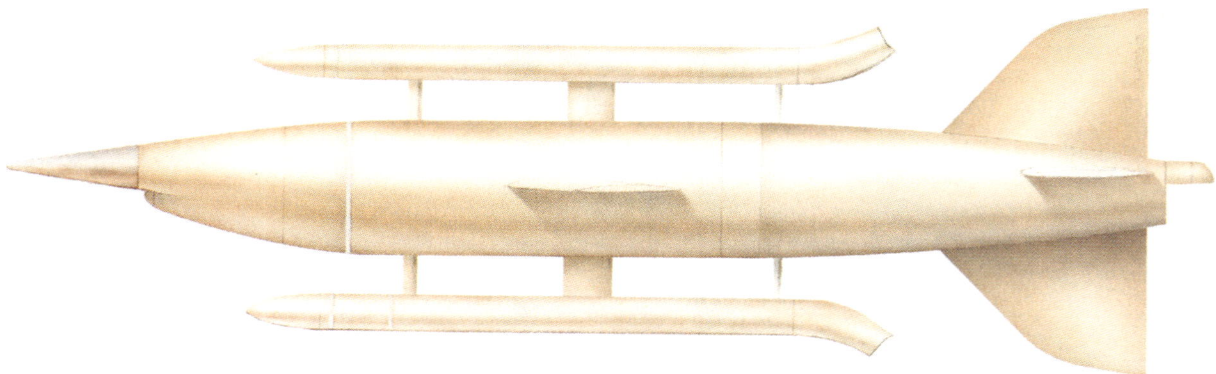

OBEN: Der Boden-Luft-Flugkörper Henschel Hs 117 „Schmetterling". Es gab auch eine Luft-Luft-Version, die nicht über die äußeren Startraketen verfügte.

te nun aber Punkte auf einer Kathodenstrahlröhre und versuchte sie in Deckung zu bringen. Man hoffte später sogar, Korrekturen mit einem automatischen System machen zu können.

Die Erprobung des „Schmetterling" begann im Mai 1944. Bis zum September gab es bereits 22 Probestarts, darunter auch mit einer Luft-Luft-Version, der Hs 117H. Dabei war er so erfolgreich, dass die Serienproduktion im Dezember angeordnet wurde. Die erste Auslieferung, 150 Stück pro Monat, sollte im März 1945 stattfinden; bis zum November sollte der monatliche Ausstoß auf 3000 Stück steigen. Das war natürlich hoffnungslos optimistisch zu einer Zeit, als die deutsche Industrie in den letzten Zügen lag; es wurde schließlich kein einziger Flugkörper für den Einsatz gebaut.

Messerschmitt „Enzian"

Der Vorschlag von Messerschmitt ähnelte einer unbemannten Version der Me 163 „Komet", mit dem gleichen stämmigen Rumpf und den kurzen Flügeln sowie den Bauch- und Rückenflossen. Er war mit 1800 kg um einiges schwerer als der „Schmetterling" und hatte einen 300-kg-Sprengkopf. Er konnte in Höhen bis zu 12 000 m und in niedriger Höhe mit Reichweiten bis zu 24,5 km operieren. Einer der wichtigsten Vorteile bestand darin, dass der Rumpf aus geformtem Sperrholz bestehen sollte, ein Material, das in Deutschland reichlich vorhanden war. Allein das reichte schon fast für eine offizielle Genehmigung. Dazu kam noch, dass die Technik einfach zu verstehen und bekannt war.

Der „Enzian", zunächst als Flak-Rakete 1 bezeichnet, wurde von Juni 1943 an von einer Gruppe unter Hermann Wurster im Forschungs- und Entwicklungszentrum von Messerschmitt in Oberammergau entwickelt. Die Prototypen sollten in Augsburg gebaut werden, der hölzerne Serienrumpf bei der Holzbau Kissing AG im nahe gelegenen Sonthofen. Wie bei der „Komet" hatte der Rumpf einen kreisförmigen Querschnitt, jedoch von 90 cm, Bauch- und Rückenflossen und mittig angesetzte gepfeilte Flügel mit Elevons (kombinierte Höhen- und Querruder) über die gesamte Breite. Sie konnten einzeln oder zusammen angesteuert werden, was ein Ruder ersparte. Für den Startschub sorgten vier Schmidding-Raketen 109-533 für Diglykol-Treibstoff, wie sie auch beim „Schmetterling" zum Einsatz kamen. Sie sorgten vier Sekunden lag zusammen für 7000 kp Schub und wurden dann abgeworfen. Die Startplattform bestand aus 6,8 m langen Schienen auf einer modifizierten 8,8-cm-Flak-Lafette, natürlich mit Möglichkeiten zur Einstellung von Höhen- und Seitenwinkel. Als Marschflugmotor war zunächst ein Walter R1-210B vorgesehen, der mit SV-Stoff und Br-Stoff betrieben wurde. Diese Mischung sollte wie bei der A4 mit Hilfe zweier dampfgetriebener Turbopumpen in den Brennkammer gespritzt werden. Von diesem Motor sind wohl etwa 15 Stück gebaut worden, die bei den Probeflügen der Prototypen verwendet wurden. Bei der Serienversion kam hingegen eine einfachere Variante zum Einsatz, entwickelt von Dr. Konrad und Dr. Beck bei der Deutschen Versuchsanstalt für Kraftfahrzeug- und Fahrzeugmotoren (die DVK war die deutsche Versuchsanstalt für Flugmotoren). Hier wurden S-Stoff und Visol mit Druckluft eingespritzt. In der endgültigen Form gab sie die etwas höhere Leistung von 2500 kp ab, die am Ende der Brenndauer von 56 Sekunden auf 1500 kp abgefallen war. Durch die Reduzierung des Schubs wurde sichergestellt, dass die Rakete nicht ihre Höchstgeschwindigkeit überschritt und instabil wurde. Die Lenkung entsprach genau der vom „Schmetterling", und es sollte auch der gleiche Annäherungszünder benutzt werden.

Insgesamt wurden etwa 60 „Enzian"-Flugkörper gebaut, von denen ab April 1944 38 Stück erprobt wurden. Die ersten Exemplare schlugen sich schlecht, denn die Entwickler hatten versäumt, den axialen Schwerpunkt des Flugkörpers an den Verlauf der Schubentwicklung anzupassen. Nachdem das aber gelungen war, liefen die Flüge wesentlich besser. Der Flugkörper scheiterte schließlich am allgemeinen Niedergang der Produktionskapazitäten. Das RLM war besorgt, dass er die Produktion von Me 163 und Me 262 aufhielt und stoppte deshalb das Projekt im Januar 1945.

Flugkörper von Rheinmetall-Borsig

Rheinmetall-Borsig war zwar recht erfolgreich mit den ungelenkten Flugbomben vom Typ „Rheinbote", mit dem Luft-Boden-Flugkörper „Rheintochter" und seinen Vorgängern gelang dies aber nicht. Der erste Versuch von Rheinmetall auf diesem Gebiet war ein geflügelter Flugkörper namens „Hecht", der aber wohl nicht mehr als ein Erprobungsmodell war. Mehrere Exemplare wurden abgeworfen, sowohl mit als auch ohne Antrieb. Die Arbeiten wurden 1941 eingestellt, als man mit dem Projekt „Feuerlilie" begann. Auch dies war anscheinend ein reines Forschungsobjekt, aber das RLM bestand hier darauf, den Flugkörper notfalls zur Fla-Rakete umbauen zu können. Es gibt zwar keine Belege darüber, dass es jemals dazu kam, und der Flugkörper blieb ungelenkt. Er soll trotzdem hier kurz beschrieben werden.

Die „Feuerlilie" hatte einen stromlinienförmigen zylindrischen Rumpf, der angeblich von zwei Wissenschaftlern in einer Forschungseinrichtung entwickelt worden war. Die hinten angesetzten gepfeilten Flügel endeten in kleinen symmetrischen Flossen. Es sollten verschiedene Varianten in unterschiedlichen Durchmessern gebaut werden, von denen die F25 und F55 besonders wichtig waren. Als Antrieb waren Feststoffraketen vorgesehen, die die Firma ohnehin bereits als Startraketen für Segelflugzeuge und schwer beladene Transpor-

UNTEN: Der „Enzian" ähnelte äußerlich dem Raketenflugzeug Me 163 „Komet". Wie bei allen Flüssigstoffraketen war fast der gesamte Innenraum mit Treibstofftanks ausgefüllt.

MESSERSCHMITT „ENZIAN"

Typ: Boden-Luft-Flugkörper mit Raketenmotor
Länge: 2,4 m
Durchmesser: 88 cm
Startgewicht: 1800 kg
Reichweite: 24,5 km
Sprengkopf: 300 kg Sprengstoff

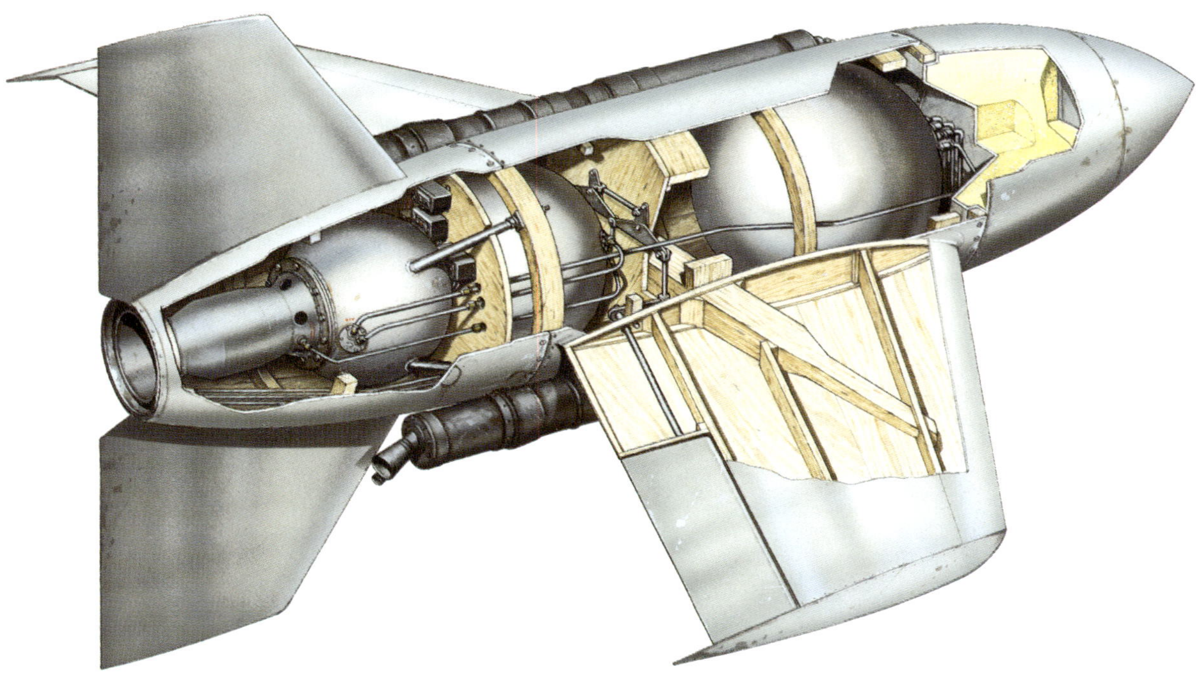

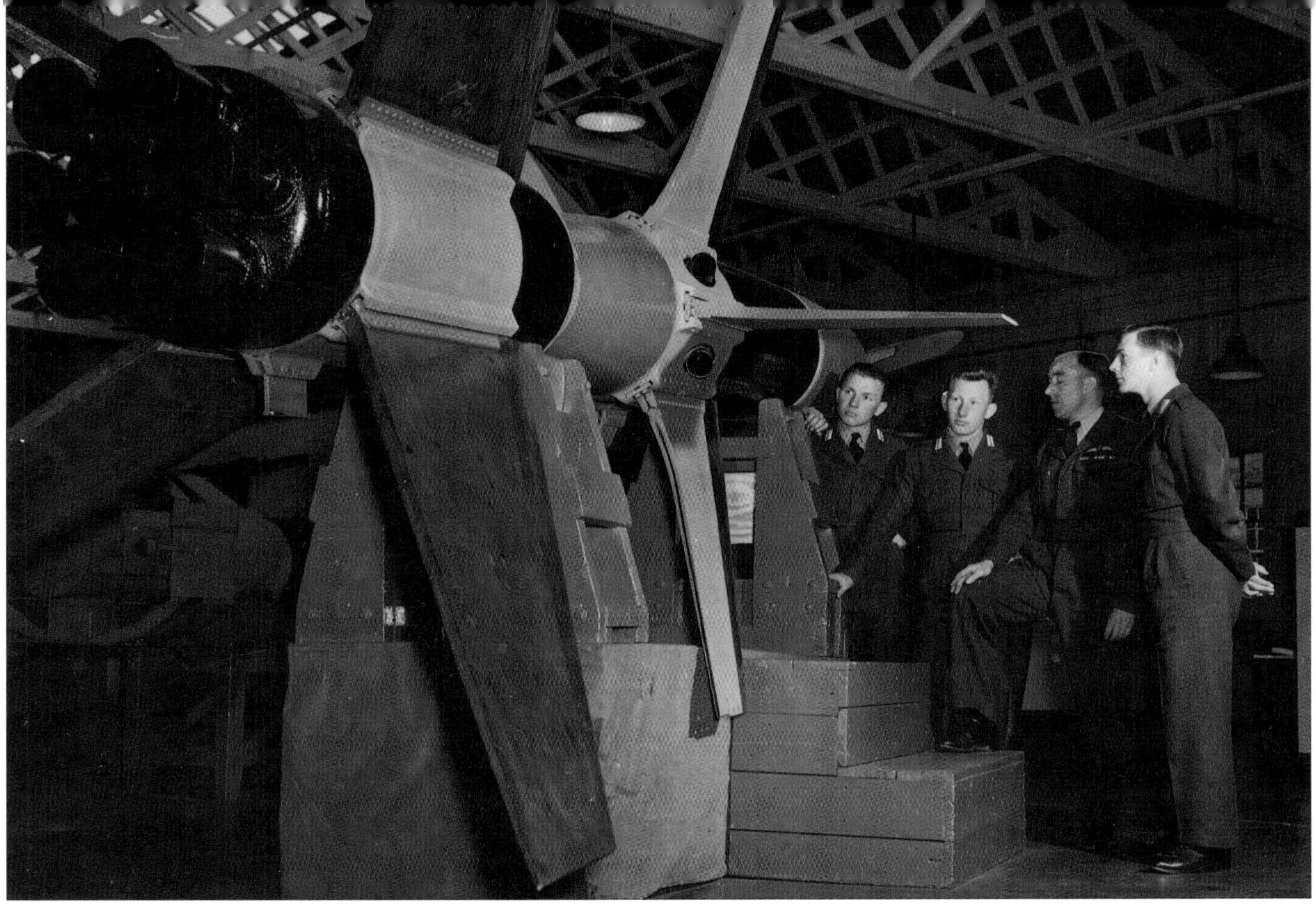

ter baute. Außerdem geplant war eine 55-cm-Überschallrakete mit einfachen Flossen anstelle der Flügel, angetrieben von einer Flüssigtreibstoffrakete von Konrad. Das Projekt „Feuerlilie" wurde bis Anfang 1945 weiterverfolgt, aber es scheint festzustehen, dass kein Versuch unternommen wurde, es als Waffe einzusetzen. Es wurden mehrere F25 gebaut und in Peenemünde-West sowie auf dem firmeneigenen Gelände in Leba erprobt, aber es wurde nie eine Version für den Kampfeinsatz gebaut. Daneben wurden vielleicht sechs F55 gebaut, von denen eine erfolgreich in Leba erprobt wurde. Zwei wurden nach Peenemünde geschickt; eine davon geriet beim Start außer Kontrolle.

Die „Rheintochter" war ein ganz anderes Modell, von Anfang an als Flugabwehrrakete geplant. Die anspruchsvolle Konstruktion hatte zwei Stufen. In der zylindrischen ersten Stufe saßen nur die Feststoff-Startraketen. Sie hatte vier feste gepfeilte Flügel mit Abstrebungen dazwischen, die nur als Stabilisatoren dienten. Nach dem Ausbrennen wurde die Stufe abgeworfen. Die zweite Stufe war ebenfalls zylindrisch, aber mit einem spitzen Bug und einem etwas verjüngten Ende. Die sechs festen Flossen waren am hinteren Drittel montiert. Dazu gab es vier kleine runde Steuerflächen am Bug (so genannte Kopfruder), die über Servomotoren bedient wurden und die Rakete im Flug lenkten. Normalerweise saß der Flugkörper hinten in der Rakete, hinter den Flossen und der Motoreneinheit (wenn man den simplen Satz Feststoff-Startraketen so bezeichnen will). Die sechs Venturirohre saßen zwischen den Flossen und ragten schräg heraus. Sie halfen ebenfalls, die Rakete im Flug zu stabilisieren.

OBEN: Rheinmetall war eher wegen seiner Artilleriegeschütze bekannt, aber die „Rheintochter" war eine fortschrittliche Konstruktion, die bis zu 1300 km/h schnell sein sollte.

Die „Rheintochter I" sollte Geschwindigkeiten von bis zu 1300 km/h erreichen und einen 100-150 kg schweren Sprengkopf in Höhen bis 6000 m bis zu 40 km weit transportieren. Die Entwicklung dauerte sehr lange. Der Vertrag wurde im November 1942 unterschrieben, aber bis Ende 1944 waren erst sehr wenige, etwa 50 Stück, gestartet. Weniger als die Hälfte von ihnen hatten eine Lenkeinrichtung, wie sie im „Schmetterling" und im „Enzian" sowie in den erfolgreicheren Gleitbomben eingebaut war. Zum Jahresende wurde das Projekt eingestellt, weil der Flugkörper nie die geplante Gipfelhöhe erreicht hatte.

Die Entwickler hatten anscheinend von Anfang an gewusst, dass sie mit den Feststoffraketen nie die geforderte Leistung erreichen würden. Deshalb war geplant, die Serienversion des Flugkörpers, die so genannte „Rheintochter III", mit der gleichen Flüssigtreibstoffrakete von Konrad wie die „Feuerlilie" auszurüsten. Aber auch eine Version mit einer größeren Feststoffrakete wurde vorgeschlagen. Das war denn auch die einzige „Rheintochter III", die je gebaut wurde.

EMW „Wasserfall"

Wir erinnern uns, dass Wernher von Braun ja für das Heer arbeitete, die Flugabwehr aber in der Verantwortung der Luftwaffe lag. Zwischen den beiden Teilstreit-

OBEN: Die „Rheintochter 1" auf der Startrampe. Für die Steuerung sorgten die kleinen Flügel am Bug, die vom Boden aus per Funk gelenkt wurden.

kräften gab es natürlich kräftige Konkurrenz. Die jeweiligen Oberkommandos wandten mit Sicherheit ebenso viel Energie für die gegenseitige Behinderung auf wie für den Kampf gegen die Alliierten. So ist es etwas überraschend, dass EMW den Auftrag erhielt, einen Flugabwehrlenkflugkörper zu bauen. Das machte natürlich Sinn, denn die wichtigsten Vorarbeiten waren ja bereits bei der A4 erfolgt. Diese Logik fand man aber im Dritten Reich selten und ganz besonders selten im Geheimwaffenprogramm.

Der Hauptunterschied zwischen dem „Wasserfall" – wie der Luft-Boden-Flugkörper hieß – und der A4 lag im Triebwerk. Von Anfang an war klar, dass die beiden Flugkörper völlig unterschiedliche Einsatzforderungen hatten. Eine A4 konnte bei Bedarf in aller Ruhe betankt und abgefeuert werden, die Flugabwehrrakete dagegen musste, eventuell über Monate, ständig einsatzbereit gehalten werden. Dafür war ein Niedertemperatur-Treibstoff wie Flüssigsauerstoff einfach nicht geeignet. Stattdessen kam Salbei (90 % Salpetersäure mit 10 % Schwefelsäure als Korrosionsschutz) und eine Art von Visol zum Einsatz. Der Treibstoff, der sich beim Aufeinandertreffen der beiden Komponenten spontan entzündete, wurde über Druckbegasung mit Stockstoff in die Brennkammer gebracht und nicht mehr mit den umständlichen Hochdruckdampfturbinen. Da die beiden Komponenten so spontan reagierten, gab es besonders strenge Sicherheitsmaßnahmen vor und beim Start. Es gab ein aufwändiges System ineinander greifender Metallmembranen, die nur unter genau festgelegten Umständen brechen durften.

Der „Wasserfall" war mit 7,84 m etwa halb so lang wie die A4 und wog insgesamt 3500 kg gegenüber 12 900 kg, war aber trotzdem bei weitem die größte aller deutschen Boden-Luft-Waffen. Der 235-kg-Sprengkopf war aber leichter als der vom „Enzian". In der Form ähnelte der „Wasserfall" stark der A4, hatte aber vier Stabilisierungsflossen im ersten Drittel hinter dem Bug.

35 Probestarts

Er sollte in größeren Höhen und mit größeren Reichweiten operieren als die anderen Boden-Luft-Flugkörper. Das 8000-kp-Triebwerk lief 40 Sekunden lang und ermöglichte eine Reichweite von bis zu 50 km bei einer Höhe von 20 000 m. In dieser Höhe flog aber kein Flugzeug. Wie bei den anderen geplanten Boden-Luft-Flugkörpern erfolgte die Steuerung manuell vom Boden aus. Kurskorrekturen wurden per Funk vorgenommen. Da der „Wasserfall" wie die A4 senkrecht gestartet wurde, verfügte er auch über das Trägheitslenksystem der A4, das für eine Voreinstellung der ungefähren Richtung sorgte. Man kann sich nur schwer vorstellen, wie ein Bediener bei diesen extremen Höhen und Reichweiten und der hohen Startgeschwindigkeit in der Lage gewesen sein soll, den Flugkörper effektiv zu steuern, sei es durch Beobachtung durch ein Fernglas oder durch die Überlagerung zweier Punkte des Verfolgungsradars auf einem Oszilloskop. Der erste erfolgreiche Start fand am

29. Februar 1944 in Peenemünde statt, und man hat wohl insgesamt etwa 35 Probeflüge gemacht. Die Serienfertigung sollte die größte unterirdische Fabrik in Bleichenrode übernehmen, die aber zum Kriegsende im Mai 1945 noch nicht einmal gebaut war.

Die ungelenkte „Taifun"

Bis Mitte 1944 gab es in Deutschland zahlreiche Experten, die einen völligen Stopp der Angriffswaffen forderten, um sich auf wirkungsvollere Abwehrmaßnahmen zu konzentrieren. Adolf Hitler zählte natürlich nicht dazu, und so liefen die Programme weiter. Priorität in Peenemünde hatte natürlich das Programm „Aggregat". Da die gleiche Gruppe auch am „Wasserfall" arbeitete, blieb es nicht aus, dass das letztere Programm etwas zu kurz kam. Die A4 ging in die Serienfertigung, der „Wasserfall" nicht, was aber nicht heißt, dass alle Beteiligten dies für richtig oder wünschenswert hielten. Einige bei EMW wollten den „Wasserfall" sogar sofort verschrotten (weil sie ihn ohne automatische Lenkung für nutzlos hielten) und eine einfachere ungelenkte Flak-Rakete entwickeln. Eine solche Konstruktion schlug der Platzoffizier, ein Ingenieur namens Scheufeln, vor. Überraschenderweise – wenn man bedenkt, welche Aufträge Peenemünde sonst noch hatte – wurde die Serienfertigung im September 1944 unter der Bezeichnung „Taifun" angeordnet. Die ersten Exemplare hatten noch Feststoffmotoren, aber man merkte schnell, dass die angestrebten Höhen damit nicht zu erreichen waren. Bei der Entwicklung der „Rheintochter" hatte es ja das gleiche Problem gegeben. So kamen die Flüssigtreibstoffe „Salbei" und Visol zum Einsatz. Sie waren in konzentrisch angeordneten zylindrischen Tanks untergebracht, die auch den Rumpf des Flugkörpers bildeten. Eine Druckbegasung mit Stickstoff brachte sie in die Brennkammer. Ein raffiniertes Ventil sorgte dafür, dass zunächst ein fettes Gemisch in die Brennkammer kam, um den Druck langsam und gleichmäßig aufzubauen (was natürlich relativ ist, denn zwischen Auslösen und Abfeuern verging nur eine Zehntelsekunde). Das war höchst effektiv und machte den „Taifun" selbst in größten Höhen noch präzise. Der Sprengkopf kam deshalb mit einem Kontaktzünder oder einem empfindlichen Aufschlagzünder aus und er musste nicht größer sein als das normale 0,5-kg-Fla-Artilleriegeschoss. Der Flugkörper war bei einem Durchmesser von 100 mm nur 1,93 m lang. Er erreichte eine Höhe von 15 000 m, bevor er mit einer Höchstgeschwindigkeit von 3600 km/h auf die Erde zurückkehrte. Er wurde ab Anfang Januar 1945 in geringer Zahl in Peenemünde gebaut. Es sollen etwa 600 Stück gebaut worden sein, dazu ein paar Startgeräte (auch hier auf der Grundlage einer Lafette der 8,8-cm-Flak 37). Der Einheitspreis sollte mit 25 RM sehr niedrig gewesen sein, etwa ein Drittel des Preises eines Gewehrs. Es gibt keine eindeutigen Belege für einen Einsatz im Gefecht und auch nicht darüber, ob damit jemals ein Flugzeug abgeschossen wurde. Möglich ist es allerdings, denn die Besatzung wäre mit Sicherheit davon ausgegangen, von normalem Flak-Feuer getroffen worden zu sein.

UNTEN: Der „Wasserfall" war im Prinzip eine verkleinerte A4 (V2). Sie wog 3,5 t und erreichte eine Höhe von 20 km.

Kapitel 9

Artillerie

Am Ende des 19. Jahrhunderts gab es bereits fortschrittliche Artilleriegeschütze, die kleine Ziele auf 25 km und mehr treffen konnten. Den Waffenbauern blieb nur noch, die Geschütze immer größer zu machen. Genau das tat Krupp, damals unangefochtener Spezialist auf diesem Gebiet.

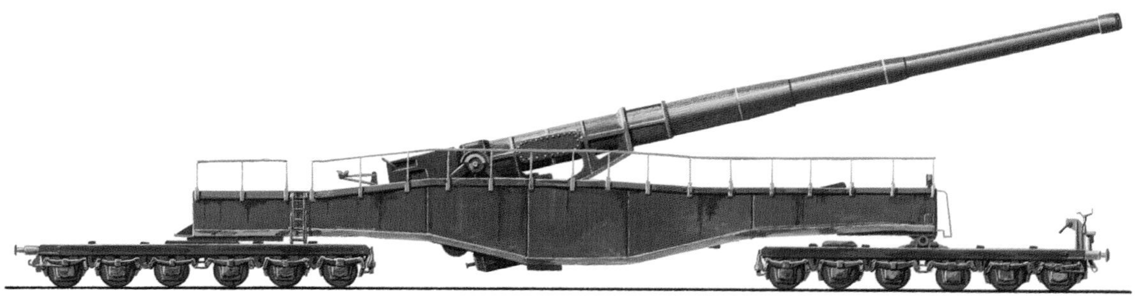

Im Ersten Weltkrieg konnte Deutschland mit seiner Fernartillerie einige Erfolge verbuchen, besonders mit den so genanntenn „Paris-Geschützen". Die Kaiserliche Marine, die die Geschütze entwickelt und betrieben hatte, nannte sie „Kaiser-Wilhelm-Geschütze". Sie wurden von März bis Juni 1918 sporadisch eingesetzt, um im Rahmen des massiven und erfolgreichen deutschen Gegenangriffs in der Picardie von Laon aus das über 100 km entfernte Paris zu beschießen. Es handelte sich um 38-cm-Standardartilleriegeschütze der Marine, wie sie auch auf Schlachtschiffen zu finden waren. Einsätze mit

LINKS: Dieses 45 Kaliber lange 38-cm-Geschütz wurde aus einer Waffe abgeleitet, die für Schlachtschiffe entwickelt worden war.

OBEN: Die K5 (E), ein 28-cm-Geschütz auf einem Eisenbahnwaggon, war wohl das erfolgreichste Super-Geschütz.

tiefen Zügen, in denen die Zapfen der Geschosse liefen, brachten das Kaliber auf 21 cm. Diese Methode stammt aus den ersten Tagen der gezogenen Rohre in den 1840er Jahren. Auch im Zweiten Weltkrieg griff man bei den deutschen Fernartilleriegeschützen noch einmal darauf zurück. Die Gefechtswaffe K5 und die „strategische" K12, die von der französischen Küste aus England bombardieren sollte, hatten aber wesentlich modernere und aufwändigere Geschosse. Mit riesigen überschweren Treibladungen schleuderten sie ihre Geschosse bis in die Stratosphäre, wo sie auf Grund des geringeren Luftwiderstands erheblich längere Reichweiten erzielten. Diese Treibladung überforderte aber die Geschütze, die nicht darauf ausgelegt waren, und sorgte für eine starke Abnutzung der Rohre. Bei jedem Schuss wurden anscheinend 25 cm der Züge zerstört, sodass ein Rohr kaum länger als 50 Schuss hielt. Dann musste es aufgebohrt und mit neuen Zügen versehen werden. Die fünf „Paris-Geschütze" mit drei Lafetten und sieben Rohren wurden im Wechsel eingesetzt und feuerten doch nicht mehr als 303 Schuss auf Paris ab, von denen knapp mehr als die Hälfte (183) tatsächlich im Großraum Paris einschlugen. Dabei gab es 256 Tote und 620 Verwundete. Mit diesen Zahlen war das Projekt extrem teuer und nutzlos, außer vielleicht für Propagandazwecke.

Diese Ultra-Fernartillerie der ersten Generation hatte nur bescheidene Erfolge. Sie konnten allerdings, wenn auch noch nicht perfekt, eine Lösung für das Problem bieten, ein wichtiges Ziel ohne eigene Verluste anzugreifen, da sie sich außerhalb der Reichweite der gegnerischen Abwehrwaffen befand. Heutzutage hätte ein derartiges Geschütz keine Chance gegen Luftangriffe, weil es ein deutlich sichtbares Ziel darstellt, sich kaum tarnen und nicht kurzfristig verlegen lässt. Im Jahr 1918 jedoch wurden die Geschütze trotz aller Bemühungen nicht aufgeklärt. Als die Alliierten endlich den Wald von Crépy einnehmen konnten, fanden sie bis auf die Betonfundamente nichts mehr von den Geschützen vor. Ein Problem blieb aber und war nach Ansicht vieler Experten viel wichtiger: die Zerstörung organisierter Verteidigungsstellungen wie die modernen Festungen der Maginot-Linie entlang der deutsch-französischen Grenze in kürzestmöglicher Zeit. Bei dieser Aufgabe waren große Reichweiten nicht so gefragt und man entschied sich für einen Ansatz, der am ehesten mit „brutaler Gewalt und Ignoranz" zu beschreiben ist. Die eingesetzten Geschütze waren nichts weiter als Weiterentwicklungen der Belagerungsgeschütze, die bereits 1914 eingesetzt wurden.

UNTEN: Krupp baute die zwei massiven 80-cm-Geschütze „Gustav" und „Dora". Sie konnten ein 7,1 t schweres Betongeschoss 32 km weit feuern, benötigten aber eine Besatzung von 2000 Mann.

Die „Dicke Bertha"

Im August 1914 rückte das deutsche Heer im Rahmen des Schlieffen-Plans durch Belgien vor. Es sollte durch Nordfrankreich aus nordwestlicher Richtung auf Paris vorstoßen, um die befestigten Verteidigungsstellungen zu umgehen, die den direkten Weg nach Frankreich versperrten. Wie erwartet, trafen die Truppen auf wenig Widerstand, außer aus den Festungen um die strategisch wichtige Stadt Lüttich. Dort wurden die großen 42-cm-Festungshaubitzen eingesetzt. Das dauerte zwar länger als geplant, aber schließlich konnten sich die „Dicke Bertha" und ihre Schwestern durchsetzen. Allerdings waren sie nicht überall erfolgreich. Sie wurden später nach Verdun gebracht und hatten mit der dortigen Festung viel mehr Mühe. Diese Geschütze waren in jeder Hinsicht riesig – schließlich waren die Geschosse

80-cm-KANONE (EISENBAHN) „SCHWERER GUSTAV"

Kaliber: 80 cm
Rohrlänge: 28,957 m
Gesamtgewicht: 1,35 t
Geschossgewicht (Beton): 7100 kg
Geschossgewicht (Sprenggeschoss): 4800 kg
Reichweite (Sprenggeschoss): 47,1 km

fast mannshoch und mehr als eine Tonne schwer – und damit nur unter großen Schwierigkeiten zu verlegen. Innerhalb von 20 Stunden wurden sie in 172 Einzelteile zerlegt und auf 20 Eisenbahnwaggons verladen. Die Verlegung dieser Ungetüme war stets eine größere Operation. Oft mussten ja erst noch die Gleise verlegt werden. Eine Alternative gab es damals aber nicht. Die schiere Größe sorgte dafür, dass das deutsche Heer sich früh für die bewegliche Raketenartillerie interessierte. Die Unbeweglichkeit brachte im Ersten Weltkrieg Probleme in der Beweglichkeit mit sich, die auch im Zweiten Weltkrieg noch nicht befriedigend gelöst waren.

Bertha war die Tochter und das einzige Kind von Friedrich Alfred Krupp, Sohn des Firmengründers. Verheiratet war sie mit Gustav von Bohlen und Halbach, der ihren Familiennamen übernahm. Die „Dicke Bertha“ stammte von Krupp aus Essen, und dorthin wandte sich das Heereswaffenamt (HWA) auch Mitte der 30er Jahre. Man hatte erkannt, dass bei der neuen Blitzkriegstrategie zwar die schnelle Bewegung am wichtigsten war, aber man immer noch mit Festungen rechnen musste. Auf die Anfrage des HWA schlugen die Ingenieure von Krupp drei Geschütze in den Kalibern 70, 80 und 100 cm vor. Die realistischste Version war die mit 80 cm. Sie konnte ein 7 t schweres Geschoss 32 km weit schießen. Das Geschütz selbst sollte 1350 t wiegen und knapp 2000 Mann zur Bedienung benötigen. Es wäre zwar beweglich gewesen, aber doch sehr eingeschränkt. Auf- und Abbau hätten jeweils drei Wochen gedauert und hätte für die gesamte Fahrt zwei Gleisspuren benötigt. Ein weiteres Gleispaar hätten die Kräne für den Auf- und Abbau benötigt.

„Gustav" und „Dora"

Daraufhin meldete sich das HWA nicht mehr, und die Techniker wandten sich nüchterneren Projekten zu wie der K5 und der K12. Dabei wäre es wohl auch geblieben, wenn nicht Hitler im Jahr 1936 Krupp besucht und sich nach Möglichkeiten zur Zerschlagung der Maginot-Linie erkundigt hätte. Krupp erzählte ihm von dem 80-cm-Projekt. Unmittelbar nach dem Besuch ließ Krupp seine Leute detaillierte Pläne ausarbeiten, denn er wusste von Hitlers Schwäche für gigantische Waffen. Diese Pläne wurden Anfang 1937 dem Heereswaffenamt vorgelegt. Daraufhin erhielt Krupp einen Auftrag über drei Geschütze. Die Arbeit sollte sofort beginnen und im Jahr 1940 abgeschlossen sein.

Die Rohre ließen sich aber nur sehr schwierig herstellen, sodass Krupp den Termin nicht einhalten konnte. Als die Geschütze endlich fertig waren, hatten die deutschen Truppen die Maginot-Linie bereits überwältigt, und zwar durch einfaches Umgehen. Da es nun kein geeignetes Ziel mehr gab, gingen die Arbeiten nur noch langsam voran. Zum Ende des Jahres 1940 war

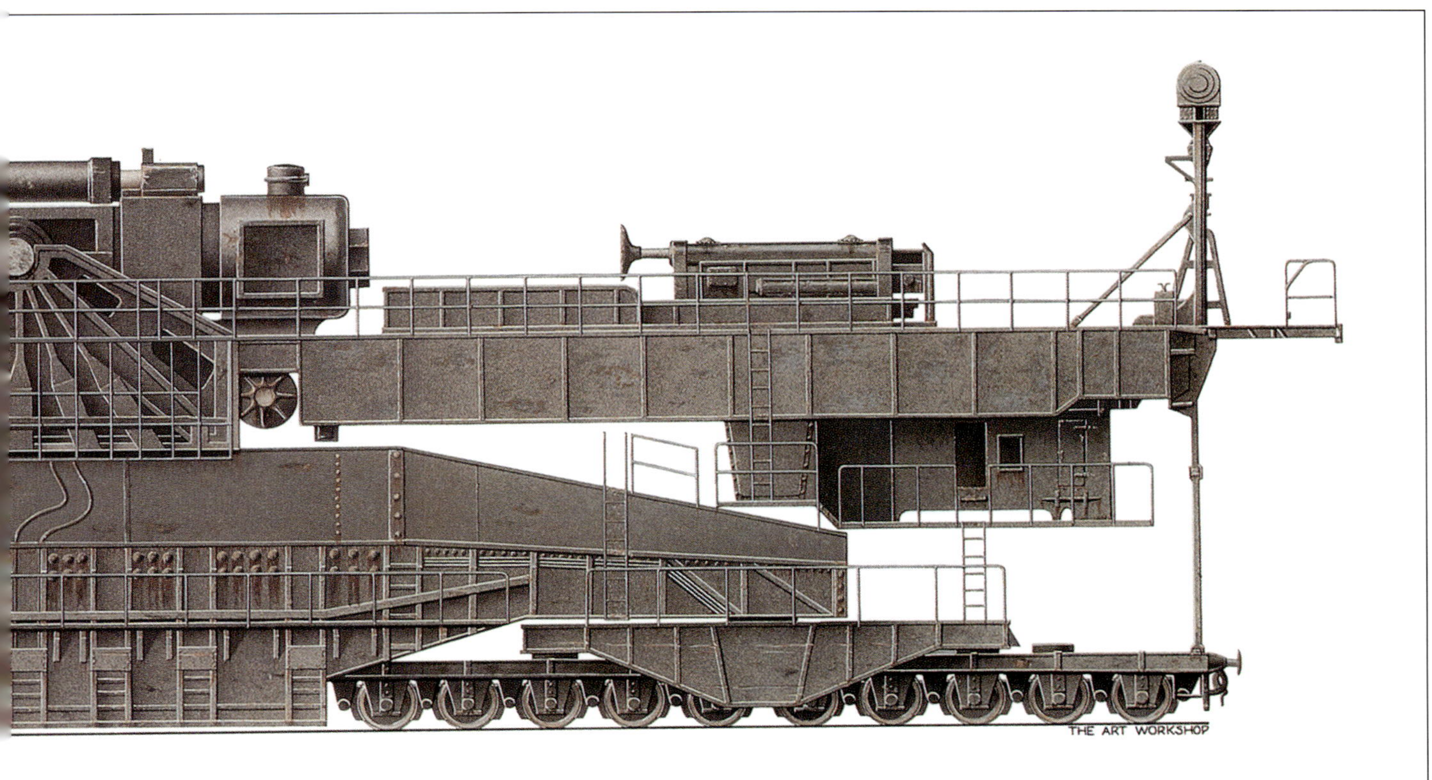

OBEN: Die Rohre dieser riesigen Geschütze wurden zerlegt transportiert. Dieses Rohr wurde zum Kriegsende von den Alliierten erbeutet.

das erste Rohr fertig, und erst 1941 fanden die ersten Beschussproben statt. Erst dann lohnte es sich, die komplizierte Lafette zu bauen, was den Rest des Jahres in Anspruch nahm. 1942 wurde das erste fertige Geschütz zum Übungsplatz Rügenwalde an der Ostseeküste gebracht und in der Anwesenheit von Adolf Hitler zusammengebaut und erprobt. Nach der erfolgreichen Erprobung wurde es zu Ehren des Firmenchefs auf den Namen „Gustav“ getauft und der Nation zum Geschenk gemacht. fast unmittelbar darauf folgte „Dora“, benannt nach der Frau des Chefkonstrukteurs Erich Müller.

Die Bombardierung von Sebastopol

Im Jahr 1942 hatte der Zweite Weltkrieg eine dramatische Wende erfahren, nachdem Hitler der Sowjetunion den Krieg erklärt hatte. In Westeuropa hatte es keine lohnenden Ziele für die riesigen Geschütze gegeben, im Osten gab es sie in großer Zahl. Das Geschütz wurde in seine Einzelteile zerlegt und auf spezielle Tiefladewaggons verladen. Die Lafette fuhr als eigener Waggon mit und benötigte zwei Gleise. Damit wurde alles zur Halbinsel Krim verfrachtet. „Gustav“ wurde 16 km nordöstlich von Sebastopol aufgebaut, das immer noch Widerstand leistete. Es wurden insgesamt 48 Geschosse abgefeuert. Eines sorgte für eine spektakuläre Explosion eines unterirdischen Pulvermagazins. Nachdem das Geschütz eine wichtige Rolle bei der Eroberung der Stadt gespielt hatte, wurde es zurück nach Essen verfrachtet, um das Rohr mit einem neuen Futter zu versehen. „Dora“ nahm seinen Platz ein, ist aber wohl nie richtig zum Einsatz gekommen. Als nämlich die Rote Armee zum Gegenangriff überging und die deutschen Truppen umzingelte, wurde „Dora“ schnell in Sicherheit gebracht. Es gibt keine gesicherten Erkenntnisse darüber, ob die beiden Geschütze noch einmal zum Einsatz kamen. Es gibt einzelne Berichte, wonach „Gustav“ bei Leningrad eingesetzt wurde und „Dora“ bei der Bombardierung von Warschau nach dem Aufstand 1944 mitwirkte. Am Ende des Krieges fand man Teile von „Dora“ bei Leipzig, Teile von „Gustav“ in Bayern und Teile eines nie fertig gestellten dritten Geschützes in Essen. Das Projekt war sehr teuer und im Endeffekt auch nutzlos: sieben Millionen RM pro Geschütz, dazu die Kosten der Spezialzüge für den Transport und der Arbeitskräfte für Bau und Betrieb. Es gab zahlreiche Pläne für verbesserte Versionen auf den ursprünglichen Lafetten. Dazu zählten ein Geschütz im Kaliber 52 cm mit einem 1,4 t schweren Geschoss und einer Reichweite von 112 km; eines mit einem unterkalibrigen 38-cm-Geschoss mit Treibspiegel und 145 km Reichweite und sogar eines für raketengestartete Geschosse mit über 190 km Reichweite. Daneben sollte es eine Version mit glattem Rohr geben, die eine Variante des flossenstabilisierten pfeilförmigen Geschosses für die K5 (Peenemünder Pfeilgeschoss) abfeuern sollte. Aus allen diesen Plänen wurde aber nichts.

Das Gerät 041

Die „Gustav"-Geräte waren aber nicht die einzigen Festungsgeschütze des deutschen Heeres. Brauchbarer und auch praktischer waren die selbst fahrenden 60-cm-Haubitzen, von Rheinmetall als Gerät 041 entwickelt. Inoffiziell hießen sie „Karl" nach ihrem Entwickler, dem General Karl Becker. Es handelte sich um kurzrohrige Geschütze, eher Mörser als Haubitzen, mit einer höchsten Reichweite von 4,5 km. Sie feuerten ein 2,2 t schweres Geschoss ab, das besonders für Stahlbetonbauten wie Bunker geeignet war. Es drang nämlich erst bis zu 2,5 m tief ein, bevor die 240 kg schwere Ladung detonierte. Das gesamte Gerät wog 124 t. Nicht nur die Haubitzen selbst waren so massiv; die Lafetten standen ihnen in nichts nach. Sie waren 11,3 m lang und hatten Ketten über die volle Länge, zunächst mit acht, später mit elf Laufrollen. Jede Rolle wurde einzeln über einen Drehstab abgefedert. Das Fahrzeug konnte herabgelassen werden, bis die Wanne auf dem Boden auflag, um die Aufhängung vor den Auswirkungen des Rückschlags zu schützen. Das Rückstoßsystem selbst war sehr doppelt ausgelegt: das Geschütz lief in einer Wiege zurück, die wiederum auf dem Chassis zurücklief, gesteuert von hydropneumatischen Rückstoßausgleichern. Angetrieben wurden die Fahrzeuge durch einen 44,5-l-Motor, obwohl sie nur kurze Strecken unter eigener Kraft zurücklegen sollten. Für längere Fahrten wurden sie auf spezielle Transporter

UNTEN: Rheinmetall baute sechs selbst fahrende 60-cm-Mörser für die Wehrmacht. Diese Festungsgeschütze – hier „Thor" – wurden alle an der Ostfront eingesetzt.

oder Tiefladewaggons verladen. Insgesamt wurden sechs Stück gebaut, dazu die passenden Munitionspanzer mit Kran auf Basis des Panzer IV. Sie gingen an das schwere motorisierte Artilleriebataillon 628, das ihnen die Namen Adam, Eva, Odin, Thor, Loki und Tyr gab. Sie wurden erstmals bei der Belagerung von Brest-Litowsk im Juni 1941 eingesetzt, waren aber auch bei Lwow und Sebastopol and an vielen anderen Orten. 1942 bat das Heer um Vorschläge zur Erhöhung der Reichweite, und Rheinmetall reagierte mit neuen Rohren im Kaliber 45 cm, die ein 1250 kg schweres Geschoss etwa 10 km weit feuern konnten. Danach wurden die Rohre stets nach der gerade vorhandenen Munition gebaut; viele wurden es aber nicht mehr. Zwei Geschütze wurden 1945 in Bayern von den US-Truppen sichergestellt.

Die K5-Geschütze

Ebenfalls wesentlich praxisnaher als „Gustav" und „Dora" waren die K5-Geschütze im Kaliber 28 cm, die 255 kg schwere Geschosse über knapp 65 km feuerten.

OBEN: Die 60-cm-Mörser verfeuerten ein 2,2 t schweres Geschoss, das tief in die Festung eindringen sollte, bevor es explodierte.

Zwischen 1936 und 1945 wurden insgesamt 28 dieser Geschütze gebaut, und alle wurden mit viel Erfolg im Gefecht eingesetzt. Das berühmteste war wohl die so genannte „Anzio Annie", mit der der Brückenkopf in Anzio bombardiert wurde. Heute kann sie auf dem Erprobungsgelände der US-Artillerie in Aberdeen, Maryland, besichtigt werden. Wie die „Paris-Geschütze" hatte auch die K5 sehr tief eingeschnittene Züge – die zwölf Züge waren jeweils 7 mm tief. Jedes Geschoss hatte genau eingeschnittene Schlitze, in die Weicheisenleisten in Form von Drallführungsrillen eingelassen waren, die exakt dem Muster der Züge im Rohr entsprachen. Das war wesentlich wirksamer als die simplen Zapfen der ursprünglichen Geschosse. Natürlich wurden auch diese Geschütze auf Eisenbahnwaggons verladen. Anders als das „Gustav"-Ungeheuer ließen sie sich aber fast intakt transportieren und waren deshalb sehr schnell auf- und abzubauen. Es waren Waffen, die sich wirklich einsetzen ließen, und die kleinere 24-cm-Kanone K3 von Rheinmetall war wohl noch besser, besonders in ihrer modernisierten Form, der K4 von Krupp. Trotzdem gab es allerhand Projekte zur Verbesserung dieser Waffen. Darunter war der Vorschlag für ein raketengestartetes Projektil, der aus einem gescheiterten Versuch eines 15-cm-Raketengeschosses für ein vorhandenes Geschütz stammte. Mit der größeren Kanone ließ sich der Versuch viel besser an. Das Geschoss bestand aus zwei Teilen. Der Kopf enthielt die Feststofftreibladung, und ein Strahlrohr, umgeben von einer normalen Sprengstofffüllung, führte nach unten zum Boden. Gezündet wurde die Treibladung durch einen Zeitzünder 19 Sekunden nach dem Start, wenn das Geschoss den Höhepunkt seiner Flugbahn erreichte, um es weiter zu beschleunigen. Die größte Entfernung bei den Erprobungen betrug 86,5 km. Man ging davon aus, dass die Hälfte aller Geschosse in einem länglichen Zielbereich von 3500 m Länge und 200 m Breite einschlagen würde, was angesichts der wahrscheinlichen Ziele durchaus akzeptabel war.

Das raketengestartete Geschoss, das erst seit den 80er Jahren zum akzeptierten Inventar der Artillerie zählt, war aber nicht das einzige neue Geschoss, das für die K5 entwickelt wurde. Die Wissenschaftler in Peenemünde beschäftigten sich auch mit Versuchen, die Reichweite zu erhöhen, und entwickelten zu diesem Zweck das so genannte Pfeilgeschoss, in diesem Fall ein 1,8 m langes Geschoss mit 120 mm Durchmesser. Es hatte vier Flossen und einen primitiven Treibspiegel, im Prinzip nicht mehr als ein dreiteiliger Flansch, beide mit einem Durchmesser von 31 cm. Abgefeuert werden sollte das Geschoss von einer glattrohrigen, entsprechend aufgebohrten Version der K5. Sobald das Geschoss sich im freien Flug befand, wurde der Treibspiegel abgeworfen. Mit einer entsprechenden Treibladung, die die Flugbahn in die Stratosphäre ausdehnte, konnte das Geschoss mit seiner 25 kg schweren Sprengladung Reichweiten von bis zu 155 km erzielen. Die Entwicklung begann bereits 1940, allerdings waren andere Projekte zunächst wichtiger, sodass bis 1944 noch nicht allzuviel lief. Die ersten Pfeilgeschosse wurden anscheinend in geringer Zahl 1945 ausgegeben und auch im Gefecht eingesetzt. Das Geschoss war sozusagen der Vorläufer des modernen flossenstabilisierten Geschos-

UNTEN: Rheinmetall baute auch Eisenbahngeschütze im Kaliber 24 cm. Hier ein Geschütz in Nordfrankreich, das über den Kanal nach Kent schießen sollte.

ses mit Treibspiegel, wie es inzwischen überall anzutreffen ist. Die erste Idee dazu hatte wohl der französische Ingenieur Edgar Brandt, der besser für seine Infanteriemörser bekannt war. In den 30er Jahren baute Brandt ein sehr wirksames 105/75-mm-Geschoss, das, mit einer normalen Treibladung aus einem 105-mm-Geschütz abgefeuert, absolut überlegene Leistungen bot.

Das „Ärmelkanal-Geschütz"

Inzwischen arbeiteten die Ingenieure bei Krupp auch an einer Lösung der „rohen Gewalt", um ein Geschoss 80 km und weiter zu schießen. Dazu überarbeiteten sie die Konstruktion des alten „Paris-Geschützes". Das Ergebnis war die K12 im Kaliber 21 cm, mit den gleichen Zügen und Geschossführungsmethoden wie die K5, aber zusätzlich mit einem Band aus Kupfer/Asbest/Granit, das die Abdichtung innerhalb des Rohrs verbessern und die Wirkung der Treibladung optimieren sollte. Man hoffte, durch die Benutzung von Drallführungsleisten aus Weicheisen anstelle der simplen Zapfen die Abnutzung auf diese Leisten und nicht auf das Rohr aus gehärtetem Molybdänstahl zu übertragen. Außerdem sollte die Belastung durch die Rotationsbeschleunigung gleichmäßig verteilt werden, um die Lebensdauer des Rohrs selbst bei außergewöhnlich starken Treibladungen zu erhöhen. Das erste Rohr wurde 1937 der Beschussprobe unterzogen und das erste komplette Geschütz, eine K12(V), wurde 1938 erprobt und 1939 für einsatztauglich erklärt. Es feuerte ein 107,5 kg schweres Geschoss bis zu 115 km weit. Das Heer war damit zufrieden, schließlich war das ja mehr als die Marine mit dem „Paris-Geschütz" erreicht hatte. Wahrscheinlich ging es in erster Linie darum, diesen Rekord zu brechen. Im Einsatz bereitete das Geschütz aber zahlreiche Probleme. Es musste vor dem Schießen um einen Meter angehoben werden, damit genug Platz für den Rückschlag blieb. Zum Beladen wurde es wieder abgesenkt. Krupp erhielt den Auftrag, einen alternativen Hilfsrahmen zu bauen und brachte im Sommer 1940 eine modifizierte Version mit verstärkten hydraulischen Puffern. Weitere Geschütze wurden nicht gebaut.

Das Aufstellen des Geschützes war eine Wissenschaft für sich. Das Rohr war sagenhafte 157 Kaliber lang, mehr als dreimal so lang wie vergleichbare Marinegeschütze, insgesamt 33 m vom Verschluss bis zur

UNTEN: Zwei K5 wurden 1944 vier Monate lang gegen den Brückenkopf der Alliierten in Anzio eingesetzt. Ein Geschütz wurde erbeutet und in die USA gebracht.

21-cm-KANONE 12 (K12)

Kaliber: 21,1 cm
Rohrlänge: 33,34 m
Gesamtgewicht: 309 kg
Geschossgewicht: 107,5 kg
Reichweite: 115 km

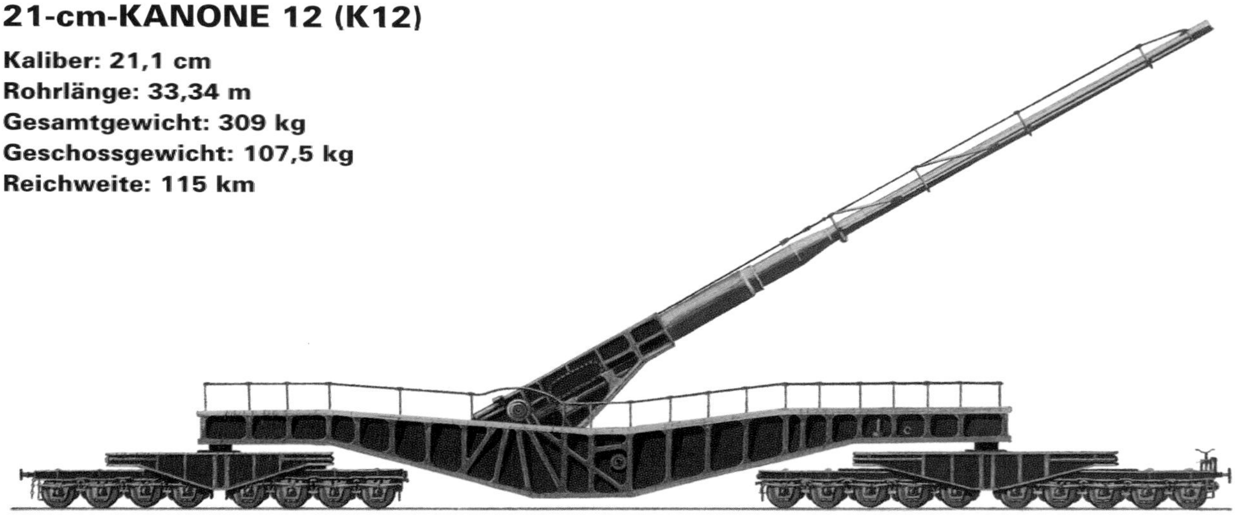

OBEN: Die 21-cm-Eisenbahnkanone K12 hatte die größte Reichweite aller Supergeschütze – je nach Wetter etwa 115 km.

Mündung. So konnte es sich bereits unter seinem eigenen Gewicht verformen und musste sorgfältig abgestützt werden. Die Lagerzapfen mussten ebenfalls ganz genau im Schwerpunkt angebracht sein, sonst hätte es enorme Schwierigkeiten mit der Erhöhung gegeben. Die Lafette war eigentlich ein vergrößerter Eisenbahnwaggon (um ganz genau zu sein, zwei Waggons). Der Hauptrahmen mit den Lagerstützen und dem Höhenrichtgerät saß auf zwei Hilfsrahmen, die wiederum auf einem Paar Rollwagen montiert waren, zwei achträdrige Einheiten vorn und zwei zehnrädrige Einheiten hinten. Beim Einsatz lief das Geschütz auf einem bogenförmig verlegten Gleis. Gerichtet wurde es, indem es nach vorn oder hinten gezogen wurde. Der gesamte Apparat wog 300 t und war über 41 m lang. Es scheint zwei einsatzbereite Geschütze bei der Eisenbahnbatterie 701 gegeben zu haben, allerdings nur für den kurzen Zeitraum zwischen Ende 1940 und Anfang 1941. Geschossen wurde auf Ziele in Kent, besonders um Dover, von Stellungen an der Straße von Calais. Dabei wurden wohl Reichweiten um 90 km erzielt. Ein Exemplar wurde 1945 in Holland von den Alliierten erbeutet.

Die Hochdruckpumpe

Die K12 waren nicht die einzigen Waffen, die für den Artilleriebeschuss von Südengland gebaut wurden. Es gab auch die so genannte „Hochdruckpumpe", ein höchst unkonventionelles Geschütz. Sie basierte auf einem Prinzip das erstmals, wenn auch noch nicht perfekt, um 1885 in den Vereinigten Staaten demonstriert wurde. Entwickelt wurde es von Lyman und Haskell, die argumentierten, dass weitere Treibladungen, die in regelmäßigen Abständen in Nebenkammern des Rohrs untergebracht und in Sekundenbruchteilen nach dem Passieren des Geschosses gezündet wurden, für einen zusätzlichen Schub sorgten und damit die Mündungsgeschwindigkeit des Geschosses erhöhen würden. Das erste Exemplar, das nach der Anweisung des Feldzeugmeisters der US Army gebaut wurde, hatte nicht viel mit einem normalen Artilleriegeschütz gemeinsam. Das Rohr war so lang, dass es auf dem Boden liegen musste und deshalb eine geeignete Rampe benötigte. Außerdem waren da die zahlreichen Kammern, in einem Winkel von 45° angebracht, die fast über die gesamte Länge gingen. Im Endeffekt funktionierte die Waffe nicht. Die Liderung war nicht in Ordnung, sodass der Blitz der ersten Treibladung das Geschoss überholte und die weiteren Treibladungen zu früh zündete. Damit war das ganze Projekt gescheitert. Lyman und Haskell gaben auf, und die Idee wurde zu den Akten gelegt. Sie ist anscheinend noch einmal in England während des Ersten Weltkriegs auf den Tisch gekommen, wurde aber erneut abgelehnt.

Im Jahr 1943 schlug der Ingenieur Cönders, ein Mitarbeiter der Röchling Eisen- und Stahlwerke (die keineswegs nur Eisen und Stahl, sondern auch Munition herstellten), eine ähnliche Waffe vor. Dank der Erfolge eines anderen Projekts, des so genannten „Röchling-Geschosses" (ein hervorragendes Mittel zum Knacken von Bunkern), stieß Cönders bei einflussreichen Leuten, insbesondere bei Albert Speer, auf offene Ohren. Obwohl Cönders zur Bedingung machte, dass niemand, nicht einmal das Heereswaffenamt, sich in seine Arbeit „einmischen" durfte, erhielt er den Auftrag für einen

Prototypen der „Hochdruckpumpe". Er baute ein Exemplar im Kaliber 20 mm und erzielte ganz brauchbare Ergebnisse. Nun nahm Hitler, der das Projekt mit Interesse verfolgt hatte, die Sache in die Hand. Er entschied, Cönders solle nicht nur ein oder zwei, sondern 50 Geschütze bauen, die in einer geeigneten Stellung hinter Calais aufgestellt werden sollten. Von dort aus sollten sie das 160 km entfernte London beschießen. Eine geeignete Stellung gab es bereits unter der Bezeichnung V3 bei Marquise-Mimoyecques hinter dem Kap Gris Nez, ganz in der Nähe der südlichen Ausfahrt des heutigen Kanaltunnels. Es wird mit Sicherheit einige Probleme gegeben haben, da auch die Startstellungen der V1 und der V2 in der gleichen Stellung gebaut wurden. Die Erbauer werden sich wohl um die besten Grundstücke gestritten haben. Trotzdem begannen die Erdarbeiten für zwei Stellungen, die jeweils 25 Geschütze im Kaliber 15 cm aufnehmen sollten. Verschossen werden sollten lange pfeilartige Geschosse mit Stabilisierungsflossen, an denen Cönders aber noch arbeitete. Er wurde aber nie richtig fertig damit.

Das HWA greift ein

Cönders hatte auf dem Erprobungsgelände Hillersleben ein Geschütz im vollen Kaliber gebaut und war dabei Ende 1943 auf ernsthafte Probleme gestoßen. Es war schwierig, das Prinzip in die Praxis umzusetzen und ein brauchbares Geschoss zu entwickeln. Selbst als dann alles nach Plan verlief – was selten genug vorkam – waren die Ergebnisse nicht gerade viel versprechend, denn die Mündungsgeschwindigkeit lag nur bei knapp über 1000 m/sek, was für diesen Zweck längst nicht ausreichte. Trotzdem wurden die Pläne weiterverfolgt, ein Geschütz im vollen Kaliber mit einem 150 m langen Rohr bei Misdroy nahe Peenemünde zu bauen, während die Bauarbeiten an der Straße von Calais weitergingen. Allerdings gab es nach erfolgreichen Bombenangriffen der RAF und der USAAF, denen die umfangreichen Bauarbeiten in diesem Gebiet aufgefallen waren, nur noch einen Startplatz. Auch ein spezielles Artilleriebataillon wurde aufgestellt. Cönders, der immer noch ganz allein arbeitete, konnte nur weitermachen und auf bessere Ergebnisse hoffen. Mitte März, als es immer noch keine guten Nachrichten aus Misdroy gab, hatte das Heereswaffenamt genug von dieser Art der Arbeit. Ranghohe Vertreter des HWA kamen und ließen sich das Geschütz vorführen. Sie waren nicht sehr angetan. So übernahmen die General von Leeb und Schneider das Projekt. Nun ging es wirklich voran. Cönders war nur noch ein Mitarbeiter und konzentrierte sich auf drei Probleme: die Konstruktion des Geschosses, die Liderung und die Zündung der Nebentreibladungen. Insgesamt sechs Firmen, darunter Krupp und Skoda, legten brauchbare Vorschläge für das Geschoss vor. Die Probleme mit der Liderung wurden gelöst, indem ein versiegelnder Kolben zwischen Geschoss und der ersten Treibladung platziert wurde. Damit wurde gleichzeitig das Problem der genauen Steuerung der einzelnen Detonationen gelöst, denn der Blitz der ersten Treibladung konnte nun das Geschoss nicht mehr überholen. So brauchte man auch nicht mehr daran zu gehen, eine elektrische Zündfolge zu entwickeln.

Ende Mai wurden schon sehr viel bessere Ergebnisse erzielt. Die Reichweiten lagen bei etwa 80 km, als das Geschütz beim Abfeuern explodierte und zwei Abschnitte zerstört wurden. Es wurden neue Teile bestellt und eine weitere Erprobung für Anfang Juli angesetzt, aber die RAF war unterdessen nicht untätig geblieben. Nachdem der westliche Startplatz bei Marquise aufgegeben werden musste, hatte die für den Bau zuständige Organisation Todt sich alle Mühe gegeben, die Zufahrten zu der östlichen Stellung zu tarnen und hatte damit eine Zeit lang durchaus Erfolg. Ende Juni hatte die RAF nach Auswertung der Aufklärungsfotos aber entschieden, dass es genug Beweise gäbe, dass dort irgend etwas vorging. Also wurde die Elite des Bomberkommandos, das 617 Squadron mit seinen 5443-kg-Tallboy-Bomben losgeschickt. Diese Bomben lösten ein wahres Erdbeben mit verheerenden Wirkungen aus. Eine Bombe traf genau auf die Stellung, vier weitere trafen dicht daneben, richteten aber anscheinend noch größere Schäden an. Die Stellung wurde außer Betrieb gestellt, und die Arbeiten wurden eingestellt, bis die Alliierten eintrafen.

Unterdessen hatte am 4. Juli eine erneute Erprobung stattgefunden. Diesmal wurden acht Schuss abgefeuert. Ein einziges Geschoss flog 93,34 km weit, bevor es explodierte. Damit war es für die Bombardierung von London nicht mehr geeignet. Es gibt Belege für eine Weiterentwicklung. Als die alliierten Truppen Hillersleben einnahmen, fanden sie zwei beschädigte Geschütze, eines davon mit zehn Paaren von Nebenkammern (jeweils rechtwinklig zur Rohrachse angeordnet), das zweite mit fünf Paaren in einem Winkel von 45°. Es gibt nicht nachprüfbare Hinweise über zwei Versionen mit kurzen Rohren, die gebaut und während der Ardennenoffensive gegen die amerikanischen Truppen eingesetzt worden sein sollen. Experten streiten die Existenz dieser Waffen allerdings ab.

RECHTS: Die so genannte „Hochdruckpumpe" – ein innovativer Ansatz, um einem Geschoss mehr Durchschlagskraft zu verleihen. Sie war aber nie wirksam.

Kapitel 10

Panzer und Panzerabwehrwaffen

Die Briten hatten zwar 1916 den Panzer eingeführt, 1939 aber war Deutschland führend. Männer wie Guderian zeigten, aufbauend auf der Arbeit britischer Theoretiker, dass man einen beweglichen Krieg gewinnen konnte. Dann griff Hitler persönlich in das Panzerprogramm ein. Er setzte auf schiere Größe, bis die Projekte nicht mehr in den Griff zu bekommen waren. Zum Schluss kehrte die Vernunft wieder ein.

Um genau zu sein, hörte der Panzer am Morgen des 15. September 1916 auf, eine Geheimwaffe zu sein. An diesem Tag ging nämlich „Mother" – wie die britischen Infanteriesoldaten den Panzer Mark I nannten – an der Somme in das Gefecht. Die deutsche Infanterie war von seinem Erscheinen völlig überrascht, denn es war tatsächlich gelungen, die Entwicklung geheim zu halten. Selbst die britische Bezeichnung „Tank" war absichtlich irreführend; sie blieb aber bis heute erhalten. Noch geheimer als das Vorhandensein der gepanzerten Kampffahrzeuge hielt das deutsche Heer später ihre wirkungsvollen Einsatzmöglichkeiten. Die Polen wurden 1939 völlig überrascht, die Franzosen ein Jahr später ebenfalls. Damit soll aber nicht gesagt sein, dass die neuen Panzermodelle selbst in aller Öffentlichkeit entwickelt wurden.

LINKS: Der „Panzerschreck" feuerte eine Granatrakete mit einer Hohlladung ab.

OBEN: Der Jagdtiger basierte auf dem Fahrzeug, das Professor Porsche für das Tiger-Projekt vorlegte.

PzKpfw VI TIGER Ausf E

Länge (gesamt): 8,24 m
Breite: 3,73 m

Gewicht: 58 t
Höchstgeschwindigkeit (Straße): 38 km/h
Reichweite (Straße): 100 km
Besatzung: Fünf Mann
Bewaffnung: 8,8-cm-Kanone KwK 36, zwei 7,92-mm-MG 34

OBEN: Der Tiger war der erste deutsche „Superpanzer" und bei richtigem Einsatz sehr erfolgreich. Allerdings sorgte der zu schwache Motor für zahlreiche Ausfälle.

Der Tiger

Als das 57 t schwere Sonderkraftfahrzeug (SdKfz) 181 Panzerkampfwagen VI „Tiger" erstmals an der Front vor Leningrad zum Einsatz kam, 26 Jahre und einen Tag nach dem Einsatzdebüt des ersten Panzers, sollte die Welt etwas erleben, was sie noch nie gesehen hatte. Die 100 mm starke Frontpanzerung war nur noch auf selbstmörderisch kurze Entfernung zu überwinden, und die 8,8-cm-Kanone L/56 konnte buchstäblich jedes Fahrzeug durchschießen, das ihr vor das Rohr fuhr. Der sowjetische T-34, zu dessen Bekämpfung der Tiger ja speziell gebaut wurde, machte da keine Ausnahme.

Trotz dieser Vorteile ging das erste Gefecht des Tiger unentschieden aus und das zweite eine Woche später war von noch weniger Erfolg gekrönt. Einer der Panzer fuhr sich im Niemandsland hoffnungslos fest und musste in die Luft gesprengt werden, damit er nicht dem Feind in die Hände fiel. Die Tiger gingen erst im Januar des folgenden Jahres wieder in den Kampf. Es zeigte sich aber schnell, dass sie keineswegs die unbesiegbaren Fahrzeuge waren, für die man sie gehalten hatte. Natürlich waren sie sehr effektiv, auf die lange Sicht fanden sich aber doch zahlreiche Konstruktionsmängel: der Benzinverbrauch war exorbitant hoch, und Motor und Getriebe waren der Belastung in keiner Weise gewachsen. Bis 1944 hatten die Alliierten auch wirksame Gegenmittel entwickelt. Hitler aber blieb dem Tiger treu. Er entsprach schließlich mehr als jeder andere Panzer seinen Vorstellungen von „größer, stärker, besser...", zumindest vorübergehend. Abgelöst wurde er vom 70 t schweren SdKfz 182 Königstiger, der von allem noch etwas mehr bot. Er war aber noch weniger für den praktischen Einsatz geeignet und nur in ganz bestimmten Situationen wirklich effektiv. Hitler hatte eben nicht erkannt, dass das Gesetz von der fallenden Profitrate am Werk war.

Der riesige „Maus"

Normalerweise wird Hitler für die Entscheidung verantwortlich gemacht, die riesigen Panzer zu bauen, und er trug sicherlich auch seinen Teil dazu bei, aber er hatte einen willfährigen Gehilfen in Dr. Ing. Ferdinand Porsche. Porsche war zufällig nicht nur der führende Panzerkonstrukteur (zumindest seiner eigenen Meinung nach), sondern auch Leiter der Panzerkommission. Bereits 1942, lange bevor die Tiger in das Gefecht gingen, hatte er Pläne für einen Panzer vorgelegt, den er wohl mit beabsichtigter Ironie „Maus" nannte. Dieser riesige Panzer sollte 150 t wiegen und eine massive 350-mm-Frontpanzerung haben. Vorgesehen waren entweder eine 15-cm- oder eine 12,8-cm-Kanone, jeweils mit einer koaxialen 7,5-cm-Kanone (sowie eine 2-cm-Kanone und zwei 7,92-mm-MGs). Wie Porsches Vorschlag für den Tiger (aus dem dann der Jagdtiger wurde) sollte der „Maus" einen benzinelektrischen Antrieb erhalten. Der 1200-PS-Motor sollte einen Generator betreiben, der wiederum die Elektromotoren in den Naben der Antriebsräder mit Strom versorgte. Das war eine elegante Lösung für die zahlreichen Probleme mit der Kraftübertragung; sie ließ sich aber in diesem kleineren Maßstab letztendlich nicht verwirklichen. Bei U-Booten und Schlachtschiffen funktionierte sie erfolgreich, aber bei den Panzern reichte die Motorkraft nicht, und die Fahrer überhitzten die Motoren regelmäßig, wenn sie sich aus schwierigen Lagen befreien wollten.

Es wurden sechs Prototypen bestellt, von denen der erste im Dezember 1943 fahrbereit war. Er war erstaunlich erfolgreich und erreichte mit dem viel zu schwachen 1000-PS-Motor immerhin 20 km/h. Besonders das

PzKpfw VI TIGER II Ausf B

Länge (gesamt): 10,26 m
Breite: 3,75 m

Gewicht: 71,1 t
Höchstgeschwindigkeit (Straße): 38 km/h
Reichweite (Straße): 110 km
Besatzung: Fünf Mann
Bewaffnung: 8,8-cm-Kanone KwK 43, zwei 7,92-mm-MG 34

OBEN: Der Königstiger war schwerer als der Tiger und hatte eine stärkere 8,8-cm-Kanone. Da er den gleichen Motor hatte wie der Tiger, gab es auch bei ihm zahlreiche Ausfälle.

Laufwerk, ein modifiziertes Tiger-Laufwerk der Porsche-Version mit längs liegenden Drehstäben und vier verschachtelten Laufrollen pro Achsschenkel, bewährte sich. Bei einem Gesamtgewicht von 193 t einschließlich der sechsköpfigen Besatzung, Kraftstoff und Munition gab es kaum eine Straßenbrücke im Land, die dies Ungeheuer hätte tragen können. Daher war von Anfang an eine Watfähigkeit bis zu einer Wassertiefe von 8 m eingeplant. Die Luft für Besatzung und Motor sollte über einen Schnorchel auf dem Turmdach zugeführt werden. Das „Maus"-Projekt kam kaum über die Anfangsphase hinaus. Bis zum Kriegsende waren insgesamt neun Prototypen fast oder völlig fertig gestellt. Dieses bescheidene Ergebnis sagt aber nichts über die Energie, Gelder und kostbaren Rohstoffe, die dabei verschwendet wurden. Und es sollte noch schlimmer kommen: das Heereswaffenamt protestierte zunächst, weil es so ein Fahrzeug nicht wollte und keinen vernünftige taktischen Verwendung finden konnte. Als sich Adolf Hitler über diese Bedenken hinwegsetzte, entschloss

UNTEN: Zwei abgeschossene Tiger 1944 in der Sowjetunion. Zu dieser Zeit wussten die Alliierten bereits, wie sie mit diesen 57-t-Ungeheuern umgehen mussten.

PANZER „MAUS“

Länge (gesamt): 10,08 m
Breite: 3,67 m
Gewicht: 193 t
Höchstgeschwindigkeit (Straße): 20 km/h
Reichweite (Straße): 190 km
Besatzung: Sechs Mann
Bewaffnung: 15-cm-Kanone KwK 44, zwei 7,92-mm-MG 34

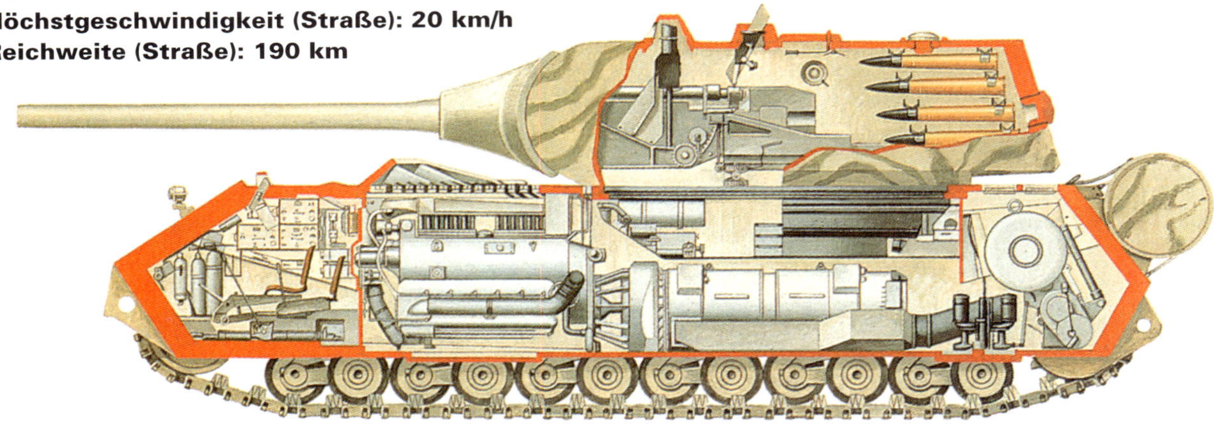

OBEN: Selbst der Königstiger hätte neben dem „Maus“ wie ein Spielzeug gewirkt. Als Nebenwaffe sollte eine 7,5-cm-Kanone zum Einsatz kommen, die beim Panther noch als Bordkanone genügte.

sich das HWA, selbst so ein Fahrzeug in Auftrag zu geben!

Es verwundert nicht weiter, dass das HWA sich an Henschel wandte, wo ja bereits beide Versionen des Tiger (und der viel erfolgreichere PzKpfw V Panther) gebaut wurden. Natürlich ist es nur logisch, dass der E100, wie das Projekt hieß, mehr als eine zufällige Ähnlichkeit mit diesen Panzern aufwies, nur war alles noch viel größer. Das Gesamtgewicht wurde auf 140 t geschätzt, das heißt, im Gefecht wären es wohl noch zehn Tonnen mehr geworden. Auch dieser Panzer sollte die 15-cm-Kanone KwK 44 und eine koaxiale 7,5-cm-Kanone erhalten. Im Großen und Ganzen erscheint dieses Projekt (jedenfalls relativ) realistischer als der „Maus“. Bis zum Kriegsende wurde ein Prototyp gebaut, der aber nie gefahren war.

Insgesamt litt das deutsche Panzerbauprogramm im Zweiten Weltkrieg unter der irrigen Annahme, dass ein einzelnes Fahrzeug, schwer bewaffnet und mit einer durchschlagskräftigen Kanone (zumindest mit seiner Reichweite) eine beliebige Anzahl gegnerischer Panzer zerstören konnte. Als die Alliierten 1944 in der Normandie landeten, war das mit Sicherheit nicht mehr der Fall. Die amerikanischen Sherman, die ungefähr zur selben Zeit erschienen wie der Tiger, hatten unterdessen sehr viel stärkere Kanonen erhalten – die amerikanischen Versionen eine 76-mm-Kanone, die britischen einen 17-Pfünder. Sie hatten damit eine echte Chance und dank ihrer zahlenmäßigen Überlegenheit sogar mehr als das. Im Osten galt das gleiche für den T-34 mit der größeren Kanone. Es wäre viel vernünftiger gewesen, den Tiger aufzugeben (oder ihn gar nicht erst anzufangen) und sich stattdessen voll und ganz auf den erfolgreichen PzKpfw V Panther zu konzentrieren, den viele Experten für den besten Panzer des ganzen Krieges halten. Er war auf alle Fälle schneller (und einfacher) herzustellen. Mit seiner 70 Kaliber langen 7,5-cm-Kanone KwK 42, die von Rheinmetall-Borsig entwickelt wurde, war er ein ernst zu nehmender Gegner, der die Panzer der Alliierten praktisch auf jede Entfernung zerstören konnte.

Panzerabwehrwaffen

Das deutsche Panzerbauprogramm mag ja mit vielen Mängeln behaftet gewesen sein; für die Panzerabwehrwaffen galt das aber nicht. Am Anfang des Kriegs waren diese Waffen bis auf wenige Ausnahmen ihrer Aufgabe absolut nicht gewachsen. Zu diesen Ausnahmen zählte die schwere 8,8-cm-Kanone, die eigentlich ursprünglich eine Flugabwehrkanone gewesen war, im Spanischen Bürgerkrieg aber mit viel Erfolg als Panzerabwehrkanone eingesetzt wurde, nachdem die entsprechenden panzerbrechenden Geschosse bereitstanden. Kurz darauf wurde eine praktische und vielseitige Lafette entwickelt, und die Waffe wurde als Panzerabwehrkanone (PaK) 36 ausgegeben. Als KwK 36 wurde sie auch in den Tiger eingebaut. Sie war sehr leistungsfähig und dabei völlig konventionell aufgebaut. Andere Hochgeschwindigkeitskanonen, die in Deutschland zum Einsatz gegen Panzer entwickelt wurden, konnten das nicht von sich behaupten.

Waffen mit konischem Rohr

Den ersten Vorschlag für eine Kanone mit einem völlig konisch geformten Rohr machte Karl Puff aus Deutschland im Jahr 1903. Er schlug ein Geschoss mit einer Hülse vor, die durch die Form des Rohrs immer weiter komprimiert wurde, bis sie eine Reihe von Nuten im Körper der Kugel selbst füllte. Damit wurde das Geschoss stark beschleunigt, denn der Querschnitt war erheblich kleiner geworden, während der Druck im Rohr konstant blieb (die Geschwindigkeit ergibt sich aus diesen beiden Werten). Puff hatte aber das Pech, dass niemand in Deutschland in der Lage war, ein gezogenes Rohr mit konischer Bohrung mit der erforderlichen Präzision herzustellen, zumindest nicht im Jahr 1903.

In den 30er Jahren experimentierte der Büchsenmacher Hermann Gerlich ebenfalls in Deutschland mit Puffs Ideen und war bald so weit, dass er Jagdgewehre nach diesem Prinzip bauen konnte. Sie waren hervorragend, denn sie verfügten über die so wichtige flache Flugbahn. Als Gerlich aber versuchte, die Streitkräfte verschiedener Länder für sein Gewehr zu begeistern, stieß er auf Ablehnung. Die meisten waren von den Kosten des Projekts abgeschreckt. Das Arsenal in Springfield jedoch bestätigte die Brauchbarkeit und baute eine Version des Gewehrs M1917 mit einer Mündungsgeschwindigkeit von über 2135 m/sek anstelle der 855 m/sek der Normalversion. Gerlich stellte seine eigenen Versuche 1933 ein und nahm Kontakt zu Rheinmetall auf. Dort sah man die Möglichkeit, das System in eine Panzerbüchse einzubauen und ein Geschoss mit einem Kern aus Wolframkarbid und einer Hülse aus Weichstahl zu benutzen. Daraus wurde schließlich die Panzerbüchse 41, die ein 20-mm-Geschoss (das zu Beginn noch 28 mm groß war) mit einer Mündungsgeschwindigkeit von 1400 m/sek verschoss. Dieses Geschoss konnte eine 66 mm starke Nickelstahlpanzerung auf eine Entfernung von 500 m glatt durchschlagen. Danach baute Rheinmetall eine stärkere Version im nominellen Kaliber 4,2 cm, bei der das Geschoss auf 29,4 mm zusammengequetscht wurde. Dieses konnte die gleiche Panzerung auf die doppelte Entfernung durchschlagen. Die Waffe wurde 1941 als Panzerjägerkanone 41 eingeführt und konnte sich erfolgreich behaupten.

Panzerabwehrkanonen von Krupp

Zwei Jahre zuvor hatte Krupp bereits begonnen, ebenfalls Möglichkeiten zu untersuchen, den Querschnitt des Geschosses zu reduzieren, solange es sich noch im Rohr befand. Dabei kam man auf eine einfachere, aber mit Sicherheit ebenso wirksame Methode. Krupp baute kein gleichmäßig konisch geformtes Rohr, sondern erweiterte die Mündung einer normalen Kanone um einen glattgebohrten, stufenweise verjüngten Abschnitt. Das

OBEN: Der 8,8-cm-Raketenwerfer trug den Spitznamen „Püppchen". Abgelöst wurde er durch die von der Schulter abgefeuerten Raketenwerfer.

(gebördelte) Geschoss lief im nominellen Kaliber 7,5 cm in die Verlängerung und wurde in zwei Stufen auf 5,5 cm gebracht. Der Vorteil lag hier in der Logistik: nur die Verlängerung nutzte sich stark ab (was natürlich der große Nachteil des Systems war). Sie war aber mit einer einfachen Schraubmuffe am Rohr befestigt und konnte im Feld ohne Spezialwerkzeug ausgetauscht werden. Diese PaK 41 verschoss ein 2,6 kg schweres Geschoss mit Wolframkern bei einer Mündungsgeschwindigkeit von 1125 m/sek. Es konnte eine 125 mm starke Panzerung durchschlagen, die es damals bei Panzern noch gar nicht gab, und das auf eine Entfernung von 2000 m.

Genau diese Waffe sollte zunächst in den Tiger eingebaut werden. Diese konisch gebohrten Kanonen bewährten sich zweifellos hervorragend im Gefecht, hatten aber einen Nachteil: die Geschosskerne mussten unbedingt aus Wolfram bestehen, wenn das Geschoss wirksam funktionieren sollte, und gerade dieses Material war in Deutschland sehr knapp, denn es wurde dringend im Maschinenbau für die Schneidwerkzeuge benötigt. Man musste also eine Entscheidung treffen und entschied sich für den Maschinenbau. Die konisch gebohrten Kanonen wurden außer Dienst gestellt und verschrottet. Nur wenige überlebten den Krieg. Rheinmetall und Krupp boten dann konventionelle Panzerabwehrkanonen in größeren Kalibern an. Der Höhepunkt war die 12,8 cm PaK 44.

Oben: Die Panzerfaust 30 war der einfachste deutsche Granatraketenwerfer. Die Bezeichnung bezieht sich auf die optimale Reichweite – 30 m.

Unten: Der Eindruck täuscht nicht. Der „Panzerschreck" basiert auf der amerikanischen Bazooka und war genauso wirksam. Es gab zwei Versionen.

Hohlladungen

Eine Möglichkeit, Panzerungen zu durchschlagen, ist die kinetische Energie eines schnellen Geschosses (also rohe Gewalt). Daneben gab es aber auch die Hohlladung, eine Sprengladung mit einem Hohlkegel oder einer Halbkugel aus Metall, die durch die Hitze der dahinter stattfindenden Explosion in einen extrem schnellen (etwa 7500 m/sek) Strahl aus geschmolzenem Material und Gasen verwandelt wird. Dieses Geschoss wurde erstmals 1939 als Sprenggeschoss gebaut und soll im Mai 1940 bei der Erstürmung der Festung in Eban Emael seinen ersten Einsatz gehabt haben. Die Entwickler waren unterdessen schon einen Schritt weiter und standen kurz davor, ein ähnliches Artilleriegeschoss zu bauen. Briten und Amerikaner hatten inzwischen auch Fortschritte gemacht, und die Sowjets erreichten ihr Ziel auf ganz einfache Weise: sie kopierten erbeutete oder gestohlene deutsche Munition. Das Prinzip hatte nur einen Haken: das Geschoss musste im Flug rotieren, um die exakte Flugbahn beizubehalten, was aber den heißen Strahl versprengte und in der Wirksamkeit reduzierte. Eine Möglichkeit war die Stabilisierung des Geschosses durch Flossen, sie war aber noch nicht perfektioniert. Eine andere Antwort boten die Feuerwerksraketen (wie auch die ersten Kriegsraketen, die in China viele Jahrhunderte zuvor entwickelt worden waren): sie hatten einen langen Schaft als Schwanz. Dieses Prinzip wurde in Deutschland erfolgreich weiterentwickelt. Hier wurde ein Stab von einem Rohr umgeben, an dem die Flossen montiert waren.

RPzB 43 „PANZER-SCHRECK"

Kaliber: 88 mm
Rohrlänge: 1,638 m
Gesamtgewicht: 13,12 kg
Reichweite: 150 m

PANZERFAUST 30

Geschossdurchmesser: 150 mm
Gesamtgewicht: 5,22 kg
Reichweite: 30 m
Eindringtiefe: 200 mm

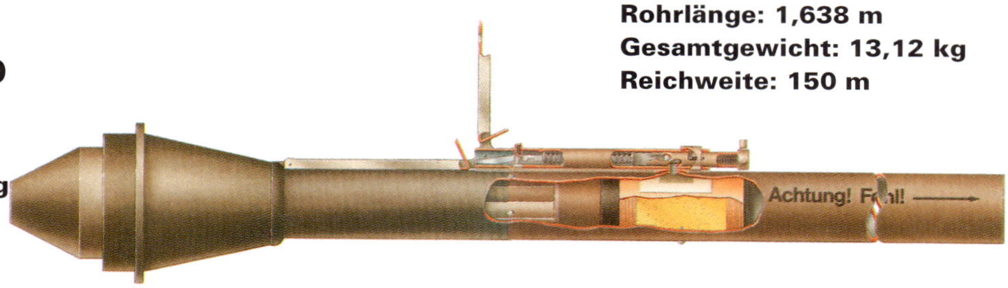

OBEN: Die Raketenpanzerbüchse 43 „Panzerschreck" und die einfachere Panzerfaust waren Mittel, mit denen selbst ein Infanterist Panzer knacken konnte.

Dieser Stab wurde in das Rohr der 3,7 cm PaK 36 eingeführt. Dann wurde das Rohr aufgesetzt. Die Hohlladung mit der Halbkugel aus Kupfer und 2,4 kg TNT und Hexogen saß unmittelbar vor der Mündung. Angetrieben wurde das Ganze von einer speziellen Patrone, die ganz konventionell in den Verschluss geladen wurde. Bis auf 300 m war das Geschoss ziemlich genau. Da der Sprengkopf unabhängig von der kinetischen Energie des Geschosses war (die ja immer weiter abnahm), blieb die Wirksamkeit unabhängig von der Entfernung stets gleich. 180 mm Panzerstahl konnten durchschlagen werden. Zusammen mit simplen Feststoffraketenmotoren wurde aus dieser Hohlladung sogar die erste Generation der Granatraketen, die Panzerfaust und der Panzerschreck (Raketenpanzerbüchse). Die letztere war eine direkte Kopie der amerikanischen Panzerbüchse M1, der berühmten Bazooka, allerdings mit deutschen 8,8-cm-Raketen.

Ruhrstahl X-7 „Rotkäppchen"

Eine wesentlich elegantere Lösung zur Vernichtung von Panzern auf dem Gefechtsfeld bot Ruhrstahl an. Panzerfaust und Panzerschreck hatten den Nachteil, dass sie nur auf selbstmörderisch kurze Entfernung funktionierten. Diese Firma ist uns ja bereits als Hersteller der Lenkbombe „Fritz-X" und des Luft-Luft-Flugkörpers X-4 aufgefallen. Auf eine Anfrage des Heereswaffenamts wurde 1944 die X-7 „Rotkäppchen" entwickelt, die im grundlegenden Aufbau der X-4 entsprach, aber statt des konventionellen Sprenggefechtskopfs eine 2,5-kg-Hohlladung hatte. Das Lenksystem wurde auf raffinierte Weise vereinfacht. Wie die X-4 hatte auch die X-7 Flügel (aber nur zwei mit parabolischen Vorder- und Hinterkanten und Spulen an den Spitzen, von denen die Lenkdrähte abgewickelt wurden) und drehte sich langsam im Flug. Längs- und Querneigung wurden durch eine einzigen spatenförmigen Flügel gesteuert. Dieser Flügel saß am Ende eines gebogenen Arms, der während des Abfeuerns hinter dem Rumpf herunterhing. Wenn die Rakete rotierte (ungefähr eine Drehung pro Sekunde), übernahm der Flügel die Längs- und Quersteuerung. Ein Kreiselschalter übertrug die Signale zur Betätigung des einfachen Luftruders, während die Rakete von der vertikalen in die horizontale Stellung überging, wahrlich eine elegante Lösung.

Die X-7 wurde von zwei WASAG-Feststoffraketen angetrieben; das Diglykol saß in zwei konzentrischen Röhren. Die erste Ladung erzeugte zweieinhalb Sekunden lang einen Schub von 68 kp, womit die Rakete gestartet und auf die Einsatzgeschwindigkeit von 360 km/h gebracht wurde. Die zweite Ladung gab acht Sekunden lang 5,5 kp ab (also länger als der wahrscheinliche Flug je dauern würde). Die Höchstreichweite lag bei etwa 1,2 km. Es sollen ein paar Hundert Ruhrstahl X-7 gebaut worden sein, wovon die meisten bei der Erprobung verbraucht wurden. Es gibt aber auch Vermutungen, dass einige tatsächlich zum Einsatz kamen, und zwar 1945 an der Ostfront. Nach unbestätigten Berichten sollen sie sich gut geschlagen haben und konnten es sogar mit dem schweren JS-1 aufgenommen haben, der ansonsten auf normale Entfernungen jeder Waffe standhalten konnte.

Kapitel 11

U-Boote und ihre Waffen

Als der Zweite Weltkrieg halb vorüber war, setzte Deutschland (und sein „Führer") keine Hoffnung mehr in die Überwasserflotte. U-Boote waren etwas ganz anderes. Es war aber noch viel Arbeit zu leisten. Aber auch hier kam die neue Generation erst richtig zum Einsatz, als der Krieg bereits verloren war.

Vor und während des Krieges war die Luftwaffe das Lieblingskind der Nationalsozialisten. Für die Kriegsmarine traf das aus vielerlei Gründen nicht zu. Da gab es unter anderem politische und historische Gründe, die auch mit den dunklen Tagen der Unruhen in den 20er Jahren zu tun hatten. Es gab aber auch sachliche Gründe, und zwar in der Regel die schlechten Leistungen der deutschen Großkampfschiffe. Hitler soll tatsächlich einmal so weit gewesen sein, dass er den Befehl erteilte, die ganze Überwasserflotte zu verschrotten. Davon ausgenommen war nur die U-Boot-Flotte, die unter der Führung des talentierten Karl Dönitz fast die lebensnotwendigen Verbindungen zwischen England und den Vereinigten Staaten unterbrochen hätte. Daher wurden die Haushaltsmittel, die die Kriegsmarine erhielt, fast ausschließlich in die U-Boot-Flotte investiert.

LINKS: Deutschland baute auch Kleinst-U-Boote wie diesen „Biber", der hier Weihnachten 1944 von Rotterdam aus startet.

OBEN: Das U-Boot vom Typ XXI war eine der einflussreichsten Entwicklungen im Schiffbau des 20. Jahrhunderts.

Zielsuchtorpedos und Magnetminen

Bis zum Ende des Ersten Weltkriegs war aus dem U-Boot-Torpedo, dessen erstes erfolgreiches Vorgängermodell der Anglo-Italiener Whitehead 1868 gebaut hatte, eine zuverlässige, praktische Waffe geworden. Während des Krieges hatte man damit bereits Tausende von Schiffen versenkt. Allein die deutschen U-Boote versenkten 5556 Schiffe. So ist davon auszugehen, dass der Torpedo mit seiner Erfolgsquote (Treffer pro eingesetzte Torpedos) eine der effektivsten Waffen überhaupt im Ersten Weltkrieg war. Er war aber noch eine relativ schlichte, nicht gerade hoch entwickelte Waffe. So boten sich genügend Möglichkeiten zur Weiterentwicklung. Sicherlich konnte man die Reichweite und Zielgenauigkeit noch verbessern. Bislang hatte eine höhere Reichweite stets zu einer niedrigeren Trefferquote geführt, da die Torpedos sich nicht selbst lenken konnten. Wissenschaftler in Deutschland sollen bereits gegen 1936 ein passives akustisches Zielsuchgerät perfektioniert haben, das den Torpedo mit Hilfe der Geräusche eines U-Boots steuerte. Diese neue Waffe war aber nicht gebaut worden, um sie geheim zu halten.

Tricks gegen die „Foxer"

Diese simplen Geräte der ersten Generation reagierten aber nur sehr träge und waren daher in erster Linie für langsame Ziele wie Handelsschiffe geeignet. Kriegsschiffe hingegen konnten oft einfach vor ihnen wegfahren. Die Geräte ließen sich auch durch geschleppte Geräuschquellen täuschen (die so genannten „Foxer" bestanden anfangs aus zwei einfachen Eisenrohren, die lose zusammengebunden waren und ständig aneinander schlugen). Erst im September 1943 fanden die deutschen Wissenschaftler ein funktionierendes Mittel dagegen.

Das passive akustische Zielsuchgerät der zweiten Generation hieß „Zaunkönig". Wenn es ein Geräusch in einem bestimmten Bereich vor sich wahrnahm, wurde über einen Hilfsstromkreis ein kleiner Magnetschalter bedient, der wiederum eine Ruderfläche betätigte. Sofort nahm der Torpedo Kurs scharf Steuerbord und beschrieb für zunächst eine kreisförmige Bahn (und zwar, bis er einen Halbkreis vollendet hatte) worauf er wieder scharf nach Steuerbord schwenkte und den ursprünglichen Kurs einschlug. So umging der Torpedo die Geräuschquelle und suchte nun das Propellergeräusch des schleppenden Schiffs. Wenn er das Geräusch des Schiffs vor ihm ortete, vollführte er erneut das Halbkreis-Manöver. Der Durchmesser des Halbkreises errechnete sich aus etwas weniger als der Schiffslänge plus der Entfernung, die das Schiff in der Zwischenzeit zurücklegte. So schlug der Torpedo seitlich in das Schiff ein. Man geht davon aus, dass etwa 700 T5 im Krieg abgefeuert wurden, und dass 77 (11%) Treffer landeten. Die US Navy führte den ähnlich ausgerüsteten Torpedo Mark 27 im Jahr 1944 ein und setzte in den

UNTEN: U1406, einer der wenigen einsatzbereiten Typen XVII mit Walter-Motor, wird fertig gestellt. Das U-Boot wurde im Mai 1945 versenkt, aber später gehoben und in die USA gebracht. U1407 ging nach England.

TYP XVIIB

Typ: Küsten-U-Boot
Verdrängung: 317 t an der Oberfläche, 363 t unter Wasser
Länge: 41,50 m
Geschwindigkeit unter Wasser: 21,5 Knoten
Reichweite unter Wasser: 210 km
Bewaffnung: Zwei 533-mm-Torpedorohre
Besatzung: 19 Mann

OBEN: Die U-Boote vom Typ XVII hatten konventionelle Dieselmotoren und einen Walter-Motor. Sie sollten im Küstenbereich eingesetzt werden.

letzten beiden Kriegsjahren 106 Stück ein. Die Trefferquote lag bei 33 Stück (31%).

Eine andere Möglichkeit war eine Art von Autopilot, der nach einer vorher festgelegten Entfernung den Torpedo eine Reihe von Kurven beschreiben ließ. Man hoffte, dass ein Torpedo, der in die grobe Richtung eines Konvois abgefeuert wurde, auf diese Art mehr oder weniger zufällig ein Schiff traf. Bekannt sind aber weder die Trefferquoten des Federapparat-Torpedos noch die seines etwas fortschrittlicheren Nachfolgers, des lagenunabhängigen Torpedos, der immerhin aus einer Tiefe von 50 m abgefeuert werden konnte. Die späteren U-Boote hatten sechs nach vorn gerichtete Torpedorohre, die so angeordnet waren, dass sie einen Feuerbereich von 10° abdeckten. Wenn alle sechs in einer Salve abgefeuert wurden, war die Chance, das Ziel zu treffen, gar nicht so schlecht. Natürlich hätte man die bekannten Lenksysteme der Gleitbomben und Lenkflugkörper auch für die Torpedos benutzen können. Unter Wasser wäre es aber sehr schwierig gewesen, die genaue Bahn des Torpedos zu verfolgen. Merkwürdigerweise hat es nicht einmal ein Versuchsprogramm gegeben. Einer der ersten Ausbilder der U-Boot-Kriegführung bei der Kriegsmarine, Werner Fürbringer, hatte ein derartiges Programm vorgeschlagen, fand aber kein Gehör.

Eine brauchbare Alternative zu den Torpedos war das Verlegen von Minen vor dem eintreffenden Feind, besonders wenn es sich um einen langsamen Konvoi handelte. Zu diesem Zweck wurden verschiedene Minen entwickelt, die von U-Booten verlegt wurden. Die Torpedo-Ankertaumine hatte eine Sprengladung von 215 kg. Sie saß an einem Anker und konnte so in einer genau festgelegten Tiefe treiben. Die Torpedo-Grundminen dagegen wurden in flachen Gewässern auf dem Boden verlegt. Es gab sie in zwei Größen: die TMB mit 500 kg und die TMC mit 1000 kg. Alle drei Minen waren so ausgelegt, dass sie mit einem gewöhnlichen 53,5-cm-Torpedorohr verschossen werden konnten. Dazu gab es unterschiedliche fernbediente Zünder, magnetisch und akustisch.

Die neue U-Boot-Generation

In der Zwischenkriegszeit hatte sich an der grundlegenden Konstruktion des U-Boots kaum etwas geändert. Nur die einst so beliebte Sattelzelle, in der die Auftriebstanks außerhalb des Druckkörpers saßen, musste allmählich dem Zweihüllenrumpf weichen. Hier umgaben die Auftriebstanks den Rumpf fast völlig und saßen selbst in einer leichten Hülle, die so geformt werden konnte, dass sie Seetüchtigkeit und Fahrleistungen verbesserte. Deutschland fing relativ spät mit dem U-Boot-Bau an; das erste U-Boot entstand erst 1906 nach französischen Plänen. Hier war die Entwicklung Ende der 30er Jahre nur darauf gerichtet, Größe und Reichweite der vorhandenen Typen zu erhöhen. Radikale Änderungen an der Bauweise blieben aber aus. Gegen 1941 wurden aber Versuchsträger mit einem neuen Antrieb gebaut, der keinen atmosphärischen Sauerstoff benötigte. Die Ergebnisse waren recht ermutigend. Natürlich war auch dieser Antrieb ein Werk des produktiven Professors Hellmuth Walter, der uns ja schon öfter begegnet ist. Er hatte ein kleines Versuchs-U-Boot gebaut, die V80. Sie lief am 19. Januar 1940 vom Stapel und hatte eine bescheidene Verdrängung von 75 t unter Wasser. Walter rüstete es mit einer Dampfturbine aus, gespeist von einer Version der Flüssigstoff-Raketenmotoren, die auch das Dampfkatapult der V-1 betrieben. Sie erzeugten den Dampf durch die chemische Reaktion von Wasserstoffperoxyd mit einem Katalysator. Walter merkte schnell, dass er fast 30 Knoten unter Wasser erreichen

TYP XXIA

Typ: Hochseetüchtiges U-Boot
Verdrängung: 1620 t an der Oberfläche, 1848 t unter Wasser
Länge: 76,70 m
Geschwindigkeit unter Wasser: 17 Knoten
Reichweite unter Wasser: 525 km bei 6 Knoten
Bewaffnung: Sechs 533-mm-Torpedorohre, vier 20-mm-Flak
Besatzung: 57 Mann

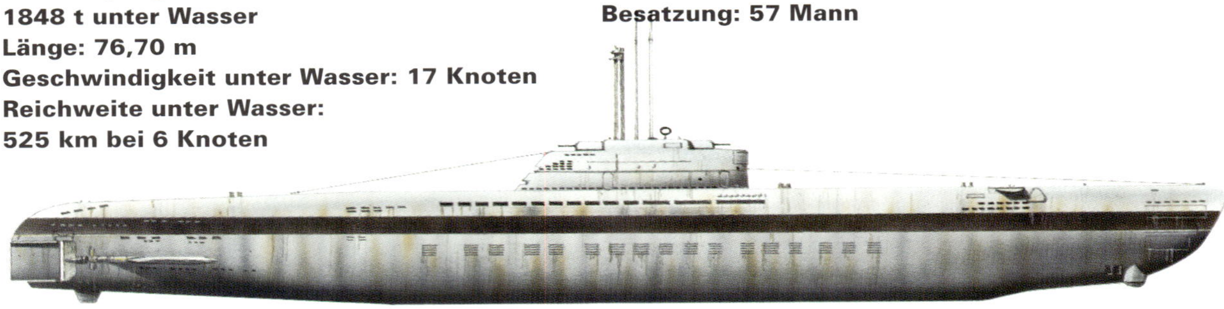

OBEN: Die U-Boote vom Typ XXI waren hochseetüchtig und hatten eine Verdrängung von über 1600 t, so viel wie damals ein kleiner Zerstörer. Unter Wasser waren sie 17 Knoten schnell.

konnte, die dreifache Unterwassergeschwindigkeit konventioneller Kriegs-U-Boote mit Batterieantrieb. So schlug er der Kriegsmarine vor, eine Flotte von U-Booten mit diesem Antrieb zu bauen. Als er gefragt wurde, wo er die großen Mengen an Reagenzien und Kraftstoff unterbringen wollte, legte er die Pläne für ein U-Boot mit zwei Decks vor. Es handelte sich praktisch um zwei einzelne Doppelrümpfe, die einen Querschnitt in Form einer „8“ aufwiesen. Der untere Rumpf sollte nur der Bevorratung dienen. Als ein Experte diese Vorschläge sah, meinte er, dass man dann den unteren Rumpf gleich mit Batterien vollstopfen könne.

Elektrische U-Boote

Ganz gleich welche Methode zum Einsatz kam, es wur-

UNTEN: Der Kommandoturm eines (versenkten) Typ XXI. Auffällig die einziehbare Funkantenne und die verkleideten MG-Stellungen.

TYP XVIII

Typ: Küsten-U-Boot
Verdrängung: 233 t an der Oberfläche, 260 t unter Wasser
Länge: 34,7 m
Geschwindigkeit unter Wasser: 22 Knoten
Reichweite unter Wasser: 325 km
Bewaffnung: Zwei 533-mm-Torpedorohre
Besatzung: 14 Mann

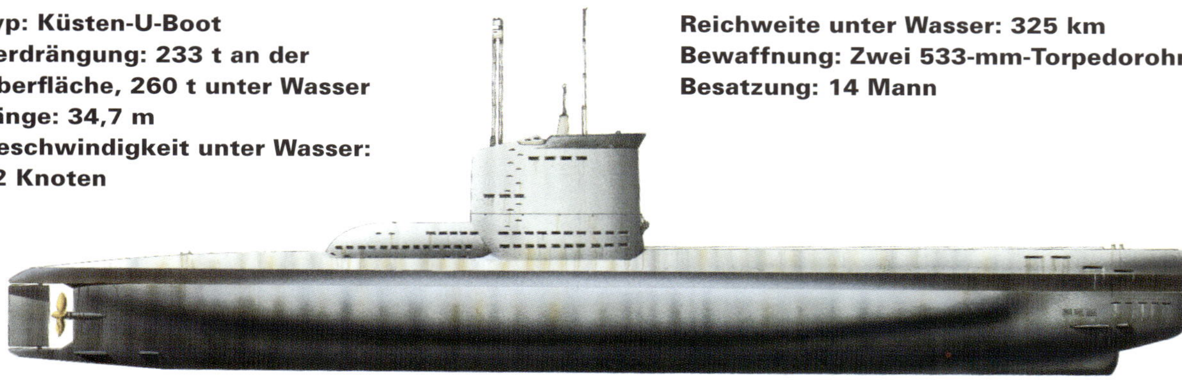

OBEN: Die anderen Elektro-U-Boote waren die kleineren Typen XXIII für den Kücsteneinsatz. Selbst mit nur 14 Mann an Bord blieb nicht viel Platz, denn ein Großteil des Innenraums war für die Batterien reserviert.

de im Verlauf des Kriegs immer schwieriger für die U-Boot-Besatzungen, an der Oberfläche zu bleiben. Sogar nachts drohte ihnen Gefahr von den U-Boot-Patrouillenflügen der RAF und der USAAF. Wenn sie weiterhin effektiv Krieg führen wollten, mussten sie also U-Boote erhalten, die viel länger tauchen konnten und die bessere Leistungen unter Wasser boten. Deshalb ging die Forschung auch in diese Richtung. Es wurden mehrere „Walter-U-Boote" gebaut, weitere waren noch im Bau, als der Krieg zu Ende ging. Die beiden U-Boote vom Typ XVIIB wurden im Hamburger Hafen versenkt. US Navy und Royal Navy ließen sie heben und führten Versuche durch. Der Antrieb verlangte aber große Mengen höchst seltener Kraftstoffe und erwies sich als sehr launisch. Mit entsprechender Zeit hätte es eine vernünftige Lösung werden können, aber Zeit war etwas, was die Kriegsmarine gerade nicht hatte. So sah man sich auch nach anderen Lösungen um.

Die Typen XXI und XXIII

Die so nebenbei gemachte Bemerkung, Batterien im unteren Deck des Doppelrumpf-U-Boots unterzubringen, sollte weit reichende Konsequenzen haben. Es wurden zwei Klassen von U-Booten gebaut, die unter Wasser tatsächlich schneller waren als an der Oberfläche: der hochseetüchtige Typ XXI und das kleinere Küsten-U-Boot Typ XXIII. Sie waren aber nicht die ersten, die das konnten: unmittelbar nach dem Ersten Weltkrieg wurden in England so genannte U-Jagd-U-Boote gebaut. Diese „R"-Klasse hatte die 220-V-Batterien von der viel größeren „J"-Klasse, kombiniert mit einem spindelförmigen Rumpf aus einer vergangenen Epoche. Sie waren über Wasser 9,5 Knoten und unter Wasser 15 Knoten schnell. Sie erwiesen sich aber als schlecht steuerbar und wurden vorzeitig außer Dienst gestellt. Nur R4 blieb bis Anfang der 30er Jahre im Dienst.

Die beiden deutschen U-Boot-Typen hatten völlig unterschiedliche Merkmale. Der Typ XXIII war wegen seiner Größe ausschließlich für den Einsatz in Küstengewässern geeignet. Er hatte eine Überwasserverdrängung von 230 t, war 34,7 m lang, 3 m breit und kam mit einer Besatzung von 14 Mann aus. Die größte Schwäche im Einsatz war sicherlich die Bewaffnung, die nur aus zwei 53,3-cm-Torpedos bestand. Sie wurden vorher in zwei Bugrohre geladen; Nachladen war nicht möglich. Es sollten fast 500 Stück in Werften in Deutschland (Kiel und Hamburg), Frankreich (Toulon), Italien (Genua und Montefalcone) und Russland (Nikolajew) gebaut werden, aber schließlich liefen nur Exemplare bei der Deutschen Werft und der Germaniawerft vom Stapel. Die deutschen Truppen hatten sich aus den besetzten Gebieten zurückziehen müssen, bevor die U-Boote fertig waren. Das erste U-Boot, U 2321, lief am 17. April 1944 in Hamburg vom Stapel. Bis zum Kriegsende waren 63 Stück fertig gestellt. Es gab aber Probleme bei der Indienststellung, sodass von März bis Mai 1945 nur zehn Einsätze durchgeführt wurden. Sechs Handelsschiffe wurden versenkt, darunter zwei durch U 2336 am 7. Mai vor Schottland. Das waren mit die letzten Schiffe überhaupt, die im Krieg versenkt wurden.

Als Antrieb hatte der Typ XXIII einen einzelnen 580-PS-MWM-Dieselmotor, der zwei Elektromotoren unmittelbar oder über die zahlreichen Batterien antrieb. Der Haupt-Elektromotor leistete 580 Wellen-PS, genug für eine Unterwassergeschwindigkeit von 22 Knoten. Dazu gab es einen Schleichmotor mit 35 Wellen-PS. Er

schaffte nur 5 Knoten, das aber fast geräuschlos. Mit diesem Motor konnte das U-Boot bei einer Geschwindigkeit von 4 Knoten 40 Stunden unter Wasser bleiben. Wie bei den größeren U-Booten war die Hülle stromlinienförmig gestaltet. Alle externen Ausrüstungsteile wurden entweder nach innen verlegt oder abgedeckt.

Der Typ XXI war technisch aufwändiger. Er war 76,7 m lang und 6,6 m breit und hatte eine Überwasserverdrängung von 1595 t. Dieses U-Boot hatte sechs Torpedorohre, alle im Bug, und insgesamt 23 Torpedos. Sie sollten auch vier 30-mm-Flugabwehrkanonen erhalten. Dazu kam es aber nicht, schließlich mussten zwei einfachere 20-mm-Kanonen reichen. Wie die Küsten-U-Boote hatten sie zwei Decks. Die Spanten saßen außerhalb der Druckkörper, was dem damals in Deutschland gepflegten Baukastenprinzip mit vorgefertigten Elementen sehr entgegenkam. Die Motoren waren natürlich wesentlich stärker: sie hatten zwei MAN-Diesel mit je 1000 PS, die über zwei 1250-PS-Elektromotoren oder zwei 57-PS-Schleichmotoren zwei Schraubenwellen antrieben. An der Oberfläche schafften sie 15,5 Knoten, unter Wasser mit ihren Hauptmotoren über 17 Knoten, mit den Schleichmotoren 5 Knoten. Es sollten insgesamt knapp 700 Exemplare bei Blohm & Voss in Hamburg, Deschimag in Bremen und Schichau in Danzig gebaut werden, aber schließlich wurden nur 121 Stück in Dienst gestellt. Viele wurden noch vor dem Stapellauf auf der Helling bombardiert, und eine große Zahl war am Kriegsende noch nicht fertig gestellt. Einige davon – und ein paar einsatzbereite U-Boote – wurden in die Sowjetunion gebracht und fertig gestellt. Sie bildeten viele Jahre lang das Rückgrat der sowjetischen U-Boot-Flotte. Die Sowjets waren so gierig nach den deutschen U-Booten, dass sie die Hangardecks des nie richtig fertig gestellten Flugzeugträgers Graf Zeppelin mit Rumpfabschnitten beluden und das Schiff durch die gesamte Ostsee nach Leningrad schleppten. Im Finnischen Meerbusen lief das Schiff aber auf eine Mine und versank. Nur zwei U-Boote vom Typ XXI gingen in den Einsatz; sie feuerten keinen einzigen Schuss ab. Die Typen XXI und XXIII brachten aber einen enormen Fortschritt für den U-Boot-Bau. Die Marinen in aller Welt erkannten nun erst, wozu das U-Boot tatsächlich in der Lage war. Alle modernen Konstruktionen bis hin zum tropfenförmigen U-Boot unserer Tage fußen auf diesen Vorläufern.

LINKS: Der Kopf eines ausziehbaren Zuluftmasten oder Schnorchel. Es war nicht leicht, ein selbst regulierendes Ventilsystem zu entwickeln, das schnell genug reagierte, damit nicht zu viel Wasser in das U-Boot lief. Die Holländer fanden 1936 als Erste eine Lösung dafür.

Oben: Ein Kleinst-U-Boot „Marder" wird zu Wasser gelassen. Man sieht, dass es sich eigentlich um einen Torpedo mit einem kleinen Besatzungsraum anstelle des Sprengkopfs handelt.

Unten: Der „Molch" war kaum höher entwickelt als der „Marder". Er hatte zwei Torpedos als Außenlast. Etwa 400 Stück wurden gebaut und vorwiegend gegen die Schiffe der Alliierten in der Schelde eingesetzt.

Der Schnorchel

Es gab natürlich noch eine weitere Möglichkeit, ein U-Boot mit laufenden Motoren unter Wasser zu halten: die Luftzufuhr über ein Rohr. Diese Lösung lag auf der Hand und war denn auch bei den allerersten U-Booten zu finden. Bei einem großen U-Boot aber, auch wenn es nur mit etwa 5 Knoten fährt, ist dieses System nur noch bei absolut ruhiger See zu gebrauchen. Diese praktischen Probleme wurden aber tatsächlich gelöst. Etwa gegen 1936 gelang es in den Niederlanden, eine brauchbare Lösung zu finden. Als die Wehrmacht 1940 in den Niederlanden einfiel, konnte sie intakte U-Boote mit funktionierenden ausziehbaren Zuluftmasten (wie diese Schnorchel offiziell hießen) erbeuten. Sie wurden aber nie kopiert. Bei den holländischen U-Booten, die die Kriegsmarine einsetzte, wurden sie sogar entfernt. Die deutschen U-Boot-Kommandanten hielten sich eher an den Grundsatz, so oft wie möglich an der Oberfläche zu bleiben und nur zur Flucht oder für einen besonders riskanten Angriff abzutauchen. So hatten die deutschen U-Boote keine Verwendung für den Schnorchelmast, zumindest nicht bis zu den schwarzen Tagen im Jahr 1943, als sie regelmäßig von den Flugzeugen der Alliierten unter Wasser gezwungen wurden. So musste ein Forschungsprogramm eingeleitet werden,

um die Ergebnisse der Niederländer zu wiederholen. Das erste deutsche U-Boot mit Schnorchel war anscheinend U 264, das im Februar 1944 beim ersten Versuch, den Schnorchel zu benutzen, unterging. Einige Experten behaupten sogar, dass die Schnorchel der ersten Genration ebenso viele Probleme schufen wie sie lösten. Immerhin wurde das wichtigste Ziel erreicht: die U-Boote konnten abgetaucht mit den Dieselmotoren laufen, was aber nicht ganz einfach und mit gewissen Risiken verbunden war. Bei den Besatzungen war diese Methode überhaupt nicht beliebt, denn sie hatten sich stets auf die kurzen Wachen auf Deck gefreut, die ab und zu anfielen. Es konnte sogar sehr gefährlich sein, wie das Schicksal von U 264 beweist. Allzu leicht geriet das Schnorchelkopfventil (ein simples Kugelventil am Ende des U-förmigen Schnorchelkopfes) unter Wasser, worauf die Dieselmotoren anfingen, Luft aus dem Innenraum des U-Boots anzusaugen und einen gefährlichen Unterdruck erzeugten, bevor sie angehalten werden konnten.

Kleinst-U-Boote

Gemessen an den kaum vorhandenen Erfolgen verwundert es, welches enorme Ausmaß das Kleinst-U-Boot-Programm der Kriegsmarine hatte. Es wurden mindestens sechs verschiedene Typen in beträchtlichen Stückzahlen gebaut. Insgesamt waren es von 1943 an (das Programm lief später an als in England, Italien und besonders in Japan) über 1500 Exemplare. Die ersten Typen waren nicht mehr als Tauchboote, denn sie konnten alle nur knapp unter der Wasseroberfläche fahren. Das einzige Besatzungsmitglied konnte durch Öffnungen im primitiven Kommandoturm blicken, der seinen Kopf umgab. Das allererste Modell trug die Bezeichnung „Hecht", wurde mit Batterien angetrieben und war im Prinzip kaum mehr als ein bemannter Torpedo mit abnehmbarem Sprengkopf. Ein verbessertes Modell, der „Neger", hatte einen Vergasermotor und einen Torpedo als Außenlast. Es funktionierte gut genug, aber auch hier musste der Bediener schließlich Sauerstoff atmen und war dadurch in seinen Möglichkeiten stark eingeschränkt. Zwei größere Einmann-U-Boote, der „Molch" und der „Marder", waren etwas praktischer und verfügten über eine Luftumwälzungsanlage. Der „Molch" trug zwei Torpedos als Außenlast und wurde mit einigem Erfolg Ende 1944 und 1945 gegen die Schiffe der Alliierten in der Schelde eingesetzt. Der „Marder" hatte zwar nur einen Torpedo, hatte aber den Vorteil, dass er

UNTEN: Der „Biber" war das dritte Einmann-U-Boot. Er konnte auf einem LKW oder auf speziellen Mutter-U-Booten transportiert werden und war 1944/45 recht erfolgreich.

zum Angriff völlig abtauchen konnte. Der nächste Schritt war ein echtes Unterwasserfahrzeug, sozusagen ein Miniatur-U-Boot. Beim ersten Versuch entstand ein einsitziges Experimentalmodell namens „Hai“. Angetrieben durch einen Vergasermotor und Batterien, konnte es mit seinem Elektromotor zwei Stunden lang bei 20 Knoten fahren. Daraus wurde der einsitzige „Biber“ entwickelt, der eine Verdrängung von 3 t und zwei Torpedos als Außenlast hatte. Eine spätere Version war sogar auf zwei Mann ausgelegt. Es wurden über 300 Stück gebaut, die mit gewissem Erfolg in der Scheldemündung und vor Murmansk im Sammelraum der Konvois eingesetzt wurden. Der „Biber“ konnte auf der Straße und in der Luft, aber auch mit umgerüsteten U-Booten transportiert werden.

OBEN: Das beste deutsche Kleinst-U-Boot im Zweiten Weltkrieg war der 15-Tonner „Seehund“. Es konnte als einziges wirklich selbstständig operieren.

Das erfolgreichste deutsche Kleinst-U-Boot war der zweisitzige „Seehund“. Er war mit einer Verdrängung von 15 t ein ganzes Stück größer. Mit den abwerfbaren Zusatztanks hatte er eine Reichweite von etwa 800 km. An der Oberfläche war er 8 Knoten schnell, unter Wasser immerhin noch 6 Knoten. Auch diese Modelle wurden mit einigem Erfolg in der Scheldemündung eingesetzt. Laut unbestätigten Berichten aus deutschen Quellen sollen sie aber auch in der Themsemündung und vor Margate eingesetzt worden sein und dort Handelsschiffe versenkt haben.

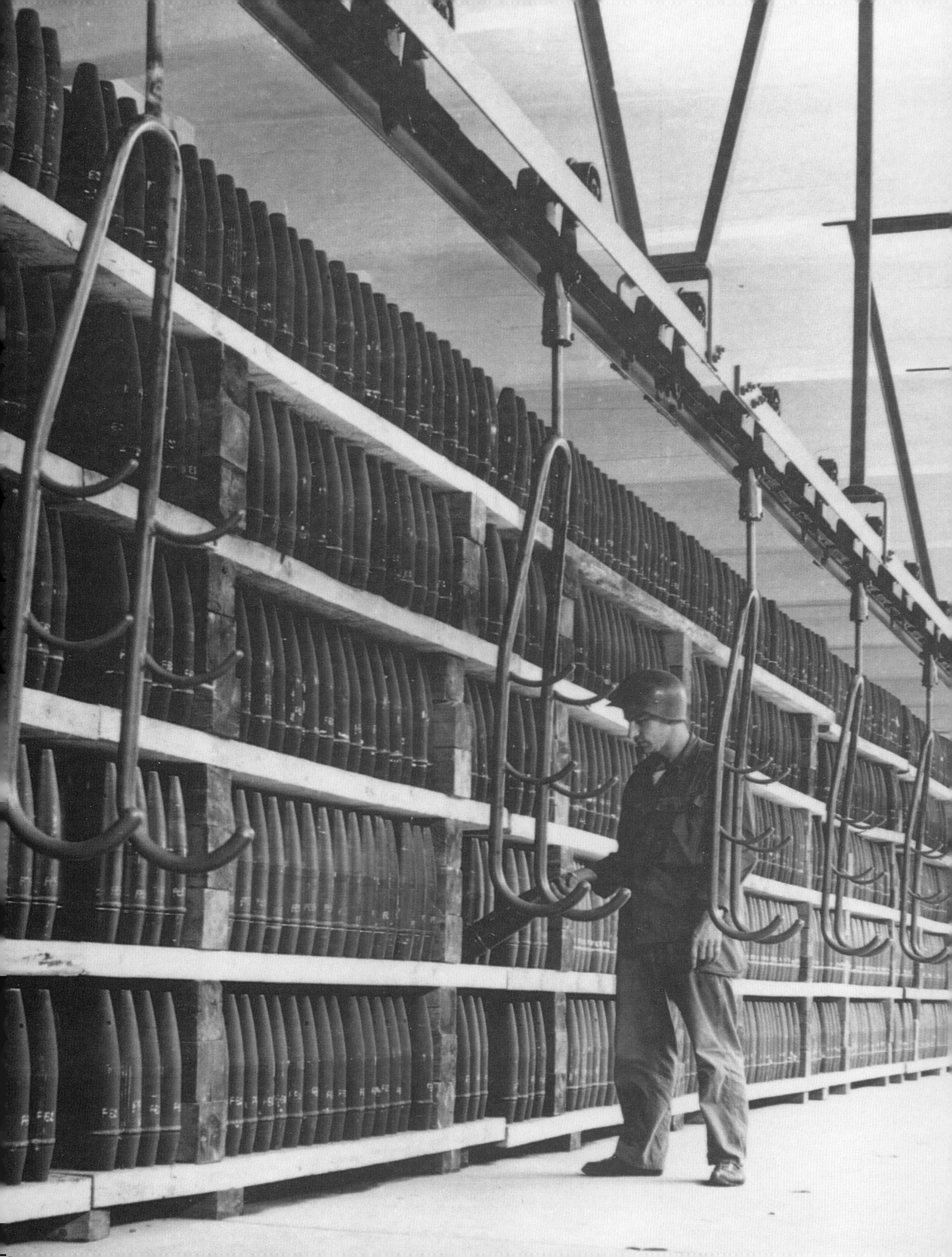

Kapitel 12

ABC-Waffen

Als der Krieg 1939 ausbrach, fürchtete man, dass mehr Giftgas zum Einsatz kommen würde als im Ersten Weltkrieg. Man hatte auch Angst vor biologischen Kampfstoffen, während die Physiker sogar schon daran arbeiteten, mit Hilfe der Kernspaltung eine nie dagewesene Bombe zu bauen.

Im Dezember 1938 demonstrierten die deutschen Physiker Otto Hahn und Fritz Straßmann die Spaltung (Fission) von Urankernen. Damit sorgten sie für viel Aufruhr in der Wissenschaft, aber nicht nur dort. Sogar an das HWA wandten sich einige Wissenschaftler und schlugen vor, dies Phänomen für den Bau einer Bombe auszunutzen. Dann ging es aber langsam voran; erst gegen Ende 1939 wurde ein Lenkungsausschuss gebildet. Er beschäftigte sich nur mit einem Thema: war man in der Lage, einen Atomreaktor zur Herstellung spaltbaren Materials zu bauen? Nebenbei musste man sich natürlich auch mit Kosten und Zeitplänen befassen. Ein breit angelegtes Forschungsprogramm mit sechs Universitätsprojekten wurde konzipiert. Gegen 1941 wusste man, dass das Vorhaben durchaus machbar war, und der Lenkungsausschuss berichtete dem HWA, dass ein Reaktor gebaut werden konnte und sollte. Als Moderator sollte Deuterium, so genanntes „schweres Wasser", dienen. Von nun an ging es mit dem Projekt bergab. Es sollte aber eine Weile dauern, bis das wirklich auffiel. Bis 1942 experimentierten fünf verschiedene Labors mit Atommeilern, jedes mit

LINKS: Ein US-Soldat betrachtet nach dem Krieg die riesigen deutschen Senfgas-Vorräte.

OBEN: Die Heinkel He 177A-5; eine Heinkel He 177 wurde umgerüstet, um die nie gebaute Atombombe einzusetzen.

einer anderen Theorie für den Bau, und keines wusste, was das andere tat (oder auch nicht tat). Wenigstens eine Gruppe – geleitet von Werner Heisenberg, Nobelpreisträger und führender deutscher Physiker, der gerade erst zum Leiter des Kaiser-Wilhelm-Institits in Dahlem ernannt worden war – soll die einsetzende Verwirrung dazu genutzt haben, um die Sache schleifen zu lassen. Heisenberg war überzeugt, dass man eine Atombombe bauen konnte und begann, die Entwicklung zu verzögern, um möglichst wenig Fortschritte zu erzielen. Schließlich verlor Rüstungsminister Albert Speer die Geduld und verlangte von Heisenberg eine Voraussage, zu welchem Zeitpunkt er tatsächlich eine Bombe bauen konnte. Heisenberg griff zunächst zu Ausflüchten und sagte schließlich, dass es seiner Meinung nach bis 1945 möglich sei.

Speer entschied sich, ein Forschungsprojekt in die Wege zu leiten, um einen Reaktor zu bauen. Er versammelte die besten Wissenschaftler ihrer Zeit und bat um die Vorlage einer Kostenschätzung. Sie verlangten 40 000 RM – das waren nicht einmal die Kosten für einen einzigen Panzer IV – aber gerade das schien ihn überzeugt zu haben, dass die Erfolgsaussichten wohl nicht sehr hoch waren. Von diesem Zeitpunkt an beschäftigte sich das Programm wohl eher mit dem Bau eines Reaktors für die Energieerzeugung als mit der Erzeugung spaltbaren Materials für eine Bombe. Natürlich würde ein solches Kraftwerk auch kleine Mengen spaltbaren Materials als Nebenprodukt liefern, aber es würde selbst bei optimalem Betrieb sehr lange dauern, bis man daraus eine Bombe bauen konnte.

Schließlich wurden zwei Atommeiler gebaut, einer bei Hechingen, ein zweiter bei Erfurt, die schweres Wasser als Moderator benutzten. Keiner schaffte eine Kettenreaktion, denn sie waren einfach zu klein. Zu diesem Zeitpunkt – Ende 1944 – wurde die Infrastruktur der deutschen Industrie immer chaotischer. Das bisschen Uranerz, das noch verfügbar war – aus einer kleinen Mine in Belgien und einer weiteren in Böhmen – ging langsam aus. Nach einem erfolgreichen Angriff der RAF auf eine Anlage in Norwegen wurde auch schweres Wasser allmählich knapp. Das Programm kam nicht aus den Kinderschuhen, man kann sogar fast von einer Totgeburt sprechen.

Daneben gab es noch einen weiteren Einsatz von Uran in einer Kriegswaffe. Im Jahr 1943 gab das Heereswaffenamt bei einem biologischen Labor einen Bericht über die Giftigkeit radioaktiver Materialien in Auftrag. Daher wird oft davon ausgegangen, dass man Uranstaub als Nutzlast in konventionellen Sprengbomben oder Sprengköpfen von Raketen eingesetzt hat, aber es gibt keinerlei Beleg für diese Theorien. Ebenso gibt es keine Hinweise darauf, dass selbst die einfachsten Experimente jemals außerhalb von Labors durchgeführt wurden. So könnte man ebenso gut behaupten, dass das kleine Projekt nur dem Arbeitsschutz diente.

Biologische Waffen

Bis auf wenige Sonderfälle machen selbstmörderische Angriffe keinen Sinn. Eine Selbstmord-Strategie ist sogar ganz und gar sinnlos. Diese Binsenwahrheiten haben mehr als alle ethischen oder moralischen Beweggründe dafür gesorgt, dass eine der gefährlichsten Waffen stets unter Kontrolle gehalten wurde, nämlich die Seuchen. Nur in begrenzten „Experimenten“, wo die Ausbreitung der Krankheit vollständig kontrolliert werden konnte, sind solche biologischen Waffen eingesetzt worden. Die US Army hat mit Pocken infizierte Decken an die Indianer verteilt; die Japaner taten in den 30er Jahren das Gleiche in der Mandschurei. Als normale Kriegswaffen haben die biologischen Waffen aber einen entscheidenden Nachteil: sie töten nicht nur den Feind, sondern langfristig auch den Angreifer. Damit soll nicht gesagt werden, dass nicht fast jedes Land eine eigene Forschungsstelle für die biologische Kriegführung hatte, allerdings zielte die Forschung in der Regel darauf ab, Mittel gegen die Krankheitserreger zu finden. Es gibt immer wieder Berichte, wonach biologische Kampfstoffe in deutschen Konzentrationslagern an den wehrlosen Insassen erprobt wurden. Trotz vieler Forschungsergebnisse gibt es immer noch zahlreiche Zweifel und ungelöste Fragen.

LINKS: Wie alle Streitkräfte hatte auch die Wehrmacht gehörigen Respekt vor chemischen Waffen, wie man an der Schutzkleidung und an den Warnschildern sieht.

Chemische Waffen

Gerade die Konzentrationslager haben gezeigt, in welche unmenschlichen Verhältnisse die Nationalsozialisten das deutsche Volk geführt haben. Selbst nach mehr als 50 Jahren spürt man noch den Abscheu über die Dinge, die von Frauen und Männern dort begangen wurden. Aber neben diesen ethischen und moralischen Fragen gibt es auch noch ganz andere Aspekte. Schließlich konnte die Vernichtung von sechs Millionen Menschen oder mehr und ihre anschließende Beseitigung nur in einem industriellen Maßstab erfolgen. Der Massenmord geschah unter fabrikmäßigen Bedingungen; die Mörder selbst waren nicht einmal unmittelbar beteiligt. Man merkte sehr schnell, dass die einzige geeignete Methode das Vergiften durch Gase war. Dieser Mord an Millionen Menschen war aber gleichzeitig der einzige größere Einsatz von chemischen Waffen im Zweiten Weltkrieg. Natürlich haben auch die Italiener 1938 Phosgen in Abessinien eingesetzt, die Japaner in China sogar in 840 Fällen von der Mitte der 30er Jahre bis 1941. Es gibt auch Berichte, wonach bei der Belagerung von Sebastopol „toxische Dämpfe" eingesetzt wurden.

Die deutschen Truppen haben 1915 als erste das Gas als Waffe eingesetzt. Sie feuerten Geschosse mit Xylylbromid (ein Lachrymogen oder Tränengas) auf die russischen Soldaten ab. Die Operation misslang, weil das Gas in den Geschossen festfror und sich nur langsam ausbreitete. Zwei Monate später setzten sie bei Ypern mit mehr Erfolg Chlorgas gegen französische und englische Truppen ein. Von nun an gehörte das Gas zum Arsenal beider Seiten. Wirksam war es nicht: die Gasopfer machten nur etwa ein Prozent aller gefallenen Soldaten aus. Was die Verwundungen betrifft, war es schon erfolgreicher. Hier sind 5,69% aller Fälle auf Giftgas zurückzuführen. Von einem rein militärischen Standpunkt sind Verwundungen ohnehin wünschenswerter, denn die Versorgung Verwundeter auf und hinter dem Gefechtsfeld bindet kostbare Ressourcen. Einen Gefallenen kann man liegen lassen, wenn es gar nicht anders geht; die Schreie eines verwundeten Kameraden aber kann wohl kaum ein Soldat ignorieren (wenn man ihn in Sicherheit bringt, hat man ja auch sich selbst in Sicherheit gebracht).

Im Jahr 1919 war das Arsenal an Giftstoffen noch arg begrenzt: Chlor, Senfgas, Phosgen und ein paar andere Gase. Zwei Jahrzehnte später sah es schon ganz anders aus: nun stand eine ganze Palette an wirksamen Giftstoffen zur Verfügung, darunter einige exotische Verbindungen, die aus Insektiziden und Herbiziden entstanden. Es handelte sich um organische Phosphate, die die Basis für die so genannten Nervengase bildeten. Das erste Nervengas, Tabun, wurde 1936 erstmals

Oben: Die düstere Fassade eines Bunkers, in dem Senfgas in großen Betonfässern aufbewahrt wurde.

zu einem Stoff namens Dimethylphosphoramidocyansäureäthylester synthetisiert. 1942 wurde eine Fabrik bei Dyhernfurth in Schlesien (heute das polnische Brzeg Dolny) fertig gestellt, die 1000 t im Monat produzieren sollte. Im Jahr 1938 wurde ein zweites, wirksameres organisches Phosphat, Methylfluor-Phosphonsäureisopropylester, synthetisiert. Bekannt als Sarin, war es wesentlich schwieriger in großen Mengen herzustellen als Tabun. Eine kleine Pilotanlage wurde bis 1945 fertig gestellt. Bis dahin hatte man aber ein noch gefährlicheres Derivat, ein 1.2.2.Trimethylpropylester der Methylfluorophosphonsäure unter der Bezeichnung Soman entwickelt, aber auch hier gab es bis 1945 kaum Fortschritte.

Es scheint, dass die Alliierten nichts von diesen Waffen wussten, bis die Anlage zur Herstellung von Tabun 1945 von der Roten Armee überrannt wurde. Somit war das eines der am besten gehüteten Geheimnisse im Zweiten Weltkrieg. Die Briten und Amerikaner kamen erst darauf, als sie Geschosse und Bomben in Munitionslagern untersuchten (insgesamt etwa 500 000 Geschosse und 100 000 Bomben). Zu ihrem Entsetzen mussten sie feststellen, dass sie es mit einer tödlichen Waffe zu tun hatten, gegen die es keinerlei Gegenmittel gab. Das war auch wohl der entscheidende Grund, weshalb die Wehrmacht und die SS selbst in den letzten Tagen kein Nervengas eingesetzt haben. Sie konnten nicht sicher sein, ob der Feind nicht ebenfalls diese billigen Massenvernichtungswaffen besaß. So hätten sie sich am Ende gegenseitig vernichtet.

Register

Kursiv gedruckte Seitenzahlen verweisen auf Abbildungen.